U0902503

丛书主编　曾天山　陈才明

G20

国家教育研究丛书

俄罗斯基础教育

姜晓燕　赵　伟　著

图书在版编目(CIP)数据

俄罗斯基础教育/姜晓燕,赵伟著. --上海:同济大学出版社,2015.8

(G20国家教育研究丛书/曾天山,陈才明主编. 第1卷,基础教育卷)

ISBN 978-7-5608-5928-6

Ⅰ.①俄… Ⅱ.①姜… ②赵… Ⅲ.①基础教育—研究—俄罗斯 Ⅳ.①G639.512

中国版本图书馆CIP数据核字(2015)第182305号

G20国家教育研究丛书

俄罗斯基础教育

姜晓燕 赵 伟 著

责任编辑 陈佳蔚 **责任校对** 徐春莲 **封面设计** 王国樑 **出版策划** 曹 建

出版发行 同济大学出版社 www.tongjipress.com.cn

(上海市四平路1239号 邮编200092 电话021-65985622)

经 销 全国各地新华书店

印 刷 上海晨熙印刷有限公司

开 本 710 mm×1 000 mm 1/16

印 张 18

字 数 360 000

印 数 1—5 000

版 次 2015年8月第1版 2015年8月第1次印刷

书 号 ISBN 978-7-5608-5928-6

定 价 80.00元

G20国家教育研究丛书
基础教育编委会

资　助

上海文帆教育科技发展有限公司

序

“G20国家教育研究”丛书已经部分出版了,这套丛书由基础教育、大学教育、职业教育及幼儿教育四卷组成,已经出版的是“基础教育卷”部分,是一套分量不轻的丛书。

这套丛书首先引起我关注的是研究对象。从国内外来看,把G20国家的教育作为研究课题,将世界教育的发展情况进行系统的、全面的、集中的比较研究的丛书,目前尚未发现。G20,即20国集团,由美、俄、英、法、德、日本、意大利、加拿大8个发达国家,加上中国、阿根廷、澳大利亚、巴西、印度、印度尼西亚、墨西哥、沙特阿拉伯、南非、韩国、土耳其11个新兴工业国家以及欧盟组成。G20总人口约40亿,GDP占全球经济的90%,贸易额占全球的80%。G20教育发展的情况,一定程度上代表了世界教育的发展趋势和方向。其发展过程中的得与失,可为中国的教育改革向纵深发展提供可资借鉴的经验。由此可以说,出版发行这样一套书很有必要,也应该关注。

这套丛书的构思,不拘泥于国别的研究,它把国别教育的变革与发展放在全球化、信息化的大背景下展开,并与国际教育潮流有机地结合起来,使本丛书具有21世纪的时代特征。

从国别教育(基础教育部分)所写的内容来看,是比较丰富多彩的。它既有史诗般的展开,又有现实改革中的各种举措;既有各国改革的共同关注方面,又有各国在改革中的重点、特点和亮点。编写的内容比较全面、系统,涵盖了招生考试制度的改革、学校管理、教师队伍的建设、课程设置和教育装备等诸多方面。

其次,编写基础教育部分的作者是中国教育科学研究院和部分高等院校的中青年理论研究者,他们都在所著书的国家生活、学习、工作过,了解、熟悉编写所在国的基础教育的状况及发展趋势。这是一件可喜的事情,我国教育理论队伍亟须不断壮大并注入新鲜血液,需要大量的新生力量参与,才会显得更有朝气、更有活力。我衷心希望这支队伍能真正成为有战斗力的教育理论队伍中的生力军。

第三,引起我关注的是此丛书可资借鉴的积极意义。当前,教育资源在全球进行配置,教育要素在全球加速流动,世界各国教育相互影响、相互依存的程度不断提高,各国教育相互交流、相互竞争、相互包容、相互激荡,共同促进世界的繁荣和发展。各国在人才培训目标的确定、教育内容的选择以及教育手段和方法的采用等方面,不仅要满足来自本国、本土化的要求,而且还要适应国际间产业分工、贸易互补等经济、文化交流与合作的新形势。各国都想充分利用国内和国际两个教育市场,优化配置本国的教育资源和要素,抢占世界教育的制高点,培养出在国际上有竞争力的高素质人才,为本国的最高利益服务。

党的"十八大"以来,习近平总书记对教育工作作出了一系列重要论述,深刻阐明了新时期我国教育改革发展的重大理论和实践问题,丰富发展了中国特色社会主义教育理论,这是推进教育事业改革发展的强大思想武器。这些重要论述揭示了教育的本质属性,阐明了教育在实现中国梦伟大征程中的重要作用和战略地位。

中国自古以来就是一个教育大国,先人为我们留下了极其丰富的办学、治学遗产,我们一定要把扎根于祖国大地的这份遗产中最精华部分传承、发扬、光大。只有坚持从历史走向未来,从延续民族文化血脉中开拓前进,才能做好今天的事业。

然而,要坚守传承民族教育文化精华,还必须要有国际视野。所以,我们必须坚持改革开放。深化教育改革要有全球的视野,海纳百川,兼收并蓄,吸收国际先进经验,为我所用,推动我国教育事业健康发展。当今世界各国无不把教育改革与创新作为应对时代挑战和提高竞争力的重要举措,"提高质量,促进公平,推动发展"已成为许多国家教育改革的共同主题。在各国教育发展过程中,没有哪国的教育发展不需要参考和借鉴其他国家的经验。为此,我们希望有一套丛书来全景式地展示世界各国教育的现状、改革举措和教育成果,为我们揭示世界教育的共同点,比较不同点,寻找各国教育改革得失的原因,提出可资借鉴的可行性建议,为我国教育工作者提供一套不出国门就能知晓全球教育的权威资料性丛书。我希望这套丛书能起到这个作用。

第四,此套丛书也是教师素养培训的好教材。如果说科教兴国是国家的基本国策,那么,教师就是教育事业之本。强国必强教,强教必强师,教育质量本质上是师资质量。一个庞大的教育体系,必须要有一支庞大且道德高尚、业务精良的教师队伍。因此,要加强教师的继续教育。在这里,我特别强调一点,要大力提倡教师多看书,多读书,阅读是教师职业的本能。有了教师大量的阅读,才能对学生进行"传道、授业、解惑"。尤其在今天这个知识不断更新的时代,更要不断吸收新营养,来充实自己。此套丛书可以拓展教师的眼界,为其教育、教学和科研工作提供可资借鉴的经验,吸收营养,加强理论修养,提高业务水平。中国知识分子历来有手不释卷的习惯,而现在很多年轻人却手不释"机"。我希望我们的教师能成为社会阅读的榜样,至少在学校里为学生做一个努力阅读的楷模。当然,我们所有的教育工作者都应该如此。

最后,我要感谢"G20 国家教育研究"丛书的策划者、组织者、编写者以及出版者,感谢他们经过数年潜心研究,为我国基础教育推进国际化进程,融入全球化,加强国际教育文化交流,奉献了这样一套有时代意义的丛书。

郝　平

(作者为教育部副部长)

Brief Summary of 'Basic Education in Russia'

School education in Russia started in the reign of Peter the Great who forced Russia to embark on modernization and establish school education in the modern sense. In 1917, the October Revolution broke out in Russia, leading to the founding of the Soviet Union. In about 70 years between the October Revolution and the 1990s, the Soviet Union established the most wonderful education system in the world, which not only became a model for all socialist countries, but also exerted far-reaching influences on the world education.

From the 1980s, Russia underwent in-depth political, economic and social transformation, changing the country fundamentally. In the late 1990s, Russia began to reflect on the losses caused by reform and the reasons for failure. From then on, modernization became the major theme of the country's educational development. Great changes have taken place in Russian society. Education also experienced numerous twists and turns from struggling to survive, to reform and adjustment, and to innovation; the reform efforts have never stopped.

The *National Development Priorities of Russia* was carried out in 2005, with educational innovation as a major content. In 2014, affected by structural problems and the Ukraine crisis, the Russian economy was severely challenged again. The educational innovation strategy was thus further strengthened.

Against the social and economic background in Russia, after a brief introduction to the history of education, this book focuses on the development, reform, and problems of primary and secondary schools in the last 20 years, as well as achievements. To highlight the key characteristics, it briefly introduces the development history and current situation of Russian education, and its basic educational concept, system, curriculum, teachers' development, and quality monitoring and at the same time, it also talks about the country's outstanding education traditions and relevant practices in primary and secondary school education. Given this, there is a special chapter on the supplementary education system, safety education, school for parents, various kinds of institutions, and organizational forms of teaching.

目录

引言

俄罗斯学校教育发端于彼得一世时期，彼得一世用强制性的手段开启了俄罗斯的现代化道路，也用强制性的手段建立起了俄罗斯现代意义的学校教育。为了促使不愿意学习的贵族子弟去学校学习书写和算术，彼得一世短时间内创办了大量学校，并强令贵族送子女到学校学习，禁止小学未毕业的贵族结婚。彼得一世的改革开创了俄罗斯学校教育历史的新纪元，教育改革为俄国摆脱政治、经济的落后局面提供了重要的支持。

1917 年俄罗斯爆发了十月革命，新的苏维埃国家彻底摧毁了资产阶级国家机器，建立了新生的苏维埃国家制度。苏维埃政府要以最快的速度改变国家经济和文化的落后局面，学校作为教育机构和实施共产主义教育的工具被赋予了特殊意义。列宁在第一次教育工作者会议上的讲话中强调："只有学校才能够巩固革命的胜利成果……通过革命得来的一切，只有通过对未来几代人的教育才能得以巩固。"[1] 在列宁领导下，苏维埃政府对旧的学校教育进行了根本改造。

苏联社会主义建设取得的巨大成就，苏联模式成为当时正在探寻社会主义道路的欧亚社会主义国家的样板。苏联是世界教育水平最高的国家之一，十月革命后到 20 世纪 90 年代以前的 70 余年间，苏联建立了世界上最优秀的教育体系。苏联教育模式不仅成为社会主义国家效仿的榜样，对世界教育也产生了深远影响。1957 年，苏联成功发射世界上第一颗人造地球卫星，美国朝野为之震惊，并将其在苏美军事竞争中所处的劣势归咎于教育，要求尽快实施教育改革。美国国会于 1958 年 9 月批准通过《国防教育法》，从而掀起了世界范围的基础教

---

〔1〕 Н. К. Гуркина. История образования в России (X- X X века)[M]. Санкт-Петербург. 2001: 43.

育课程改革。教育的快速发展为战后苏联科学技术的迅速发展和经济的腾飞奠定了基础,其成就得到了国际的认可。〔1〕

从20世纪80年代开始,苏联发生了深刻的政治,经济和社会转型。“全盘西化”的改革使苏联发生了根本性的变化,叶利钦时期的俄罗斯彻底抛弃了“苏联模式的社会主义”,选择了西方发达资本主义作为学习的榜样和发展方向。由于俄罗斯的社会转型走的是一条以政治为中心、政治改革优先,再靠民主制去推动社会经济基础建设的发展路线。这些变化投射到教育领域,1992年第一部《俄罗斯联邦教育法》的出台为教育领域的“去集权化”“去意识形态化”发展提供了法律依据。受俄罗斯政治经济等因素的影响,“叶利钦时代”的教育发展整体处于倒退的状态,20世纪90年代初期,《俄罗斯宪法》将原来的十一年义务教育改为九年义务教育。教育领域的变化直接影响人口受教育水平,从20世纪30年代苏联消除文盲以后,1995年俄罗斯再次出现文盲。

走过社会转型初期最艰难的十年后,从20世纪90年代末开始,俄罗斯开始审视改革带来的损失和改革失败的原因,社会各领域开始了由乱到治、人心思定的过程。1999年,俄罗斯经济开始止跌回升,并保持了十年的持续高速增长。普京上台后,在俄罗斯逐步实施“可控民主”制度,强化中央权力。教育领域也由转型初期的“国家退出”转为“国家回归”。2001年12月29日,俄罗斯联邦政府制定了《2010年前俄罗斯教育现代化构想》,该构想是新时期俄罗斯各级各类教育改革的指导性文件,提出要“恢复国家对于教育领域的责任心和积极作用,使俄罗斯教育实现现代化”。此后,教育现代化的发展导向成为21世纪俄罗斯教育发展的主旋律。

社会转型20年来,俄罗斯社会风云跌宕,俄罗斯教育经历了从艰难图存,到变革调整,再到创新发展的历程,改革的步伐从未停歇。

俄罗斯经济快速增长的主要动力源于要素投入,增长模式和质量堪忧,同时也隐藏着不利于长期发展的结构性风险,经济转型势在必行。国家的创新性发展要求教育创新,2005年开始,由总统普京倡导,由时任副总理的梅德韦杰夫领

〔1〕 吴式颖.俄国教育史——从教育现代化视角所作的考察[M].北京:人民教育出版社,2006:422.

导制订《俄罗斯国家优先发展规划》,教育创新是主要内容,该规划涵盖包括高等教育在内的教育的各个层次。这一发展战略在 2008 年底俄罗斯联邦政府完成制定的《2020 年前国家社会经济发展长期构想》中进一步明确。2014 年,由于受长期以来形成的经济结构性增长的制约,以及乌克兰危机的影响,俄罗斯经济发展再次面临极大的挑战,教育的创新发展战略进一步强化。

本书以俄罗斯社会经济发展为宏观背景,在简要回溯俄罗斯教育发展历史后,再现近 20 年来俄罗斯中小学教育的发展、变革,存在的问题及取得的成绩。此外,本着突出特色,彰显亮点的原则,在简要呈现俄罗斯教育发展历史及现状,展现和分析俄罗斯基础教育理念、体系、课程设置、教师发展、质量监测等教育要素的同时,也将关照俄罗斯优秀的教育传统及其在中小学教育实践中的体现。为此,设专章介绍俄罗斯补充教育体系、安全教育、家长学校、多样化学校类型和教学组织形式等内容。

本书力图呈现俄罗斯教育发展与变革的实际情况,并尽可能体现俄罗斯教育的成就与特色,避免主观臆断。但由于认识水平有限,不当之处仍难避免,敬请批评指教。

第一章

俄罗斯基础教育发展概况

第一节 俄国现代学校教育体系的形成与发展

纵观俄罗斯教育发展的历史,从彼得一世开始建立学校教育体系开始,俄罗斯教育经历数次改革。但是,多数改革是在现存的教育体系内部进行,没有触及教育的根本和学校事务的根基,只是对教育体系进行部分完善。根据俄罗斯教育史学界认识,俄罗斯历史上影响最大,根本改变学校面貌,教育内容、目的,价值取向,以及整个教育内部体制的改革共有四次,包括 1804 年的亚历山大一世改革;1864 年的俄罗斯资本主义改革时代的教育改革;1917 年,十月革命后的社会主义改革;20 世纪 90 年代开始的改革。每一次改革均以当时的社会思想为基础,创造了新的构想,新的教育范式,建立起新的教育体系。

一、基辅罗斯:教堂学校教育时期

公元 9 世纪以前,俄罗斯尚未形成统一的国家,也没有自己的文字,同其他民族一样,斯拉夫人的教育也是在社会生活与生产劳动中以故事、谚语及歌谣等口口相传的形式进行。公元 882 年,以基辅为中心,形成了统一的基辅罗斯公国,基辅罗斯在与拜占庭帝国长期斗争、贸易和交往中,逐渐接受了基督教,基辅罗斯大公弗拉基米尔废除多神教,988—989 年基督教被宣布为国教。基辅罗斯的教育深受拜占庭的影响,拜占庭宗教活动家基里尔等人向斯拉夫人传教,并帮助斯拉夫人效仿拜占庭字母创立了斯拉夫文字,将教会书籍翻译为斯拉夫文。约公元 11 世纪初,基辅设立了大主教区,各城市开始兴建教堂和修道院,以教堂为基础,基辅罗斯最早的学校开始发展起来。学校主要培养僧侣和政治活动家,学生为教士、僧侣和贵族子弟,教师就是教堂的教士。学习内容包括简单的读、写、算,以及宗教祈祷文和赞美诗,程度较高的学校则以“七艺”为主要学习内容。

从基辅罗斯开始一直到 17 世纪以前,俄罗斯文化教育主要由教堂组织,处于非常初级的阶段,整个社会文化水平低下。17 世纪中期,随着俄国政治形势趋于稳定,与西方国家的政治经济联系扩大,沙皇政府日益感到对掌握与这些国家进行交往的语言工具和世俗知识的人才的需求,17 世纪 40 至 60 年代,在沙皇政府的支持下,或者由沙皇政府直接主办,开设了多所希腊-拉丁语学校,讲授拉丁语、希腊语、修辞学和哲学知识。

二、18 世纪上半叶:现代意义的学校教育的出现

18 世纪以前,沙皇俄国是一个封闭的农业国,国内社会动荡,多次遭受西方邻国入侵。文化教育非常落后,很多贵族都没有受过教育,平民中上过学的就更少了。彼得一世的改革开启了俄罗斯教育的现代化之路,俄国开始出现现代意义的教育。

科技和教育的落后直接导致俄国农业、工业和军事远远落后于西欧其他国家。要改变军事和工业日益落后的局面,就必须改革和发展文化教育事业。当彼得一世从国外游历归来,并经历了北方战争的失败以后,为了培养军队和工业所需的、掌握职业技能的专业人员,1701 年,彼得一世在莫斯科创办了数学与航海学校(Школа математических и навигацких наук)。1715 年开始,于彼得堡、诺夫哥罗德等地设立了几所航海学校,在莫斯科、彼得堡和其他城市开办了炮兵学校。此外,还设立了外科医学校、工程学校和各国语言学校。这些学校培养专业人员,同时也担负着开展初等教育的任务。

除了上述专业性学校以外,彼得一世还在首都和各省建立宗教学校和世俗学校,打破了教会对教育的垄断。按照 1721 年的《宗教规程》的规定,各教区主教都有责任开办学校,此后五年中,共开办了 46 所主教学校,这些学校均属于初等学校性质,被称为初级主教学校。后来,一部分主教学校转变为中级主教学校。除了主教学校以外,彼得一世还尝试创办国立初等普通教育学校。1714 年,他曾下令给每个省派两名莫斯科数学与航海学校的毕业生去创办国立小学。教"独院农民之外的贵族和各衙门官员以及大小公务员的……年龄在 10—15 岁的子弟学习算数和部分几何学"。[1] 这类学校由于注重算数和几何教学,又称

---

〔1〕 吴式颖.外国教育史教程[M].北京:人民教育出版社,1999:171.

为计算学校。此外,为士兵子弟开办了同样是初等教育机构的警备学校。

1726 年,创建了附设于科学院的文科中学,它被视为俄罗斯历史上第一所国立普通中等教育机构,学校招收非特权阶层的子弟。尽管科学院文科中学及其附属的科学院仅存在了几十年,却为俄国举办中等教育机构树立了榜样。此后,1755 年,罗蒙诺索夫发起创办了莫斯科大学,大学附设两所文科中学,一所为贵族子弟而设,另一所接收除农民以外的各阶层子弟。1757 年,莫斯科大学教授倡议并支持在喀山创办了文科中学。这些学校的创办标志着俄罗斯开始出现有序且普及的初等教育和中等教育。

三、18 世纪下半叶:统一的普通学校体系的建立

叶卡捷琳娜二世时期,由于受欧洲启蒙思想影响,政府开始在俄国推行"开明专制",在进行政治、经济改革的同时,也很重视发展教育事业,并制定了全面改革教育的措施。为了让"不同地位的人"都享有"适当的教育",叶卡捷林娜二世进行了全方位的教育改革。

这一时期,沙俄社会对受教育的人的需求不断增加,以往等级性的学校已无法保证人才的培养。在发展贵族教育的同时,开始大力发展普通民众教育,并效仿奥地利教育模式对国民教育进行了相应的教育改革。叶卡捷琳娜二世于 1782 在彼得堡建立了国民教育委员会,1786 年,沙皇政府制定颁布《国民学校章程》(又称《国民学校学生章程》,*Устав народных училищ*),这是俄罗斯历史上第一部有关国民教育制度的正式法令,它的颁布推动了俄罗斯教育的普及。

《国民学校章程》最主要的内容是在全俄国开设面向各阶层的、免费的普通国民学校。国民学校有两种类型,多数为两年制学校(又称小学校,малые школы),少数为四年制学校(又称中心学校,главные школы)。要求在各省城设立中心学校,在每个县设立小学校。章程颁布以后,学校发展迅速,1783 年,彼得堡开设了第一所中心学校,到 1786 年,已有 25 个省设有中心学校,在读学生逾万名。除了开设国民学校以外,还统一设置国民学校的教学内容,规定所有国民学校头两年的课程设置相同,以基础知识为主。高年级学生开始学习自然史、建筑、机械、物理及撰写公文等。另外,为了便于和邻国交流,当时学校主要教授邻近国家的语

言，如南方学习希腊语，远东如伊尔库茨克学生学习汉语。并且一改几个世纪以来从未变化的传统教学组织方法，开始引入班级授课制，尝试使用直观性教学。

叶卡捷琳娜二世时期的“开明专制”促进了国民教育的发展，这一时期，俄国建立起 315 所小学校和中心小学，学生约 2 万人，教师 790 人，县级小学、中心学校、贵族等级学校以及大学和普通中学，制定了培养教师的专门计划[1]，通过改革，第一次建立了俄罗斯历史上统一的、无阶层差别的普通学校体系，开始实行统一的教学计划。所有这些变化总体上为 19 世纪初亚历山大一世时期新的教育改革奠定了良好的基础。

四、19 世纪上半叶：国民教育体系的完善

沙皇亚历山大一世时期(1801—1825 年)，俄国在政治、经济、军事和文化等方面都进入极盛时期，这一时期还推行了自由主义改革。俄国教育获得进一步发展。1802 年，成立了国民教育部，并先后颁布了《国民教育暂行章程》(*Предварительные правила народного просвещения*，1803 年)和《大学附属学校章程》(*Устава учебных заведений. подведомых университетам*，1804 年)，对国民教育的结构和布局进行调整。

按照章程要求，将小学校改造为县立学校，中心学校改为文科中学。形成了由堂区学校、县立学校、文科中学和大学四级学制组成的学校教育体系。《国民教育暂行章程》要求在城乡所有堂区建立一年制的堂区学校，其目的是为升入县立学校作准备；在每个县城和省城至少建立一所三年制县立学校，为培养学生进入文科中学作准备；每个省城建立一所文学中学，修业四年，为升入大学作准备；在每个学区建立一所大学，大学学制为四年。

亚历山大一世的教育改革使沙皇俄国建立起了完整的教育体系。堂区学校的建立进一步扩大了下层居民的受教育可能，突破了叶卡捷琳娜二世时期将农民排除出教育范围的局限。教学内容进一步完善，堂区学校和县立学校教授 15

---

[1] Н. А. Константинов, Е. Н. Медынский, М. Ф. Шабаева. История Педагогики[M]. -М. Просвещение, 1982.

门课程,包括俄语语法、地理、历史、算术、几何、物理、科学、技术等;文科中学的课程中还包括了拉丁语、西方语言、统计、逻辑、诗歌、俄罗斯文学等。

亚历山大一世后,尼古拉一世时期(1825—1855 年)教育的等级性分明,本着“每一阶层都有自己的教育”的原则,1828 年,沙皇政府颁布了《中小学校章程》(*Устав о начальных и средних школах*),规定了由等级分明的四级教育组成的教育体系。其中,堂区学校招收下层居民的孩子;县立学校招收商人、手工业者以及其他城镇居民的孩子;文科中学服务于贵族和官僚家庭。学校生活受当局和警方的严格监管,对于不当行为要接受各种惩罚,包括用树条抽打,被流放充军,开除出校;而教师则要被解雇,甚至被捕。

五、19 世纪下半叶:初等教育进一步发展

亚历山大二世(Александр II Николаевич,1855—1881 年在位)继位后,俄国反抗农奴制起义的势头增强,而克里米亚战争(1853—1854 年)的失败充分暴露了农奴制的腐朽与落后,俄国危机四伏。亚历山大二世继位后即着手进行农奴制与军事改革。1861 年,签署了关于废除农奴制的宣言《关于农民脱离农奴依附地位的总法令》(又称《农民改革法令》)。这一法令的签订为俄国资本主义经济关系的发展创造了条件。此外,还设立地方自治议会,修订司法制度,改革军制,以谋求俄国的近代化革命。随着资本主义的发展,19 世纪末 20 世纪初,俄国步入了帝国主义发展时期。

在教育领域,1864 年,沙皇政府颁布了《初等国民学校章程》,规定所有由不同部门主管的初级学校和不同经费来源开办的城市和农村初级学校均属于初等国民学校,其目的是“在国民中确立宗教和道德认识,并推广初等实用知识”。章程规定,初等国民学校要开设神学、阅读、书写和算数。而《1884 年堂区学校章程》则规定学生要学习圣经、宗教歌曲、阅读教民和公民生活读物,学习写字及初步算术知识。沙皇政府拨款大力发展堂区学校,1900 年,堂区学校占初等国民小学的二分之一。[1] 这类学校主要为工农和平民子弟设立。

〔1〕 吴式颖.外国教育史教程[M].北京:人民教育出版社,1999:245.

19 世纪末期,俄罗斯的中等教育由学制为七年或八年的分男女的文科学校来完成。文科中学主要学习人文科学课程以及外语,其中包括拉丁语和古希腊语,其教学目的仍然是为升入大学和其他高等学校作准备。俄罗斯分别于 1864 年、1871 年颁布了《文科中学和文科中学预备学校章程》。

第二节 苏联普通教育的发展

一、20 世纪 20—30 年代:苏联普通教育体系的建立

1917 年十月俄国爆发革命推翻沙皇政权建立苏维埃政权。沙皇俄国时期建立的教育体系很快被摧毁,以前的学校管理体制也被颠覆,非国立学校被关闭,教堂学校、教会学校交给了人民教育委员会。1917 年 11 月 9 日,人民委员会(СНК)签署了建立人民教育委员会(Государственный комитет по народному образованию)的命令,并授权人民教育委员会领导国民教育事业并制定相关法令和法律,卢那察尔斯基(А. В. Луначарский)被任命为委员会主席,克鲁普斯卡娅(Н. К. Крупская)等人担任副主席。人民教育委员会推行了一系列布尔什维克式的学校改革,目的是全面扫除文盲,实行普及的免费教育、组建教师队伍。学校管理移交给了工农代表苏维埃(Совет рабочих и крестьянских депутатов),以及工农代表苏维埃附设地区、城市、区人民教育局和文化教育委员会。

1918 年 10 月制定的《统一劳动学校章程》(*Положение о единой трудовой школе*)及《统一劳动学校宣言》(*Декларация о единой трудовой школе*)将全面实现学校民主化置于首位。《统一劳动学校章程》从法律角度废除了旧的国民教育体系,苏联学校作为统一的、免费的普通教育体系建立起来。《统一劳动学校章程》规定所有公民都有受教育的权利;在受教育方面,男女平等;教育无等级性;学校具有对学生进行道德教育和生产教育的职能。

按照《统一劳动学校章程》的规定,原有的多种类型的学校被取消,取而代之

的是分为两个层级的统一劳动学校,8—13 岁为第一级(5 个年级),13—17 岁为第二级(4 个年级),形成了九年制义务教育体系。[1] 为 6—8 岁儿童设立的幼儿园也属于统一劳动学校范围,开展免费教育。教育具有世俗性,学校禁止教授宗教课,也禁止在中小学校举行宗教仪式。1920 年,公布了新的教学计划和第二级学校示范性教学大纲,包括自然科学、社会科学和数学教学。

1918 年后,由于苏联面临物质方面的困难,在加速实现工业化的条件下,为了确保中等和高等职业教育的发展,保证培养工业化所需劳动者,1920 年,苏共党会议提出取消九年制学校,建立七年制基础学校。七年制学校分为两个阶段,第一阶段为 4 年,第二阶段为 3 年。同时决定,职业教育应当在七年制学校基础上实施,即从 15 岁开始。当时主要的职业学校形式是四年制技校。[2] 此后,普通学校教育的第二阶段开始出现职业化倾向。1923—1924 年,在农村地区,以第一阶段学校为基础建立了三年制的农村青年学校。这类学校不仅仅提供普通教育,而且教授农业教育知识。在城市,以第一阶段学校教育为基础,从 1921 年起出现了工厂学校(Школа фабрично-заводского ученичества,简称 ФЗУ),1925 年建立了七年制的工厂学校(Фабрично-заводские семилетка,简称 ФЗС)。

学校体系的改变要求重建教学大纲,1923—1925 年,在国家学术委员会(Государственный ученый совет,简称 ГУС)的领导下开始编写新的教学大纲。新大纲不再是某门课程的教学大纲,而是一种综合性的单元教学大纲。在大纲中,教学材料分为三个部分,包括自然与人、劳动、社会。1927 年编写的新大纲,重申综合性单元体系的正确性,但是大纲本身偏离了综合性:在统一劳动学校的第一阶段,提供了语法、正字法和算数等课程大纲,综合性单元课程变成了课程大纲,由社会知识课程、地理课程、自然科学课程及儿童生活课程组成。

1929—1930 学年,发布了《统一劳动学校第一阶段大纲》(*Программы единой школы I ступени*),增加了综合技术材料,综合性单元课程保留了下来。同时提

---

〔1〕 Под редакцией З. И. Васильевой. История образования и педегогической мысли за рубежом и в России [M]. Москва, 2005: 371.

〔2〕 Под редакцией З. И. Васильевой. История образования и педегогической мысли за рубежом и в России [M]. Москва, 2005: 372.

出要将综合性单元大纲变成综合性单元设计大纲。大纲定位于取消班级,代之以单元和小组式授课形式,学生通过单元或小组学习掌握生产劳动技能。个别学校开始将国外借鉴来的教学法应用于自己的教学实践,开始使用道尔顿制(Дальтон-план)和设计教学法(Метод проектов)。

20 世纪 20 年代,苏联在创建教育体系的过程中,列宁在 1918 年到 1919 年的教育代表大会上的讲话(图 1-1),以及领导国民教育委员会的克鲁普斯卡娅、卢那察尔斯基的讲话发挥着重要的作用。这一阶段,学校与政治相联系的原则,建立统一劳动学校的原则是创建苏维埃教育体系的主导原则。

图 1-1 列宁在第一次全俄罗斯教育大会上发言〔1〕

二、20 世纪 30—40 年代:初等义务教育的普及

1930 年苏共中央委员会作出了《关于普及初等义务教育的决定》,规定从 1930—1931 学年起对 8—10 岁的儿童普及四年制的初等义务教育,要求没有受过初等教育的青少年接受 1～2 年的速成教育。并为工业城市、工厂区、工人居住区接受过初等教育的儿童确立了七年制的义务教学体系。

〔1〕 https://yandex.ru/images/search? text=Ленин%20на%20съезде%20учителей&img_url=http%3A%2F%2F5klass.net%2Fdatas%2Fistorija%2FGody-NEPa%2F0010-010-Doklad-o-perekhode-k-NEPu.jpg&pos=1&rpt=simage&_=1434701387060.

由于中学阶段的培养水平不够,中学毕业生进入大学面临困难。从 20 世纪 30 年代初开始,苏联开始构建全新的普通教育发展构想,提出教学的主要任务是以系统的知识和技能武装学生。从 1931—1932 学年开始,普通学校开始实行新的教学计划和教学大纲,学校按照固定课表组织教学,并制定严格的课程表,以及内部管理规则。所有学校活动,教学内容都是统一的。1931 年苏共中央委员会下达命令取消 20 世纪 20 年代开始的教育试验和创造性探索[1],学校采用传统的教学方式,教学内容的意识形态化进一步强化。

20 世纪 30 至 40 年代,苏联中小学规模不断扩大,儿童 7 岁入学和七年制普及义务教育在城市和乡村得以实施,中等教育逐渐普及,苏联教育发展迅速,也为苏联经济和社会发展积蓄了人力资源基础。此后的卫国战争时期,尽管国内经济和外部政治环境恶劣,1941—1945 年政府制定了一系列关于中小学教育的规定,保证七年制教育的普及。到 1950—1951 年度,苏联普通学校已发展到 2.2 万所以上,学生逾 3 500 万人。[2] 图 1-2 是列宁和苏联小学生在一起。

图 1-2 列宁和小学生[3]

---

[1] В. Г. Торосян. История образования и педегогической мысли[M]. Москва. 2006:250.

[2] 吴式颖. 外国教育史教程[M]. 北京:人民教育出版社,1999:275.

[3] https://yandex.ru/images/search? img_url=http%3A%2F%2Fimg-fotki.yandex.ru%2Fget%2F5314%2F38428361.17e%2F0_6c40c_ceb40c00_XL&text=Ленин%20дети&redircnt=1434701978.1&noreask=1&pos=5&rpt=simage&lr=10590.

三、20世纪50年代末到70年代末：中等教育的普及

从1958年到20世纪70年代末期，苏联曾先后三次进行教育改革，中等教育成了改革的主要环节。这一阶段的教育始终围绕着两个核心问题进行钟摆式的改革：其一是加强生产劳动教学，为学生的就业作准备，培养熟练工人；其二是实行教育的现代化，提高教学质量，培养高质量的专门人才。

1950年代末，苏联确定了中等学校体系，包括三年制普通学校、三年制夜校、技校以及其他学校。从1960年代中期开始，普及中等教育转变成为国家教育政策的中心任务。之后，在20世纪70年代，苏联教育体系的发展重要任务就是普及中等教育，这也就意味着，苏联所有公民可以在十年制学校获得免费的、完全中等教育，1977年的《苏联宪法》更是以法律形式保证中等教育的普及。

20世纪三四十年代，苏联学校主要侧重于知识教学，为更高一级学校培养合格的新生是普通中学的主要任务。随着中学毕业生数量的增长，高等学校无法容纳如此大量的毕业生，由于缺乏职业技能，学生就业受阻，产生了升学与就业的矛盾。1954—1957年间，全国不能升学的中学毕业生达250万人，仅在1957年就有80多万人。[1] 这些无法升学的毕业生需要就业，与此同时，50年代末苏联国民经济迅速发展，国力强盛，急需补充大批的劳动力，中学教育的人才培养无法符合国民经济发展的需要。升学与就业之间的矛盾、学校教育与社会需要之间的矛盾尖锐，教学与生产劳动相结合，恢复综合技术教育的问题再次受到关注。

1. 20世纪50年代末：以综合技术教育推进中等教育改革

1958年9月，赫鲁晓夫提出了《关于加强学校同生活的联系和进一步发展全国国民教育制度的建议》。同年12月，苏联最高苏维埃主席团根据这个建议通过了《加强学校同生活的联系以及进一步发展全国国民教育制度的法律》[2]，按照这一法律，“加强学校同生活的联系，培养学生走向生活和参加公益劳动”是新一轮教育改革的基本指导思想。此后，中学改为十一年制的集普通

---

〔1〕 毕淑芝，迟恩莲.苏联教育制度的几次改革[J].苏联东欧问题，1983(4).

〔2〕 Под редакцией З. И. Васильевой. История образования и педегогической мысли за рубежом и в России [M]. Москва, 2005: 389.

教育、包括生产教学在内的劳动教育、综合技术教育于一体的学校。因为教学计划中纳入了职业性教育，八年制义务教育开始取代七年制教育，称为不完全的劳动综合技术普通教育。完全中学的学习时间由 10 年延长至 11 年，并创建起了学制为1—3 年的统一的职业技术学校。

改革中等教育结构是 1958 年教育改革的重要内容之一。这一改革将中等教育第二阶段分为三种基本类型：一类为青年工人学校和农村青年学校，这类学校是为了使八年制学校学生毕业后直接从事生产劳动的青年能有继续学习机会而开办的业余普通中学；第二类为兼施生产教学的劳动综合技术普通中学，是完全中等教育学校，八年制学校毕业生可在这种全日制学校接受三年的普通中等教育和职业训练，毕业后获得中等教育毕业证书和所选职业的资格证书，之后可以马上就业，也可以进入设有相关专业的高等院校；第三类为中等职业技术学校和中等专业学校，学制为 3—4 年，接受普通中等教育和中等专业教育，这类学校由苏联部长会议所属的国家职业技术委员会负责管理，学生毕业后授予能够证明其掌握有关职业技能和完全中等教育的毕业证书，之后一般安排就业，获得优等毕业证书者则可以报考高等学校。

中等教育教学大纲大量增加生产劳动时数，增设职业训练。八年制学校的劳动教学与生产劳动占教学总时数的 15.3%，与改革前的七年制学校相比，增加近 3 倍。普通中学第二阶段中劳动教学与生产劳动占 33.3%，比教改前增加 4 倍以上，同时对学生进行职业训练。〔1〕

1956 年 9 月苏共中央和苏联部长会议还通过了建立寄宿制学校的决定，扩大寄宿学校网，增加延长学时的学校和班级。由国家培养残废军人和劳动残废者的子女，并解决家庭特别困难、双职工以及缺乏必要的教育条件的儿童的教育问题。这一阶段，寄宿制学校有了很大的发展。

1958 年，苏联开始向普及八年制教育转变。通过将七年制学校转变为八年制学校实行八年制教育。这期间，农村地区设立了寄宿制学校，为学校培养额外师资队伍，克服留级生现象。1958 年教育改革也暴露出了诸多问题，教育改革

---

〔1〕 毕淑芝，迟恩莲.苏联教育制度的几次改革[J].苏联东欧问题，1983(4).

的重点是加强学校中的劳动教育和职业训练,结果是忽视了20世纪50年代以来科技革命新时代对实现教育现代化和提高知识教学质量的新要求。于是,1964年10月的苏共中央全会和后来的几次全会,都要求以批判的态度对待这次改革,并提出了进行新的改革的要求。鉴于普通教育阶段的培养水平也有所降低。1964年和1966年,学校又先后恢复以前的教育体系,限制了以学校劳动课形式进行的职业训练。

2. 20世纪60年代:以提高教育质量为核心的教育改革

鉴于1958年改革带来的问题,为了适应现代科学技术、现代化生产的需要,1964年8月,苏共中央和苏联部长会议公布了《关于改变兼施生产教学的劳动综合技术普通中学的学习期限的决定》,自此之后,苏联教育又经历了新一轮改革。中等教育依然是改革的重点之一,改革主要表现为大大压缩生产教学实践时间,从而缩短中学第二阶段的学习年限,把中学第二阶段由3年改为2年,整个普通教育阶段由11年改为10年。教学计划中大量削减生产劳动课时,1964年中学第二阶段的生产教学和生产实习的时间由1 356小时减至708小时,减少了47.8%。[1] 这样一来,生产教学又一次被忽视。1967—1968年的十年制普通学校的教学计划中,生产劳动的时间只剩下每周2小时,不再提职业训练。相反,从七年级起逐年增开选修课,以加深物理、数学、自然科学和人文科学的知识,发展学生各方面的兴趣和才能。

这一次改革在不同教育层次都触及了学习期限的问题,其中包括缩短小学阶段的学习年限。在苏联教育科学院多年实验研究的基础上,经苏联教育部批准,于1964—1969年先后开始把小学阶段的学习年限由4年逐步改为3年,并从四年级起开始讲授系统的科学基础知识。普通教育的第二阶段也相应地由4年变为5年。为了适应学制的调整,从1964年10月开始,苏联教育科学院和苏联科学院联手组织人员着手修改和重新编写中小学的教学计划、教学大纲和教科书。用了10年时间,完成了十年制学校的全部教学大纲和教科书的编写工作,使"教育的内容和性质符合现代科学、技术和文化的发展水平"。在改革教育

〔1〕 毕淑芝,迟恩莲.苏联教育制度的几次改革[J].苏联东欧问题,1983(4).

内容的同时，进行教学设备和教学手段的技术更新，普通学校从20世纪70年代初开始逐步由班级教室制过渡到专用教室制，即按各学科建立和装备专用教室进行教学，以提高教学质量和效率。

提高教育质量是1964年教育改革的主要目的，为高校培养高质量的新生成为中学教育的主要目的，生产劳动再次被忽视。1964年以后的教育改革，对提高苏联的教育质量，促进苏联教育的现代化起了很大的作用。但是学生的学业负担却大大加重了，教师和学生都普遍反映新的教学大纲太难太深，教科书分量太重，学生无法掌握。教育改革中存在的另一个问题是，又一次忽视普通学校的劳动教育问题。因此，1958年以前的升学和就业的矛盾又在新的条件下凸显。

3. 20世纪70年代：多种途径普及中等教育

进入20世纪70年代，普及中等教育成为苏联教育发展的重要方向。此间普及十年中等教育是通过三种途径实现的：十年制普通学校，这是进行普通中等教育的主要形式；夜课制和函授制普通学校；兼施完全中等教育的中等职业技术学校和中等专业学校。多种途径普及中等教育成效显著，到1975年，苏联86%走向社会的青年人都受过完全中等教育，超过90%的八年制学校的毕业生在不同类型的中等学校学习过。职业学校、夜校和函授学校在苏联中等教育的普及过程中发挥了重要作用。[1]

20世纪60年代的教育改革之后，培养学生进入大学成为中学教学的主要目的，这样的教学目的引发了新的升学与就业矛盾。随着中等教育的逐渐普及，至1975年，只有不到四分之一的中学毕业生进入大学[2]，需要直接就业的中学毕业生比例增加。与此同时，由于中学教学计划只注意学生的知识质量，忽视了对学生进行劳动就业的培养，多数毕业生在职业定向方面遇到困难，毕业生缺乏劳动技能的问题又一次被提出来。

1977年12月苏共中央和苏联部长会议颁布《关于进一步改进普通学校学生的教学、教育和劳动训练的决议》(以下简称《决议》)。《决议》指出："许多中学毕业生在走向生活时，缺乏应有的劳动训练，对基本的普通职业没有足够的认

[1][2] Н. К. Гуркина. История образования в России(X- XX века)[M]. Санкт-Петербург. 2001:53.

识。因此在到国民经济部门工作时感到困难。”《决议》要求“中学毕业生在学习期间应当掌握深刻的科学基础知识和在国民经济中工作的劳动技能，学校必须坚决转向改进青年在物质生产范围内的劳动训练，为学生选择职业打好基础”。

根据这一《决议》，再次改变学校教学计划，中学高年级增加劳动教学时间，即九、十年级从每周2小时增加到4小时。给学校配备劳动教学师资，并对之加强培养和提高工作；利用企业、国营农场和集体农庄的条件为学生安排有效的劳动教学和职业指导；增设劳动教学、职业指导的视导员，在普通中学成立学生职业指导教学法研究室；大力开展学生参加公益劳动的各种形式：校办工厂、学生生产队、劳动和休息夏令营等组织，扩大校际教学生产联合工厂网等。

1977年的《决议》一方面加强了普通学校的劳动教学，为毕业生就业或升入中等职业技术学校提供了条件，另一方面，加强了职业技术学校中的普通教育内容，使中等职业技术学校和中等专业学校中的普通教育课程与普通完全中学基本平衡。20世纪70年代，随着中等教育的普及，苏联大力发展兼施职业教育和普通中等教育的中等职业技术学校。实施初等职业技术学校逐步向中等职业技术学校的过渡，职业技术学校的地位和作用不断提高。中学毕业生直接就业的人数在不断减少，而升入职业技术学校的比例却在增加，1980年已达40%。[1]

4. 20世纪80年代：划一性的教育体系受到挑战

在普通教育方面，始于20世纪30年代的“教育学无儿童”的问题到了80年代初期更为突出，苏联学校教学质量开始下降，特别是在小城市和农村地区。学校的划一性发展达到了极致，在整个苏联从加里宁格勒(俄罗斯的最西边)到楚克奇半岛(俄罗斯最东北部)，同一年级的同一门课程都是一样的。教科书是一样的，教学大纲是一样的，教学计划也是相同的。

儿童和青少年的个性特点被忽视，整个教学过程定位于“中等生”。落后学生(不论落后的真实原因)和天才学生得不到应有的重视。学校封闭，与社会割裂，学生的社会适应性弱化，教育自身的社会威信下降。

划一的教学大纲、教育部制订的统一的教学法使教师丧失了开展创造性探

〔1〕 毕淑芝，迟恩莲. 苏联教育制度的几次改革[J]. 苏联东欧问题，1983，(4).

索的权利，也使学生失去了选择个性化教育途径的权利。直到 1982 年，这种划一的教育体系开始有所改变。1983 年。美国发布《国家处在危险中，教育改革势在必行》报告，从美国开始，整个世界掀起了新一轮的改革浪潮。苏联教育部也提出要改革国家教育，1984 年 4 月苏维埃社会主义共和国联盟最高委员会通过了《普通学校和职业学校改革的主要方向的决议》(*Постановление ВС СССР об основных направлениях реформы общеобразовательной и профессиональной школы*)，该“决议”确定了此次教育改革的主要原则。改革的目的是改善教育教学质量，将学校工作提高到一个新的水平。通过完善教学计划和教学大纲，完善教育教学方法，保证每门课的教学具有更好的科学水平，使学生牢固地掌握科学基础知识。本次教育改革触及教育体系的各个部分，苏联教育科学研究院也明确了其研究计划，对于不同类型的学校和校外机构的教学、教育活动经验的研究兴趣在提高。

1984 年的教育改革被普遍认为是试图摆脱危机的一次失败的尝试，长期以来形成的教育管理体制不能给学校教育的发展带来现实的改变。1985—1988 年，苏联教育体系受到了普遍的批评。官僚主义、高度集权、单纯追求成绩、教师和管理者职业水平低以及其他一些问题成为批评对象。20 世纪 80 年代末，由《教师报》和电视台发起了实际上的对于教育问题的全民讨论，一致认为中等学校毕业生水平下降影响高等学校的教育质量，提出了对于“优质教育”的需求，虽然当时对于优质教育这一概念尚无明确的认定。

1988 年 3 月，在当时的教育部、高等学校部和国家职业教育委员会的基础上组建了苏联教育部。当时的教育部长雅戈金(Г. А. Ягодин)命令建立临时科研集体，由著名的教育学家第涅普罗夫(Э. Д. Днепров)担任领导。建立这一集体的目的，是制定以发展学生个性这一理念为基础的全新的教育政策，以教育体系中各级教育的可选择性和自由选择性为基础，使教育成为推动社会发展的有效因素。

1988 年 12 月举办的全苏教育工作者代表大会制定并通过了以下基本原则：即教育的民族化、多样化，教育的多种投入形式，教育的可选择性，教育的民族性和国家性，教育的开放性，教育的区域化，教育的人道化，教育的多样化，教育的发展性，教育的连续性。从20世纪80年代末期开始，苏联社会上形成了在中学高年级实施专业侧重教学，提出提高外语教学质量、更新大纲、拒绝人文课程及其他课程内容的意识形态化要求。在中小学校广泛出现了数学、物理、生物化学、人文等有专业侧重的班级，为某一所确定大学培养人才的学校进一步扩展，出现了以提供大学前教育为主的文科学校和以为专业学院培养学生为目的实科学校，这类学校的教学计划极其丰富，以掌握最为现代和最需要的专业为核心。

第三节 俄罗斯普通教育的发展现状

进入20世纪90年代，随着苏联的解体，俄罗斯政治、经济领域发生了急剧变化，进入社会转型期。俄罗斯的社会转型走的是一条以政治为中心、政治改革优先，再靠民主制去推动社会经济基础建设的发展路线。社会转型初期，改革的目的就是要彻底抛弃“苏联模式”，“去意识形态化”“去集权化”“民主化”成为改革的主要特征，政治体系由苏联时期的高度集权迅速向“分权制”过渡，经济领域试图通过“休克疗法”实现由计划经济向市场经济的过渡，结果导致政治斗争激烈，通货膨胀严重，社会长期动荡，使俄罗斯在国际上的超级大国地位一度大大削弱。普京上台后，在俄罗斯逐步实施“可控民主”制度，通过强化中央权力，运用强制和半强制手段结束了俄罗斯政治的混乱，政局稳定为经济发展创造了良好条件。“可控民主”是俄罗斯在经历了十多年的混乱后探索出的政治发展道路，与西方民主不同，“可控民主”的实质是弱化民主制，确立以总统权力为核心的国家政治体系。政治经济领域风云跌宕的变化折射到教育领域，则表现为社会转型初期的国家淡出，到普京执政后，表现为国家的回归。

一、俄罗斯教育的价值取向

苏联解体后，1992 年，俄罗斯颁布了首部《俄罗斯联邦教育法》。《俄罗斯联邦教育法》的出台为教育领域的“去集权化”“去意识形态化”“多样化”“民主化”“人道化”和“人文化”发展提供了法律依据。苏联时期教育的目的是“培养全面而和谐发展的共产主义社会的建设者和成员”，苏联教育学不是从人的天性、个人的需求和爱好，而是从社会历史需求、从社会发展的客观需要中得出教育的目的的。[1] 1992 年《俄罗斯联邦教育法》对教育界定为“为个人，社会和国家利益而进行的有目的的教学教育过程”。“个人、社会、国家”的排列顺序突出了以人为本的宗旨。改革的特点主要体现在以下几个方面：

(1) 民主化：要求学校管理去国家化，要求学校管理转变为社会与国家共管体系。

(2) 去集权化：要求地方政权参与发展教育；学校自主选择自身的发展策略；教师要有创造的权利；学生要有选择学校的权利。

(3) 教育的多元化、多种组织形式：多种选择性赋予国立教育和非国立教育并存发展的可能。

(4) 教育的民族性和国家性：跨文化对话是民族发展的有效因素，也是促进民族和谐的有效因素。

(5) 教育的区域化：给予地区根据自身条件选择教育发展计划的权利和责任，避免教育计划和大纲的划一性。

(6) 教育的人道化：学校关注孩子，尊重孩子的个性，信任孩子，并为儿童能力和天赋发展创造条件。

(7) 教育的多样化：教育的多样化是在遵守国家教育标准的基础上，实现教育计划的多样化、教科书的多样化，创建教育服务市场。

(8) 教育的发展性和活动性：只有当教学不以重复性的知识再现为目的，并转而关注教育的活动性和变革性时，才能唤醒个体开展各种不同形式的独立劳

---

〔1〕〔苏〕巴拉诺夫，沃莉科娃，斯拉斯捷宁，等. 教育学[M]. 李子卓，赵玮，韩玉梅，等译. 北京：人民教育出版社，1979：30.

动的能力。

进入21世纪,随着普京就任总统,“可控民主”制度的逐步建立,以及政治经济领域的由乱到治,振兴教育,提高俄罗斯国民素质成为普京政府的战略目标之一。2002年12月29日,在广泛征求社会意见,并经过国家代表大会讨论后,俄罗斯联邦政府通过了《2010年前俄罗斯教育现代化构想》(*Концепции модернизации российского образования на период до 2010 года*),该“构想”对20世纪90年代的教育发展战略做了调整,其突出的特征是重新强调国家对教育的责任,将教育置于国家优先发展的领域。提高教育质量,统一国家教育空间成为教育发展的主导方向。实施国家统一考试,制定国家教育标准成为教育改革的重要内容。

二、俄罗斯现代教育体系

1986年以前,俄罗斯的普通教育十年制,即初等教育3年、基础教育5年、中等(完全)教育2年。后来作为实验引入了四年小学教育,学生可以选择三年小学教育,或者四年小学教育,这样出现了十一年制普通教育。1989年,苏联国民教育国家委员会批准的《苏联普通教育学校暂行条例》规定,普通教育学校由三个阶段构成:第一阶段为初等学校(3～4年);第二阶段为基础学校(5年);第三阶段——完全中等教育(2年或3年),学习年限由各加盟共和国国民教育部(委员会)制定。基础学校阶段的教育是义务教育。基础学校毕业生可在普通学校高中阶段继续学习,也可在各种类型的中等职业学校和专业学校继续学习,同样可以在通过夜校和函授学校继续接受普通教育的情况下开始参加劳动活动。普通教育基础学校和高中学校修业结束时,必须进行考试。高中学校毕业生可获得中等教育毕业证书。对其成绩卓著者,授予金质和银质奖章。对个别科目学习成绩优秀的学生,可颁发各共和国国民教育部(委员会)的奖状。基础学校毕业证书和中等教育毕业证书的授予办法和程序、金质奖章和银质奖章的颁发条例,均由苏联国家教委规定。

1. 俄罗斯教育体系构建的法律依据

苏联解体后,1992年颁行《俄罗联邦斯教育法》,重新划分国民教育体系,首次明确规定俄罗斯教育体系由普通教育和职业教育两部分构成，分别实施普通教育大纲和职业教育大纲。普通教育大纲旨在培养个人的一般文化素养，适应社会生活的能力，为自觉选择及掌握职业教育大纲奠定基础。普通教育阶段包括初等教育、基础教育和中等(完全)教育三部分。凡未能掌握前一阶段教育大纲的学生，不得升入普通教育的下一阶段学习。职业教育大纲旨在循序提高职业教育和普通教育水平，培养相应级别的专门人才。职业教育阶段包括：初等、中等、高等职业教育和大学后职业教育。基于终身教育的理念，《俄罗联邦斯教育法》强调中等(完全)教育之前的阶段是获得基本知识的教育阶段，而中等(完全)教育之后的所有教育活动都是为获得职业所进行的教育，所以统称为职业教育阶段。《俄罗联邦斯教育法》规定："根据个人的需要，公民可以通过面授、面授-函授(夜校)、函授、家庭教育、自学及校外考生制形式接受教育，也允许以多种形式相结合的方式接受教育。"

2001 年 3 月 23 日的俄罗斯联邦政府第 224 号文件(Постановление Правительства Российской Федерации от 23 марта 2001 г. № 224)进一步确定了标准的普通教育学习时间：普通教育第一阶段(初等教育 4 年；普通教育第二阶段(基础教育)5 年；普通教育第三阶段[中等(完全)教育]2 年。俄罗斯普通教育采取中小学一贯制。独立的小学较少，主要有不完全中学(九年一贯制)和完全中学(十一年一贯制)两种普通教育学校形式，还出现各种高级中学、文科中学(гимназия)及实科中学(лицей)等实施普通教育的学校类型。

2. 俄罗斯的普通教育体系

俄罗斯的普通教育(相当于我国的基础教育)由三个阶段组成。俄罗斯小学包括四个年级。每年 9 月 1 日，小学一年级接受年满六岁半的儿童，如学校同意，学校可以接受年龄更小的学生，通常，一年级录取的学生为 6—8 岁。小学教育的任务是使学生具有生活或者工作的基础的知识和技能：阅读、基本的书写、初等数学、基本的劳动教学，掌握文明语言和行为，养成良好的个人卫生和健康生活方式。此外，还开展基础性发展课程：音乐、体育、舞蹈、艺术和"环境"，"环境"只是向学生讲述他们在生活可能遇到的内容。按照 2005 年的规定，从二年级开始，所有学校都要学习外语(此前只有专门学校学习外语)，小学每一个班级都分配一名负责班级的老师，除了要求专门场所和仪器的课程，每一个班级有由于上其他所有课程的独立的教室。

中等教育阶段分为基础教育阶段和完全中等教育阶段。基础教育，学制5年，实施基础教育大纲。学生接受基础的文化知识和初步的职业劳动训练，逐渐培养个性、爱好、兴趣以及社会自决能力。基础学校学习的课程总量将近20科。其中包括代数、几何、物理、无机化学和普通化学、有机化学原理、生物、俄语、文学、历史、社会学、地理、外语、信息通讯技术、音乐、美术、劳动、体育。课程量为平均每天6课时。基础教育毕业后，学生通过国家数学、俄语以及其他两门选修课的鉴定，合格后发放基础普通教育证书，证明学习的事实，以及对所学课程进行评价的事实。基础学校毕业后，部分学生进入完全中等教育阶段，即高中阶段(10—11年级)，另外一部分学生进入中等专业学校。完全中等教育一般学制为2～3年。这一阶段，学生一方面加深学习文化知识，提高认知能力；另一方面有选择进行某职业方面的侧重学习。完全中学毕业的学生参加国家统一考试，国家统一考试既是中学毕业生的结业考试，也是其进入高等学校的入学考试。

3. 俄罗斯的义务教育

苏联时期各类教育一律免费，对青少年实行普及免费的中等教育，即11年的普通中等教育以及涵盖其中的初等职业教育。其中基础普通教育是义务教育。接受初等职业教育的公民，通过竞试可以在国立和地方教育机构接受免费职业教育。

20世纪90年代初，《俄罗斯联邦宪法》(*Конституция РФ*)规定初等教育和基础普通教育是义务教育。教育责任由家长和法定代表来承担，家长根据孩子的意见有权利选择学校，以及接受基础普通教育的形式。《俄罗斯联邦宪法》实际上不再保证免费的完全中等教育(九年级以后的教育)。这就意味着部分青少年被排除出完全中等教育之外，继而会导致青年犯罪率增长，遭到社会各界强烈反对。到90年代中期，随着俄罗斯社会对于完全中等教育必要性的认识的提升，1996年修订后《俄罗斯联邦教育法》再次提出完全中等教育是普及的和免费的教育，普及免费教育年限又恢复到苏联时期的11年。

2004年版《俄罗斯联邦教育法》规定，俄罗斯国家保证公民接受普及性的、免费性的学前、初等普通、基础普通、中等(完全)普通和初等职业教育。公民通过竞试在国立和市立学校免费接受中等职业、高等职业和大学后职业教育，其中义务教育年限为9年。学生家长(合法代理人)有保证其子女接受基础普通教育的义务。2013年新制定的《俄罗斯联邦教育法》中免费普及的教育阶段从学前、初等、基础、中等普通教育阶段扩展到中等职业教育阶段。

三、俄罗斯普通教育的发展现状[1]

1. 教育规模的发展变化

苏联解体以来，由于社会动荡、人民生活水平急剧下降，俄罗斯人口急剧下降，5—9岁儿童数量从1996年以后明显下降(图1-3)，下行趋势直到2008年后才有所改变。1996—2008年，5—9岁儿童数量减少了44%。

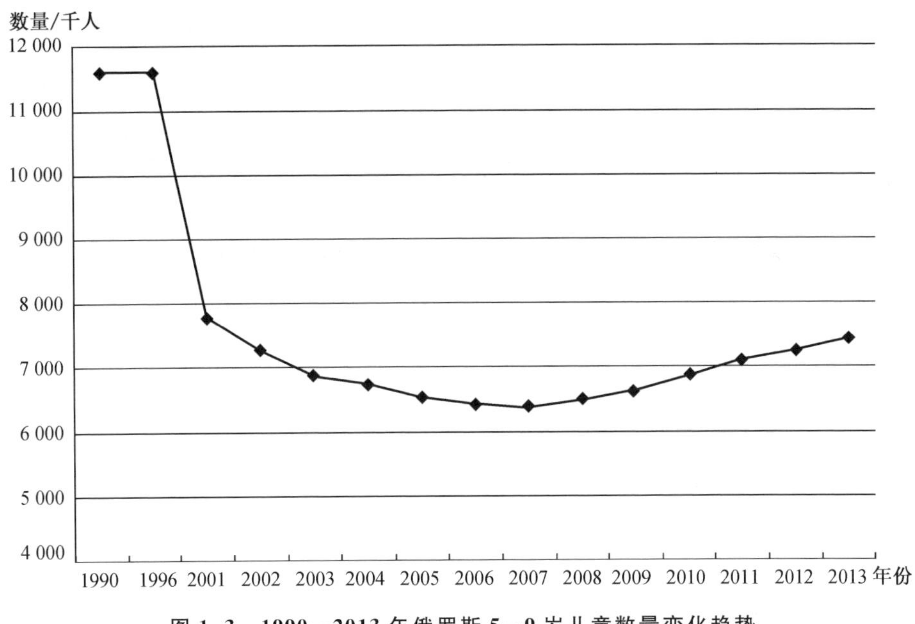

图1-3 1990—2013年俄罗斯5—9岁儿童数量变化趋势

入学年龄人口数量的下降直接影响到中小学校学生数量以及学校数量的变化，从1995/96学年到2013/14学年，中小学学校数量减少了34%。其中，农村

[1] 如非特别注明，本部分数据均来源于俄罗斯统计署官方网站。

学校减少了45%,城镇学校减少了20%(表1-1)。

表1-1 国立和市立普通教育机构数量的变化(学年初) 单位:千个

学年	1995/96	2000/01	2005/06	2006/07	2007/08	2008/09	2009/10	2010/11	2011/12	2012/13	2013/14
机构总数	70.2	68.1	62.5	60.3	57.3	55.1	52.4	50.1	47.7	46.2	44.7
城镇	22.4	22.7	21.8	21.4	21.0	20.5	19.9	19.5	19.0	18.8	18.3
农村	47.8	45.4	40.7	38.9	36.3	34.6	32.5	30.6	28.6	27.4	26.4
全日制学校	68.4	66.4	60.8	58.7	55.7	53.6	51.0	48.8	46.5	45.0	43.7
城镇	20.9	21.3	20.4	20.1	19.7	19.3	18.8	18.5	18.1	17.9	17.6
农村	47.5	45.1	40.4	38.6	36.0	34.3	32.2	30.3	28.3	27.1	26.2
夜校和分部制	1.8	1.7	1.7	1.6	1.6	1.5	1.4	1.3	1.2	1.1	1.0
城镇	1.5	1.4	1.4	1.3	1.3	1.2	1.1	1.0	0.9	0.9	0.8
农村	0.3	0.3	0.3	0.3	0.3	0.3	0.3	0.3	0.3	0.3	0.2

从1990/91学年到2013/14学年,俄罗斯中小学学生总数减少了34%,其中,城市学生减少了32%,农村学生减少了39%。教师减少了30%(表1-2)。

表1-2 1990/91学年到2013/14学年国立和市立教育机构的学生人数(学年初)

单位:千人

学年	1990/91	2000/01	2005/06	2006/07	2007/08	2008/09	2009/10	2010/11	2011/12	2012/13	2013/14
学生总数	20 851	20 493	15 559	14 727	14 103	13 752	13 619	13 569	13 654	13 713	13 783
其中:											
城镇	14 948	14 389	10 845	10 271	9 871	9 698	9 692	9 761	9 923	10 046	10 168
农村	5 903	6 104	4 714	4 456	4 232	4 054	3 927	3 808	3 732	3 667	3 615
全日制学校	20 328	20 013	15 113	14 291	13 695	13 363	13 258	13 244	13 362	13 445	13 548
其中:											
城镇	14 531	13 998	10 497	9 929	9 557	9 395	9 405	9 502	9 690	9 835	9 980
农村	5 797	6 015	4 616	4 362	4 138	3 968	3 854	3 742	3 672	3 610	3 568

续表

夜校、分部制、函授	523	480	446	425	408	389	360	325	292	267	234
其中:											
城镇	417	391	348	331	314	303	287	259	233	211	188
农村	106	89	98	94	94	86	73	65	59	56	47

2. 俄罗斯中小学教育的保障条件

俄罗斯中小学教师学历水平普遍较高,2009 年 9 月 20 日数据显示,俄罗斯共有 107.85 万中小学教师,接受过高等教育的教师占 82.2%,其中接受过高等师范教育的教师比例为 77.9%;除非俄罗斯语言文学课教师和信息技术课教师以外,其他科目教师接受高等教育的比例均在 90%以上。中小学教师中,接受过中等职业教育的教师为 16.6%,其中接受过中等师范教育的教师比例为 14.5%。从所授课程来看,数量最多是俄罗斯语言文学课教师,其次为外语课教师(表 1-3)。

表 1-3 国立与市立中小学校教师情况〔1〕

	教师总数(不包括兼职人员)/千人	教育程度				
		高等职业教育	其中接受师范教育	中等职业教育	其中接受师范教育	高中
教师总数	1 078.5	82.2%	77.9%	16.6%	14.5%	0.7%
其中:						
俄罗斯语言文学	133.7	95.2%	93.1%	4.3%	4.1%	0.3%
非俄罗斯语言文学	21.3	85.3%	84.0%	13.6%	12.7%	0.7%
历史、法律、社会学、经济	65.1	94.0%	90.1%	5.0%	4.3%	0.7%
数学	107.0	96.2%	93.3%	3.3%	3.0%	0.3%
信息技术	29.9	87.6%	72.8%	10.4%	7.4%	1.4%
物理	37.2	97.5%	91.9%	2.0%	1.5%	0.4%
化学	30.4	97.8%	91.7%	1.7%	1.3%	0.3%
地理	35.3	94.2%	90.5%	5.1%	4.3%	0.5%
生物	36.4	95.7%	91.5%	3.7%	3.0%	0.4%
外语	111.8	91.0%	87.6%	8.0%	7.3%	0.7%

〔1〕 不包括夜校及分部制学校,2009 年 9 月 20 日数据。

俄罗斯普通教育阶段,小学的师生比为1∶17或者1∶18,幼儿园为1∶7,近年来,随着入院儿童数量的增长,上升为1∶8,中学阶段,师生比从2005年的1∶10,变化为1∶8(表1-4)。

表1-4 俄罗斯中小学校师生比

年份	2000	2001	2002	2003	2004	2005	2006	2007	2008	2009
生师比(学前)	7	7	7	7	7	7	7	7	8	8
生师比(小学)	18	17	17	17		17	17	17	17	18
生师比(中学)						10	9	9	9	8

俄罗斯中小学校平均班额普遍较小。国立学校,无论是小学阶段,或者是中学阶段,平均班额均为20人以下。非国立学校平均班额仅为10人(表1-5)。

表1-5 俄罗斯中小学平均班额(学年初) 单位:人

年级	2005/06	2006/07	2007/08	2008/09	2009/10
所有学校					
1—4	18	18	18	17	17
5—9	18	18	18	18	18
10—11(12)	19	18	18	17	17
国立和市级学校					
1—4	18	18	18	16	17
5—9	18	18	18	18	18
10—11(12)	19	19	18	17	17
非国立学校					
1—4	10	10	10	11	11
5—9	10	10	10	10	10
10—11(12)	11	10	10	10	9

近年来,随着教育优先发展战略的落实,俄罗斯教育投入占GDP的比重呈现上升趋势,数据显示,2000年这一数值为2.9%,尽管经历了2008年世界金融危机,2009年教育投入仍然明显增长,达到4.6%,比2008年增长0.4%,之后,稳定保持在4%以上。俄罗斯教育投入增长明显,但仍然远远低于OECD国家

超过 6%的水平(图 1-4)。

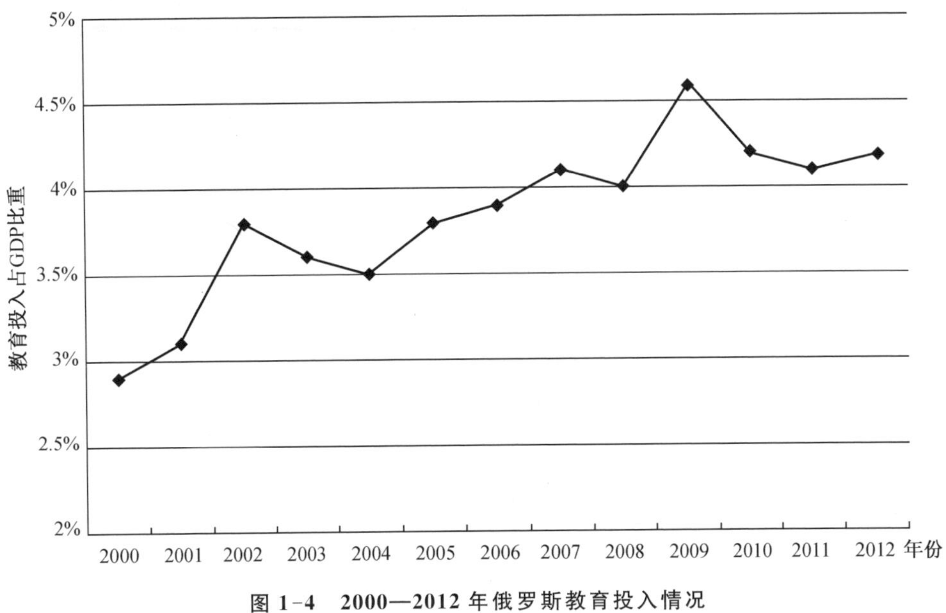

图 1-4 2000—2012 年俄罗斯教育投入情况

俄罗斯普通教育阶段主要以联邦主体投入为主。联邦主体预算投入要远远高于联邦一级的预算投入,一般而言,联邦投入占 20%或者略高于 20%,联邦主体投入占近 80%。俄罗斯学前教育和基础教育的投入责任在联邦主体和市政一级,占总投入的比例稳定在 99%以上,联邦投入所占比例微乎其微,除 2011 年为 1%,一般低于 1%。

表 1-6 俄罗斯普通教育投入情况

年份	2005	2006	2007	2008	2009	2010	2011
联邦预算投入	20.2%	20.5%	21.9%	21.3%	23.4%	23.4%	22.6%
联邦主体共同投入	78.4%	78.2%	76.9%	77.6%	75.5%	76.6%	77.4%
普通教育投入							
联邦预算	0.5%	0.6%	0.6%	0.6%	0.6%	0.7%	1.0%
联邦主体共同投入	99.5%	99.4%	99.4%	99.4%	99.4%	99.3%	99.0%

在联邦主体教育投入中,对于普通教育投入所占比重最大,基本接近 60%,其次为学前教育,对于职业教育的投入最低(图 1-5)。

从每100名学生拥有的计算机数量来看,国立与市立学校,平均每100名学生拥有计算机数量为9台,城镇学生100名学生拥有计算机数量与全国平均数一样,农村地区每100名学生拥有计算机数量为11台,高于城市和城镇。而从拥有可连接互联网的独立网站的学校数量来看,农村学校比例低于城市,城市为78%,农村仅为不到50%。从拥有电子图书馆的情况来看,城乡间差距也比较明显,城市为33.5%,农村为25.3%(表1-7)。

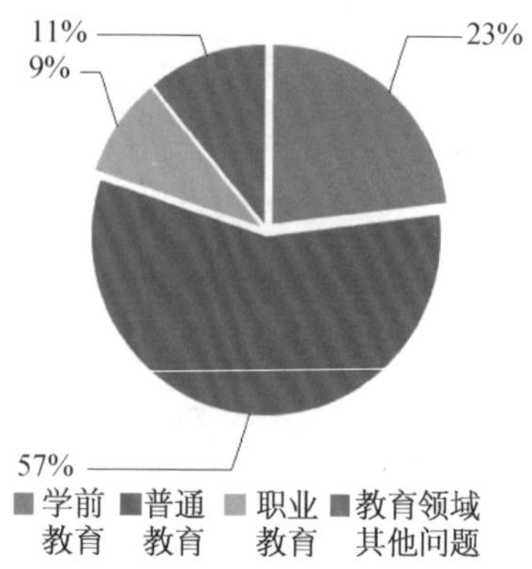

图1-5 2011年,俄罗斯联邦主体对于不同层次教育的投入比例

表1-7 俄罗斯国立与市立学校的计算机网络设施情况〔1〕

	2009/10		
	城镇与农村	其中	
		城镇	农村
个人电脑数量/千台	1 057	694	363
其中:			
教学用电脑	826	531	296
接入局域网电脑	556	383	172
接入互联网电脑	525	356	169
平均每100名学生拥有的电脑数量/台	9	9	11
拥有可连接互联网的独立网站的学校数/千	33	15	18
占中小学总数的比例	59.3%	78.0%	49.6%
拥有电子图书馆的学校/千	15	6	9
占中小学总数的比例	28.1%	33.5%	25.3%

2009/10学年,俄罗斯有79%以上的中小学校拥有体育馆,2%的学校有游泳池,43%的学校有礼堂或者报告厅,近90%的学校有餐厅或者小吃部,93%的学校有图书馆(表1-8)。

〔1〕不包括夜校和分部制学校,学年初。

表 1-8 俄罗斯全日制中小学校拥有的设施条件情况(学年初)

学年	2005/06	2007/08	2009/10
体育馆			
数量/千个	44.3	43.5	43.4
占中小学校总数的比例	75.5%	76.2%	78.9%
游泳池			
数量/千个	1.3	1.2	1.3
占中小学校总数的比例	2.2%	2.1%	2.3%
礼堂报告厅			
数量/千个	—	—	23.8
占中小学校总数的比例	—	—	43.3
餐厅和小吃部			
数量/千个	49.5	49.0	49.4
占中小学校总数的比例	84.4	85.9	89.7
图书馆(藏书)			
数量/千个	56.8	54.1	51.5
占中小学校总数的比例	96.9	94.8	93.5

2005/06 到 2009/10 学年的各项数据显示,学校基础设施逐渐获得改善。2009/10 学年,学校中具有上下水,集中供暖等设施的学校所占比例接近 70%,86%的学校有集中供暖条件(表 1-9)。

表 1-9 俄罗斯国立和市立中小学校(不包含夜校和分布制学校)校舍条件

学年	2005/06	2007/08	2009/10
具有全部设施学校数量/千个	34.0	36.1	38.2
具有全部设施占学校总数的比例	58.0%	63.2%	69.4%
拥有自来水的学校数量/千个	44.1	44.3	45.3
拥有自来水的学校所占比例	75.3%	77.7%	82.2%
有集中供暖的学校数量/千个	46.8	47.0	47.3
有集中供暖的学校所占比例	79.8%	82.4%	86.0%
拥有排水系统的学校数量/千个	36.9	38.5	40.7
拥有排水系统的学校所占比例	63.0%	67.4%	73.9%

四、国际学业成绩测试中的俄罗斯教育

2000 年俄罗斯学生就开始参加 PISA 测试,成绩一直处于 PISA 平均水平。

2012年,俄罗斯有来自42个地区227所中小学校的5 219名学生15岁学生被随机抽样选中参加了PISA测试,其中8.4%为7—8年级学生,73.5%为九年级学生,13.7%为10—11年级学生,4.3%的学生为初等和中等职业教育学生。与2009年相比,2012年,俄罗斯的PISA测试成绩有所提高。其中数学成绩提高了14分(从468分提高到482分)(图1-7);阅读成绩提高了16分(从459分提高到475分)(图1-8);科学成绩提高了8分(从478分提高到486分),数学、阅读和科学素养获提升的学生数量均有所增加。但其在各参加测评国家中的位次并没有提高,仍然位于第38位,仅比美国靠前2位,如图1-6所示。

	数学	阅读	科学
平均值	494	496	501
上海(中国)	613	570	580
新加坡	573	542	551
香港(中国)	561	545	555
中国台北	560	523	523
韩国	554	536	538
澳门(中国)	538	509	521
日本	536	538	547
列支敦士登	535	516	525
瑞士	531	509	515
荷兰	523	511	522
爱沙尼亚	521	516	541
芬兰	519	524	545
加拿大	518	523	525
波兰	518	518	526
比利时	515	509	505
德国	514	508	524
越南	511	508	528
奥地利	506	490	506
澳大利亚	504	512	521
爱尔兰	501	523	522
斯洛文尼亚	501	481	514
丹麦	500	496	498
新西兰	500	512	516
捷克	499	493	508
法国	495	505	499
英国	494	499	514
冰岛	493	483	478
拉脱维亚	491	489	502
卢森堡	490	488	491
挪威	489	504	495
葡萄牙	487	488	489
意大利	485	490	494
西班牙	484	488	496
俄罗斯	482	475	486
斯洛伐克	482	463	471
美国	481	498	497

图1-6 2012年部分国家PISA测试排名

与2003年PISA测试成绩相比,2012年,俄罗斯学生的数学成绩提高了14分(图1-7)。与2000年的测试相比,2012年,阅读测试成绩提高了13分(图1-8)。

与PISA测试结果不同,俄罗斯学生在TIMSS中处于高水平状态。1995年,俄罗斯八年级学生在TIMSS测试中,数学平均是524分,处在第15位;自然

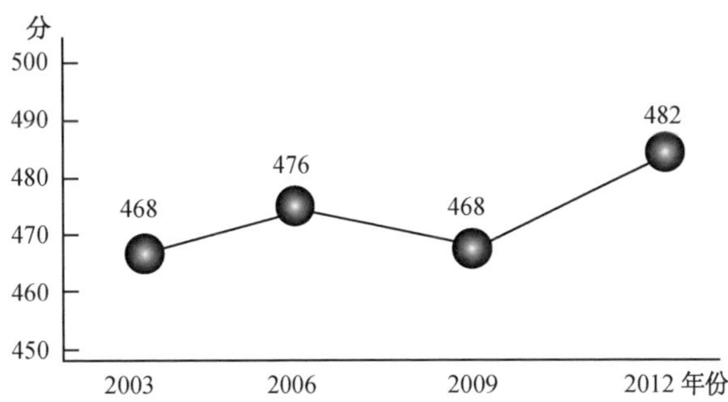

图 1-7 俄罗斯学生的 PISA 数学测试成绩

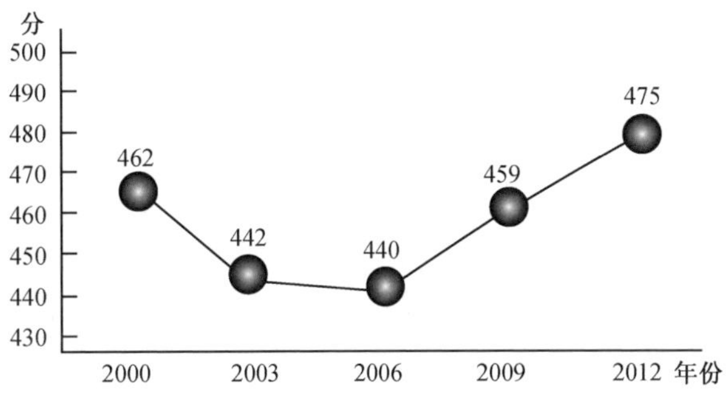

图 1-8 俄罗斯学生的 PISA 阅读测试成绩

科学学科平均 523 分，排名 14 位。1999 年，参与 TIMSS 测试的有 38 个国家，俄罗斯学生的数学知识水平位于第 12 位，自然科学学科平均水平排名第 16 位。2003 年，有 46 个国家的八年级学生参加了测试，俄罗斯学生数学成绩排名第 12 位，自然科学学科的成绩排名第 17 位。2007 年，在 48 个国家参加测试中，俄罗斯学生数学成绩排名第 8 位，而自然科学学科成绩名列第 9—10 位。最后一次测试是 2011 年，有 42 个国家参加，俄罗斯八年级学生的成绩更好，数学名列第 6 位，自然科学学科名列第 7 位，如图 1-9，图 1-10 所示。

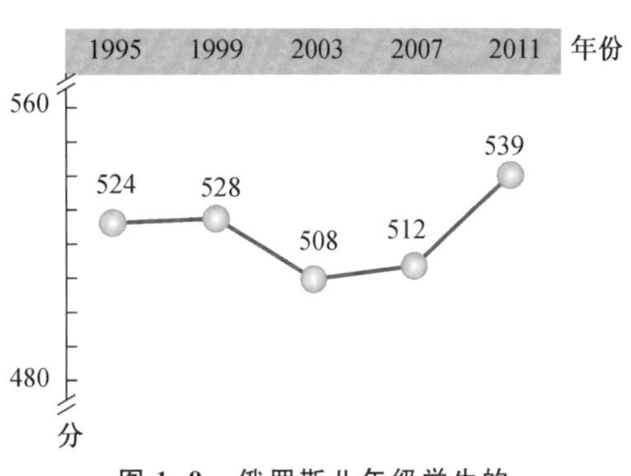

图 1-9 俄罗斯八年级学生的 TIMSS 数学测试成绩

与上述两项国际测试不同，俄罗斯在世界数学奥林匹克竞赛中一直成绩不俗，基本保持在世界前 3 名的水平，从未低于世界前 6 位。针对

TIMSS和PISA测试结果点，俄罗斯很多学者分析认为，TIMSS重理论知识，PISA后者实际能力，这显示出俄罗斯教育更多注重知识传承，对运用已有知识解决实际问题的培训不足。针对PISA测试俄罗斯学生的表现，俄罗斯学界也提出，若没有与PISA测试形式及内容相匹配的教学内容，没有相应的辅导材料，不对教师进行针对性培训，短期内俄罗斯学生在PISA测试中的排名很难有明显提高。

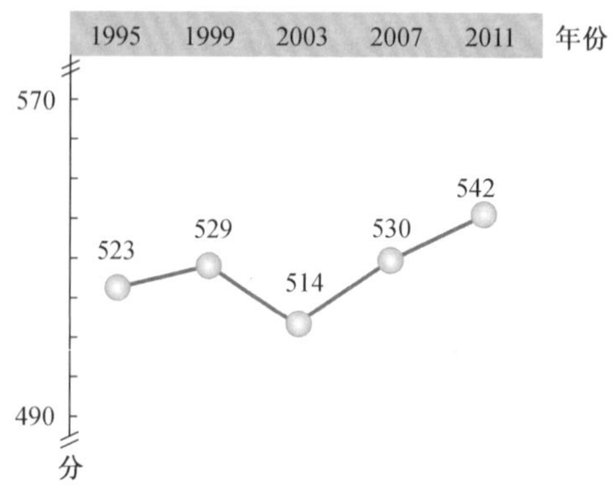

图1-10 俄罗斯八年级学生的TIMSS自然科学测试成绩

与欧洲其他国家相比，俄罗斯的教育体系形成较晚，发展缓慢。从11世纪基辅罗斯教堂学校开始，到18世纪下半叶统一的普通学校体系建立，经历了漫长的形成和发展历程。

十月革命后到苏联解体的七十余年间，教育体系发展迅速，教育的发展为苏联社会经济的发展提供了坚实的人力资源支持。苏联解体前夕，尽管教育体系内部存在一系列问题，教师的创造性和学生积极性没有得到应有的发挥，但不可否认，在20世纪80年代之前，苏联拥有世界最好的技术教育、技术教育的发展为其在宇宙航空、激光技术领域取得了辉煌成绩奠定了基础。而在整个80年代，俄罗斯经济、对内政治和对外政治进入停滞状态，这种状态不可避免地影响到教育领域，1984年的教育改革并没有能够改变这种局面，反而有所加剧。

社会转型以后，俄罗斯教育的价值取向发生了根本改变，从苏联时期以“培养全面而和谐发展的共产主义社会的建设者和成员”的教育目的，转向强调要关注孩子，强调教育多样化，尊重孩子的个性，但由于受社会经济因素的影响，20世纪90年代被认为是俄罗斯教育“失去的十年”，期间，教育投入锐减，义务教育年限一度缩减。进入21世纪，随着国家的由乱到治，教育领域由国家淡出转向国家责任的回归，教育发展再次成为国家优先发展的领域，成为俄罗斯创新发展战略的重要组成。

第二章

俄罗斯教育管理

第一节 俄罗斯教育实行国家与社会共管

高度集中的管理形式是苏联时期教育管理的特点。从1992年实行《俄罗斯联邦教育法》开始,教育管理改革明显体现出“去集权化”和“去中心化”的特点。《俄罗斯联邦教育法》重新划分了不同层次教育管理机构的管辖范围,按照该法的规定,基本保留了联邦一级教育管理机构在制定和实施全国性教育政策方面的职能,大大缩减了其在日常性直接管理方面的权限,联邦管理机构在依法调节教育领域各种关系方面仍起主导作用。与苏联时期相比,地区和地方管理部门的权力明显增强,对市级教育体系的业务管理移交地方管理部门。《俄罗斯联邦教育法》重新明确了学校的权力和责任,学校自治作为国家的一项基本政治原则被置于重要位置。

1992年实行的《俄罗斯联邦教育法》强调要更加紧密的地将个人的教育需求和地区的经济、教育文化(发展)的可能性相结合,使地方教育管理机构目的明确地努力在教育领域实行社会性取向政策,为俄罗斯确立民主化的和国家—社会共管的教育管理体制奠定了法律基础。1992年8月制定的《社会经济改革深入条件下俄罗斯教育体系的改革和发展计划》(*Программа реформирования и развития системы образования РФ в условиях углубления социально-экономических реформ*)确定了深化改革教育管理体制三项重要任务:实现教育管理的“去中心主义”;改变教育管理机构的工作重心,使其关注教育体系和学校的发展;要求教育管理部门的所有工作人员都要掌握现代化的管理技术。

2000年俄罗斯政府批准的《俄罗斯联邦国民教育要义》规定,应“扩大社会对教育管理的参与”,国家应为“教育职业团体参与制定联邦级和地区级的教育政策”提供保障。2002年,俄罗斯联邦政府通过了《2010年前俄罗斯实现教育现代化构想》,文件最后一部分以“在划分教育政策主体之间的责任关系的基础上,加强对教育发展的管理”为题,论述了俄罗斯教育现代化进程除应保障教育系统的开放性外,还应实现教育行政管理模式由“家长制”向“责任分担”模式的转变,应强化所有教育政策主体在教育领域的作用及相互间的促进作用。这个过程应当既有相应的法规文据来保证,也有社会积极参与发展教育的切实机制来保证。

2004 年修订的《俄罗斯联邦教育法》更是下放了学校的创建、结构调整和取缔规则的权利,以及学校劳动标准和劳动报酬标准的制定权利,联邦一级的教育管理部门只负责联邦一级学校类似标准和规则的制定。这些规定大大地扩大了联邦主体的职权,最实质的变化是通过补贴地方预算将国家保证公民获得普及的、免费的学前教育、初等普通教育、普通基础教育和完全中等教育,甚至在学校获得补充教育的责任也交给了联邦主体。2013 年新制定的《俄罗斯联邦教育法》颁布实施,其中在教育管理一章再次明确,教育体系的管理秉承教育机构法制、民主、自主、教育体系信息公开原则,参考社会意见,教育管理系统具有国家-社会性质。

教育管理的国家-社会性质主要表现在社会团体参与教育的管理和监督。在基础教育领域,首先表现在学校内部的学校委员会,教师联合会以及家长委员会等自治机构协同校领导对学校的发展、政策、基础设施建设以及日常的教学教育活动进行管理。其次,市级教育管理部门还设立一些教学方法委员会、校长联盟等组织,协同教育管理部门对本市基础教育机构的教育教学活动进行监督,在督导、国家结业考核和国家统一考试方面发挥重要的监察作用,同时为教育管理部门的政策出台献计献策。

第二节　俄罗斯教育管理体系

高度集权化的苏联管理的特点体现为中央管理机构有权提出教育目的和任务,并对其进行监督和管理。1992 年以后,教育管理的“去中心主义”导致教育管理的分支机构、管理对象、管理内容的变化。教育体系内部的垂直性管理仍保留了原来的结构,包括联邦中央、联邦主体、地方自治机构和教育机构四个基本层次在内的多级管理体制。每一个层次的管理部门都承担一定的管理职能,在各自的职权范围内自主制定相应的政策。与此相对应,联邦教育管理部门的职权范围压缩,特别是大大限制了联邦管理机构直接调控地区教育活动的可能性。

一、俄罗斯联邦教育管理体系的结构

按照《俄罗斯联邦教育法》的规定,俄罗斯教育管理部门主要包括领导整个教育体系的联邦教育管理机构——俄罗斯联邦教育科学部,管理部属行业以及部门内部教育机构的俄罗斯联邦部属教育管理机构(如国防部、内务部等);联邦主体一级的教育管理部门;地方(市一级)教育管理部门,如图 2-1 所示。

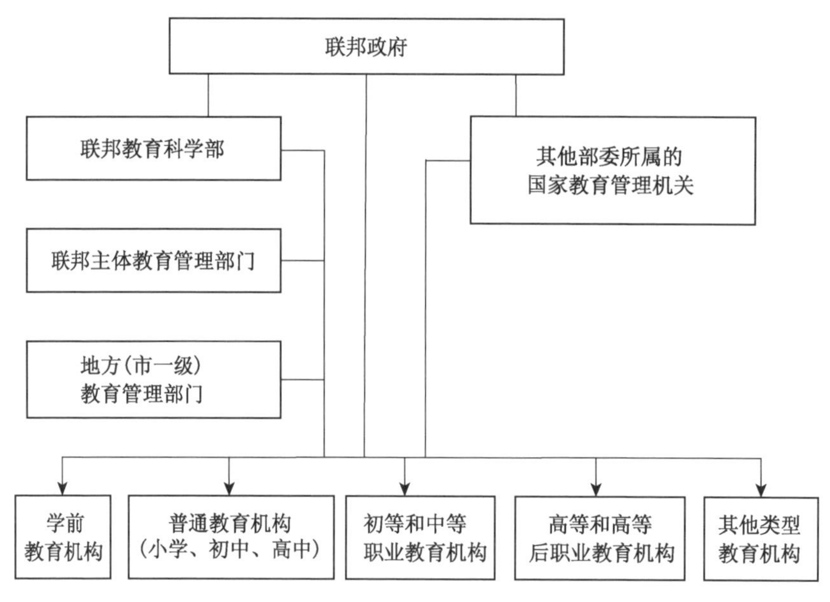

图 2-1 俄罗斯联邦教育管理体系

国家教育管理机构由相应的国家权力执行机关作出决定,并征得相应的国家权力机构同意后建立。地方(市政)教育管理机构可以根据相应的地方自治机构的决定建立。教育管理机构的根本任务是保证联邦教育发展纲要的实施,国家教育标准的执行和教育体系根据国家标准的运行。教育管理机关应对其下属教育机构实施监督。教育机构如果违反俄罗斯联邦教育法令或教育机构的章程,国家教育管理机构有权在法院作出判决之前下令制止上述行为。

二、俄罗斯联邦教育管理机构及其活动

近30年来,俄罗斯国家教育管理部门几经调整。1992年3月,俄罗斯教育部(Министерство образования РФ)和俄罗斯联邦科学、高等学校和技术政策部(Министерство науки. высшей школы и технической политики РФ)两部门正式成立,对全国教育体系进行管理,前者主管普通教育,后者主管职业教育。1996年8月,俄罗斯新政府改组职能机构,成立俄罗斯联邦普通和职业教育部(Министерство общего и профессионального образования РФ),取代上述两部,对全国的普通中等教育和职业教育实行垂直管理。2004年3月,普京连任俄罗斯总统,联邦政府对其最高权利机关再次进行重组,原来的俄罗斯普通与职业教育部和科学与技术创新部两部合并,成立俄罗斯联邦教育科学部(министерство образования и науки РФ),作为联邦政权在教育领域的最高执行机构。俄罗斯科学教育部由四个署组成:联邦科学与创新署(Федеральное агентство по науке и инновациям)、联邦教育署(Федеральное агентство по образованию)、联邦知识产权(Федеральная служба по интеллектуальной собственности. патентам и товарным знакам)、知识产权和专利及商标署(Федеральная служба по интеллектуальной собственности. патентам и товарным знакам)、联邦教育与科学监督署(Федеральная служба по надзору в сфере образования и науки)。联邦教育署基本上替代以前的俄罗斯普通与职业教育部职能,对各级各类教育实行联邦中央、联邦主体、地方三级管理。2012年,俄罗斯联邦政府撤消了教育科学部的下属四个署,转为设置16个司。

1. 教育管理机构

2012年,普京再度上任伊始,联邦教育科学部调整内部机构,调整后的俄罗斯联邦教育科学部作为一个联邦权力机构负责制定教育,科学,科学技术、创新活动,纳米技术,知识产权,道德教育领域,学生社会支持和社会保护领域的国家政策和相关法律法规。主要工作目标为满足居民教育需求、保证优质教育的普

及、向经济领域提供足够的高技能人才、整合教育和科学技术活动、提高科学技术成果使用的有效性、改革科技领域、促进创新活动,以此促进经济稳定增长和提高社会福祉。改组后的联邦教育科学部不再设署,直接设司。包括:

(1) 战略、分析、预测司(Департамент стратегии. анализа и прогноза):确保在教育、技术和创新领域政策的制定和实施,分析各领域政策实施的一些列措施。

(2) 教育科学预算、核算、决算司(Департамент финансов. организации бюджетного процесса. методологии и экономики образования и науки):负责教育科学领域的预算、核算及决算工作。

(3) 国家普通教育政策司(Департамент государственной политики в сфере общего образования):负责制定实施普通教育领域政策法规,调节普教领域的教育活动。

(4) 直属机构管理司(Департамент управления сетью подведомственных организаций):为部属机构的发展提供建议。

(5) 人才培养及补充教育政策司(Департамент государственной политики в сфере подготовки рабочих кадров и ДПО):在初等、中等职业教育及职业培训和补充职业教育方面制定和实施政策。

(6) 科学与技术司(Департамент науки и технологий):调节科学、科技和创新活动。

(7) 国际司(Международный департамент):在国际合作方面,制定实施国家政策和法规,调节教育科学部的活动。

(8) 项目及竞赛管理司(Департамент управления программами и конкурсных процедур):在项目管理和竞赛组织等方面给予组织-技术支持和法律-方法的保障,并能提供相应的咨询。

(9) 高等教育政策司(Департамент государственной политики в сфере высшего образования):制定实施普通教育领域政策法规,调节高等教育领域的教育活动。

(10) 儿童权利保障领域国家政策司(Департамент государственной политики в сфере защиты прав детей):在未成年人监护以及预防成为社会孤儿方面,在安置孤儿保护其权利等方面,制定和实施国家政策及法规。

(11) 儿童、青年思品教育政策司(Департамент государственной политики в

сфере воспитания детей и молодёжи)：制定和实施国家政策及法规，调节儿童补充教育、儿童和青年思品教育、青年政策以及此方面的国际合作活动。

(12) 行政司(Административный департамент)：处理教育科学部各组织机构的日常事务，包括登记、复印、回复各类信件等。

(13) 科研及科教人员考评司(Департамент аттестации научных и научно-педагогических работников)：确保制定和实施国家政策及法规，调节科研及科教人员的国家考评工作。

(14) 法规司(Правовой департамент)：在征求教育科学部各部门意见的基础上，形成教育科学部法律法规文本。

(15) 信息及地区政策司(Департамент информационной и региональной политики)：负责教育信息化政策以及地区政策的管理工作。

(16) 国家公务、人才和反腐司(Департамент по вопросам государственной службы. кадров и профилактики коррупции)：与领导共同制定教育科学部的人才政策，并以此为基础构建高效的联邦国家公务员和各组织机构领导阶层的管理机制，全面合理地利用其才能。

2. 联邦教育科学部的职责及权限

《俄罗斯联邦教育法》对各级教育管理部门的职责及管辖范围作了明确规定，其中，联邦教育管理机构——教育科学部的职责主要包括：

(1) 制定并实施联邦的和国际的教育发展纲要；

(2) 制定国家教育标准，规定教育证书的效力；

(2) 对教育机构进行国家评估，促进对教育机构的社会评估；

(3) 建立对不同类型教育机构教学人员的鉴定程序，确定对教学人员的学历资格要求；

(4) 确定教育系统结构，制定职业培训及职业教育的职业列表和专业列表；

(5) 对由其创办的教育机构进行直接拨款；

(6) 设立旨在稳定和发展教育体系的国家基金；

(7) 制定国家为教育机构提供拨款的标准，以及物质技术保证标准和教育过程的装备标准；

(8) 预测教育机构的布局发展,根据地区教育发展的需求,提出从联邦预算中拨出专款,补助地方发展教育的建议;

(9) 对教育领域联邦法令、教育标准、教育领域财政和金融纪律的执行情况进行监督。

3. 联邦教育科学部的主要管理形式

俄罗斯教育科学部对教育的管理主要分为常规性管理和项目性管理。本着自治原则,俄罗斯联邦把办学权交给学校,使学校成为一定责任义务制约下独立自主的办学者,学校享有较大的自主权。学校根据自身的具体情况制定与联邦和地方教育法律法规要求不相违背的学校章程;可以自主选择本校工作的具体目标;可在国家教育标准和示范教学计划、教材、课程基础上,制定并实施本校的教育大纲、教学计划,确定教育内容。教育管理机构对学校的管理主要通过许可证评估、教学评估和国家认证评估三种评估活动来实现(图 2-2)。

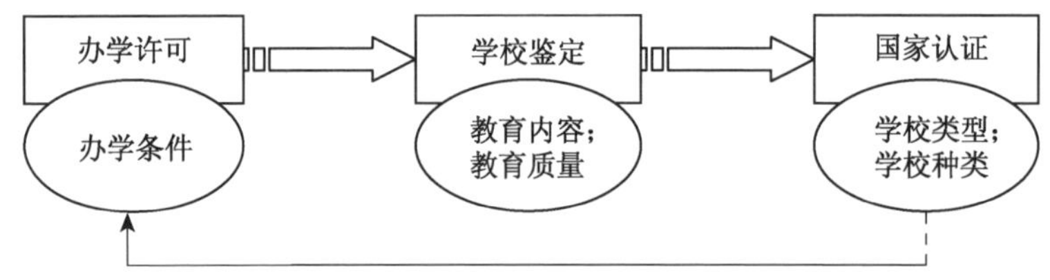

图 2-2 学校评估的主要形式及其相互关系

无论何种形式的办学机构,都必须经相应的教育管部门批准,获得"办学许可证"(Лицензия),才可开展教育活动。办学许可证相当于学校的营业执照,多从学校办学的硬件条件等方面审核学校的办学资格,即对实现教育过程的保障条件进行评估。按照《俄罗斯联邦教育法》的规定,办学许可证由国家教育管理机关或联邦主体立法赋予相应权力的地方自治机关发放。

学校教学评估是对学校进行教育质量国家—社会检查的主要方式,学校评估过程中要确定教育大纲,包括:基础义务教育大纲的最少内容;学生学习负担最大量;全部完成基础教育大纲的情况—鉴定教学计划、学校教育大纲、课程表、班级日志;学校毕业生培养的内容、水平和质量是否符合国家教育标准。教学评估根据学校申请,评估每五年进行一次。

在对学校教学活动进行评估基础上，学校才有资格申请国家评估。国家评估主要审查教育大纲实施的水平，教育大纲实施的方向，班级类型结构，毕业生培养质量，师资保障，教育过程中的信息技术设施，学生所在地的社会医疗条件，等等。

学校教学评估和国家评估直接影响学校的声誉、生存和发展。按照《俄罗斯联邦教育法》规定，评估不合格的学校，将被宣布为不合格学校，中止其教育活动，至少要经过 12 个月后才允许学校重新申请评估，再次评估不合格可吊销其办学许可证，关闭学校。

通过国家认证(Государственная аккредитация)的学校，不仅可以获得证明其教育质量和办学水平的认证证书，而且从获取国家认证证书之时起，学校有权向本校毕业生发放相应教育水平的国家毕业证书，同时也有资格列入预算拨款名册，按照被确定的学校"种类""类型"和等级享受规定的国家拨款。当学校的组织形式、地位发生变化时，原来的国家认证证书也将随之失效。

在教育科研领域开展专项工作是俄罗斯教育科学部的最重要的工作内容之一。专项工作的特点是行动具体、针对性强，措施系统，能够尽快发现最紧迫的问题以及社会的需求，并制定行之有效的解决方案。俄罗斯教育科学部目前开展的专项工作包括：地区中小学体系现代化项目；重点大学支持项目；国家教育优先发展项目；联邦专项计划；教育贷款项目等。

三、联邦主体教育管理机构及职能

联邦主体教育行政管理机构的组织结构和具体职能划分由联邦主体法规确定。因此，这些机构的名称和组织结构有很大不同，如州、边疆区、共和国下属的教育局、教育委员会、国民教育管委会、共和国教育部等。就其权限划分与机构设立而言，不同地区之间的差异也很大。有些地区的科学与职业教育管理局和普通教育管理局各自独立，而有些地区的初等教育管理机构是独立设置的。联邦主体行政管理机构贯彻、执行联邦教育政策，制定并实施与联邦教育政策一致的政策及相关法令；管理辖区内的教育机构；根据本地区的实际情况，制定并实施共和国、地区教育发展纲要；制定国家教育标准中的地区成分，编制联邦主体在教育支出部分的预算。

四、市教育行政管理机关

地方(市)教育行政管理机构的名称差异也很大,如市(镇、乡村等)教育委员会、市教育处、市政府下属的教育管委会等。[1] 市教育行政管理机关管理、监督地方(市)教育活动和教育机构的工作。市级教育行政管理机构实施联邦中央、联邦主体的教育政策,参与制定和实施市教育政策。在市、地区内组织并提供普及、免费的学前教育、初等教育、基础教育,中等(完全)教育,开办、改组、撤消地方(市)属教育机构。

第三节 以市级预算投入为主的财政投入体系

社会转型后,苏联时期形成的教育经费完全由国家承担的教育财政投入机制也发生变化。在整个国家经济市场化、私有化的大背景下,教育开始逐步向市场经济迈进,教育财政拨款政策也发生巨大的变化。

一、联邦法律对教育投入的规定

1992年《俄罗斯联邦教育法》颁布之后,俄罗斯政府首次在教育法律文本中明确规定教育财政拨款额度,保证教育在国家发展中的优先地位。首先,《俄罗斯联邦教育法》指出,国家和地方的教育拨款是国家保证俄罗斯联邦公民在国家教育标准范围内接受教育的基础。其次,政府每年应该拨出不低于国民收入10%的资金用于教育需要,以及保证联邦预算、联邦各主体预算和地方预算中相应支出项目得到维护。除此之外,为保障教育优先发展地位,政府还许诺各种税收优惠政策。教育财政拨款第一次在法律上得到保障,表明国家教育投入的决

---

〔1〕 时月芹.俄罗斯教育行政管理体制的变革[J].大学研究与评价,2008(9):49.

心。但是该规定具有很明显的理想主义色彩，与当时的社会经济发展状况大相径庭，与社会现实明显冲突。这条规定在以后的实践中，从来没有真正实现。

2004 年修订后的《俄罗斯联邦教育法》删除了国民收入 10%资金投入教育的规定，教育拨款的具体数额从《俄罗斯联邦教育法》中消失。但《俄罗斯联邦教育法》确定了联邦中央和地方共同分担教育拨款的财政制度。具体为：隶属于联邦的国立教育机构的财政拨款，由联邦负担；各主体所辖教育机构、市立教育机构的财政拨款，由联邦和各主体负担。与联邦法律相配合，各主体进行权力和实施对象的划分，确定联邦、地区教育权力机关的权限。在各级政府通过划拨资金保障教育财政拨款的基础上，法律才赋予其权限。这样，权限就等于不同级政府的支出承诺。[1] 2013 年新制定的《俄罗斯联邦教育法》再次明确，联邦教育国家财政拨款主要依靠联邦预算、地区（联邦主体）预算和地方（市级）财政预算，按照其在教育领域的权限分工来确定。

二、市级预算投入为主的基础教育财政拨款体制

俄罗斯教育系统隶属国家，也就意味着其主要成分是国立或市属的教育机构。根据《俄罗斯联邦教育法》的规定，行政的分级管理是财政拨款的基础。俄罗斯实行分级预算制度，目的是在明确各级政府权限基础上，依法合理划分各级政府之间的财权。目前，俄罗斯设立了三级预算体制，第一级为联邦预算，第二级为地区（联邦主体）预算，第三级为地方（市级）预算。

教育机构财政拨款的主要分配原则是保障教育机构有能力教授一定数量的学生，并能为其接受教育提供必要的物质基础。在教育拨款和分配资源都充足的情况下，国家各级财政预算公平地分配教育资金，而现实中也会出现分配资金不到位和有偏差的时候，国家还组织补偿资金进行再分配，再分配的资金额度不超过总资金额度的 2%～3%，这一举措有助于解决财政拨款不到位的问题，而且部分资金的再分配不会明显地影响学校的具体财政拨款。

---

〔1〕 Вероника Спасская. Формирование законодательных основ контроля и оценки качества образования[J]. народное образование, 2009(1):13.

普通教育主要由地方政府管辖,地方政府在普通教育领域拥有更多的管理权限。因此,普通教育的财政拨款整体来自地区和地方财政预算,其中更大份额是由地方(市级)预算承担。以2000—2003年为例,俄罗斯普通教育财政拨款的结构如下:2000年联邦、地区(联邦主体)、地方(市)预算分为0.6%、15.8%、83.6%;2001年为0.6%、19.7%、79.7%;2002年为0.7%、20.9%、78.5%;2003年为0.6%、19.9%、79.5%。可以看出,普通教育的财政拨款主要以市级预算为主,达到78%以上。[1]

三、预算外资金对教育的投入

除了联邦、地区和地方的财政拨款外,教育机构还可以通过扩大有偿教育服务和多渠道筹措经费等方式增加普通教育机构的办学经费。

近几年,俄罗斯颁布的多项教育政策指出,教育战略任务之一就是完善教育领域经济机制,即确保推行各级教育机构财政拨款的新模式,促进教育机构经济独立,提高对教育领域的投资。2004年修订后的《俄罗斯联邦教育法》规定,坚持鼓励教育机构进行商业化活动,但对教育机构的某些企业活动进行规范。教育机构有权按照章程处理有偿教育服务带来的资金,无需再上交一部分给创办者。这一规定给教育机构发展以更优惠的宽松政策。因此,在教育机构中,不仅出现有偿教育服务,还出现其他一些与教育过程无直接关系的活动。如咨询活动或学校创办的商业组织的经济活动,教育机构不动产的出租等活动。这些活动的开展,吸引社会对教育机构的投资,并实质性地带给基础教育机构预算外的资金来源。随着预算外资金的逐渐增加,教育机构的教育经费也得到补偿。

实施教育经费联邦、地方分担制度后,由于各地区经济发展的不均衡,有些地区的地方财政无法得到保障,市级教育拨款也就出现困顿状况,这也成为地区教育发展不均衡的原因。特别是基础教育的拨款主要来自市级财政预算,市级财政拨款的不足,直接影响基础教育的发展。

---

〔1〕 朱小蔓.20—21世纪中俄教育改革比较研究[M].北京:教育科学出版社,2006:103.

第四节 选举与行政任命相结合的人事管理制度

《俄罗斯联邦教育法》规定:“国立和市立教育机构的管理按一长制、合议制和自治原则建立。”校长的任命主要是选举和任命两种途径产生,但这两种途径中都透露着创办人和校委员会之间的合议和制衡关系,同时也体现出学校管理上的自治和民主精神。

一、校长及领导人员的任免

按照学校章程规定,国立教育机构领导人(校长)可以由学校创办者任命或聘请;可以由教育机构集体选举;可以在与创办者预先商定候选人的基础上,再由教育机构集体选举产生。或者是创办者和教育机构委员会,一方任命,另一方核准后产生。学校章程确定校长的责任、义务和权利。根据校长的提名,确定副校长人选及其职务责任,任命教研室主任。学校章程还明确规定解除校长和副校长职务的缘由。校长依照各级法律在合议的原则上开展工作,并独立解决学校各类问题,校长为学校法人。通过各方评定的校长、副校长和其他领导对学校进行直接管理,学校领导对学校工作负有个人责任。非国立教育机构的领导,直接由创办者确定,或者由监督委员会受创办者的委托予以确定。

普通教育学校的管理形式在一长制、合议制和自我管理原则相结合的基础上形成,学校的管理形式可以是学校委员会、监督委员会、学校代表大会或教师委员会,选举原则和机构的组成由学校章程确定。对教育管理有兴趣的人士(学校工作人员、巡夜生和家长、社会代表)可以参与学校管理。通过评定的校长、副校长和其他领导来对学校进行直接管理,学校领导对学校工作负有个人责任。

二、教育机构教师的法律地位

《俄罗斯联邦教育法》对教育机构中教师的地位做出规范,教育机构工作人员法律地位包括国家保障的权利和自由,其中包括科研的权利和自由,劳动权利和自由、社会保障和权利,以及俄罗斯联邦和俄罗斯主体法律所规定的责任、义务以及限制。国家确保为工作人员提供权利自由及社会支持,保障其具有高技能水平,有效完成职业任务所需的条件,提高社会知名度,提高教师劳动威望。

俄罗斯基础教育机构中,工作人员的定编程序由该校的学校章程规定,工作人员受教育机构雇佣。教师和其他行政人员的关系由劳动合同协调,合同的有限期限由工作人员和雇主签约时确定,劳动合同必须遵循《俄罗斯联邦劳动法》(*Кодекс законов о труде Российской Федерации*)。

基础教育机构工作人员按照教育机构章程有权参与机构管理,有权选择教育方法、教具,有权进修、享受假期,有权享受地方为教师提供的补充优待。教育机构完成劳动合同规定的责任和工作量之后,有权得到工资和职业薪金。除了《俄罗斯联邦劳动法》规定的解除劳动合同的理由之外,教师一年内严重违反教育机构章程,或对学生身体和心理使用暴力手段,或在工作期间酗酒吸毒,教育机构有权终止与其的劳动合同。

第五节 基于校委会的校内管理

普通教育机构的内部管理主要通过学校委员会(以下简称校委会,Совет школы)实施。校委会的组建原则及其职能的发挥要依据《校委会条例》(*Положение совета школы*)。校委会成员的选举依据公开、民主的原则,由来自不同层面的代表组成,其中对校长既有特殊的身份规定,又具有相应的约束力。校委会对学校的管理秉承合议制的原则,在管理过程中,校委会和校长之间的权力也相互制衡。

一、校委会性质

普通教育机构校委会是自治的合议性机构，该机构遵照普通教育机构章程解决教育机构权限方面的问题。校委会遵照《俄罗斯联邦教育法》以及其他相关法律开展活动，其成员的活动在自愿参与工作、合议决定和公开的基础上进行。校委会组成、活动程序、人数及其权限由普通教育机构章程确定，成员不得收取委员会工作报酬。

二、校委会结构和组成程序

校委会由各方代表组成，其中有教育管理部门行政人员、中小学各年级家长教育机构工作人员和高年级学生代表等。校长可以进入校委员会，根据校委会决定，可以邀请从事专业和社会活动或具有专业社会知识的公民加入，也可邀请在教育机构发挥作用的其他自治机构代表加入。这些积极的举措能够充分发挥校委会的合议功能，促进该教育机构的发展。普通教育机构章程规定校委会的总人数，家长人数不能少于委员会人数的三分之一，但又不能多于二分之一。教育机构工作人员人数一般不超过委员会总人数的四分之一。学生人数中，高年级阶段的每个年级都至少选出一个代表。剩下的位置由普通教育机构校长和增选的成员占用。如果教育机构中学生人数超过 300 人，那么家长在校委会中的人选由家长代表会议推选产生，如果学生人数少，那么就在全体家长会上推选产生。

校委会中学生人选在相应班级的全体学生会议上产生，学生会议的召开要参照一定规则。校委会中工作人员的人选由该机构召开教师全体会议选举产生，校委会选举的期限为 3 年，从被选之时起开始行使自己的权力。

三、校委会的职能和权限

校委会的主要任务是确定普通教育机构发展的基本方向，提高学校财经活动的有效性和工作人员劳动热情，分配教师激励奖金，在教育机构中创建合理的教学过程组织形式。监察教学大纲各方面的实施情况及相应的教学计划和教学过程。为保持、巩固教育机构中教师和学生的健康，监察教育机构中饮食、医疗服务情况，监察教育机构财政资金的支出情况。当教学过程参与者双方出现冲突又不能达成一致时，校委会参与冲突的调节。校委会与教育机构中其他自治机构协同行事，共同完成学校的教育教学任务。

校委会的权限涉及学校教育教学的各个方面。校委会有权与地方自治机关协商确定年度教学进度，制定教育机构发展纲要，制定学生内部规定。根据校长的提议，商榷教育机构资金支出预算。普通教育机构的资金来源于各种活动收入和其他财政拨款，这些资金的支出预算由校委会商榷。校委会有权商榷教育机构的教育纲要，商榷国家基础教育标准教育机构部分的内容，在教学过程中采用新的教学方法。有权依据其职权制定校内法规。

除此之外，校委会还有献计献策的职能，在很多方面为校长提供建议。例如，协助校长在联邦教材目录中选择教学使用的教材；在教育机构中，为学生的饮食、医疗服务创造条件；保障学生的中期和终结性考评方面；为保持学生身心健康采取措施和确保教学过程安全方面；组织教育机构预防未成年人犯罪，杜绝对未成年人的忽视；尊重教育机构学生和教师的权利和自由，协助其他自治机构开展工作等方面。

校委会还参与制定开除学生的程序，参与在教育机构中创建协会组织，并要求其递交活动报告；参与决定开除学生，制定一些校内法规，参与决定从学校收入中拨款为本校教师和学生提供社会支持；协调教师组织和方法协会活动，定期公开教学参与者的活动信息以及教学方面的决定；参与准备和公开教育机构年度报告，并与校长、校委会主席一起签署报告，听取校长、其他分管校长的年度教学和财政报告。

四、校委会的活动形式

校委会的活动条件及程序的相关规定由校章程确定，章程没有规范的校委会工作程序问题由校委会规定进行指导。校委会的工作形式为会议性质，会议召开的次数根据需要决定，但一个季度不能少于一次。

校委会主席召集校委会会议，如主席缺席，由副主席召集会议。校长也有权利召集校委会会议。会议可以决定任何校委会职权范围内的问题。校长召集的第一次校委会议须在校委会成立之后的一个月内，第一次校委会会议选举校委会主席和秘书，以及校委会副主席。校委会主席不能在学校工作人员(包括校长在内)和学生中产生。按照校委会规程规划校委会工作，校委会规程最晚要在第二次会议上审议通过。校委会有权利为会议准备材料，制定活动方案。

校委会组建临时性和永久性的各类专业小组。校委会确定各小组的组织结构和人数，确定其成员、任务及其职能。任何小组的领导者都必须为校委会的成员。如果校委会出席的人员超过人员总数一半，校委会会议做出的决定有效。校委会会议由主席主持，而在其缺席情况下，由副主席主持。

通常，校委会的决定由出席会议的大多数成员进行公开投票，投票的结果要记录在案，形成会议纪要，并由主席和秘书签名。在不破坏劳动纪律和教学过程的情况下，校委会有权邀请学校任何一名工作人员参加校委会工作会议，听取校委会报告，以获得咨询。校委会有权要求校长提交信息报告。学校行政部门负责校委会活动的组织和技术保障。

五、校委会及其成员的责任和义务

校委会负责审核和执行其权限范围内的决定。如果校委会没有在规定时间内就某个问题作出决定，或校委会作出的决定有悖法律和学校章程，或校委会作出的决定超出其所辖权限，那么校长有权在校委会职权范围内做出处理决定。校委会成员如果做出破坏联邦法律的决定，须承担相应法律责任。在校委会和校长之间出现冲突，校长不能通过谈判达到妥协，需将问题提交给各自代表提名的相关机构进行研究。

校委会成员有责任出席会议，校委会成员多次(连续超过两次)无故不参加会议，根据校委会决议将被开除出校委会。如果校委会成员以书面形式表达退出校委会的意愿，校委会可以除名该成员。校长、学校工作人员或该校学生被解雇、开除，如在解雇、开除之后不能被增选，或犯罪的情况下，校委会也可以开除该成员。校委会开除其成员之后，应采取措施补选成员替代之前的人。如果校委会在半年内部召开会议，将自动解散，校委会按照一定程序重新组建。

第六节 中小学教育管理实例

俄罗斯教育管理遵循联邦集权与地方分权相结合原则,普通教育的管理权限在地方政府,即市级教育管理机关负责本市的普通教育管理工作。普通教育机构的内部管理主要通过学校委员会或相应的自治机构实施。下文以莫斯科市莫斯科 1515 中学为例,进行基础教育管理的个案剖析。

一、莫斯科市教育管理机构及其职能

莫斯科市教育局是莫斯科市权力执行机构,其职能主要为制定和实施国家在教育领域的政策,保障宪法赋予公民的教育权利,满足国家和社会对技术人才的需求,为莫斯科地区、社会经济、生态、文化、民主的发展,在学前、初等和中等及高等教育领域提供国家服务。

莫斯科教育局的主要职能是发展莫斯科市教育,完善教育教学内容和方法,保障教育质量,提高教育管理有效性,完善教育领域的经济机制。该机构具体负责制定和实施莫斯科市教育发展纲要及其他教育纲要,制定教育活动所需的财政拨款标准,批准国立和市属教育机构章程,为莫斯科教育机构制定建筑标准、卫生标准、学生健康标准以及教学设备及用房标准。为莫斯科国立基础教育机构学生提供免费午餐。遵循国家及各级相关法律,颁发教育机构办学许可证和撤销办学的书面通知,颁发国家评估证明等。

莫斯科教育委员会下设 7 个部门,具体包括:综合安全和基础设施发展管理处、教育局与莫斯科地方和行业性机构互助管理处、职业和补充教育社会化培训管理处、普通教育教育教学组织管理处、教育创新及国家纲要综合管理处、行政管理处、教育领域国家监察管理处,其中普通教育教育组织管理处具体负责指导莫斯科市的基础教育机构日常教育教学活动,综合安全和基础设施发展管理处、行政管理处等负责协调基础教育机构的基础设施和行政管理方面的工作，教育领域国家监察处协同联邦教育与科学监察署负责监察莫斯科市基础教育活动。

二、莫斯科 1515 中学内部管理

莫斯科 1515 中学是莫斯科市国立教育机构，创建于 1973 年，1994 年被授予国立高级中学的地位。学校占地面积 6 200 平方米，绿化带 1 200 平方米（花丛、绿树、灌木）。学校建有运动场、足球场、排球场、大运动厅和乒乓球厅。学校共有专门的教室 35 个（其中化学 1 间、物理 2 间、信息室 3 间），并具有上网的网络端口，建有媒体中心和本地计算机网络。学校拥有配备交互式白板教室 8 个，多媒体教室 14 个，图书馆馆藏教科书 25 519 册，文学类书籍6 875 册。[1] 该校共有教师 101 人，其中具有高等学历的占 94%，具有一级技术职称的教师占 18%，该校由来自教育管理部门、教师、家长和学生等各方人士组成校委会协同校长、其他自治机构等实施学校的内部管理，

1. 莫斯科 1515 中学校委会组成及职能

莫斯科 1515 高级中学自治机构为校委员会，该委员会行使以下职能：组织完成校委会会议决定；确定教育机构的发展规划；协商机构工作制度；商榷预算外资金支出；确定选择学习何种外语的课程；听取校长及其他工作人员总结报告；为工作人员提供各种奖励，包括物质奖励；协商内部规则，奖金细则，学生行为规范及其他法规。

委员会主要成员为教师代表、家长代表和高年级学生代表，校长可以进入委员会，但不能成为委员会的主席。委员会一年内不能少于两次例会，委员会成员在自愿的情况下完成其职责。如果参会人员超过校委会人数的三分之二，并且参会的三分之二人员投赞成票，那校委会的决议才会通过。校委会的决议对教育机构全体成员具有约束力。

校委会遵循学校委员会章程组建，其成员不少于 11 人，增补、选派的成员不

---

〔1〕 Общие сведения[EB/OL].[2013-09-03]. http://gym1515.mskobr.ru/obwie_svedeniya/vizitnaya_kartochka_uchrezhdeniya/.

超过 25 人。教育机构代表、学校所属莫斯科教育局西南区教育管理部门的代表都可以被选为学校委员会成员。莫斯科 1515 中学校委会中共有成员 38 人。其中,西南区教育管理部门代表 1 人,学校所在街区沙拉硕瓦-姆涅夫尼克区管理部门代表 3 人。教师代表 13 人,来自 9 个年级的不同班级的家长代表 14 人。学生团体中的代表 7 人,代表全部来自 9—11 年级。

2. 莫斯科 1515 中学的管理组织机构

学校管理组织主要包括:学校代表大会、学校委员会、教师委员会、心理与教育评议会、学校学生委员会、教学法协会和外语研究室、班主任协会、学校家长委员会和班级家长委员会等。每年校长要将学校的工作计划、财政报告和工作总结报告公布在学校网站上,供广大教师和学生监督。

学校代表大会主要职能是确定机构活动的主要方向;审议、通过及变更机构章程;补充机构章程;选举学校委员会创建永久性和临时性的各类委员会,并确定其职权。教师委员会的主要职能是讨论、采用教学计划、教学大纲、教科书、教学组织程序及教学方法;组织教师提高教师技能、发展其创造潜力,分享先进的教学经验;确定实验工作的主要方向,与科研机构合作;决定采用学生各科成绩评价体系,其中包括部分大纲决定采用第三方评定,确定相关形式、程序和期限;决定学生升入高一年级。心理与教育评议会的职责是帮助学生了解自我,认识周围人,适应生活;确保学生的社会保障、权利和其在教育教学过程中的利益;在学习、适应环境和社会化的过程中,坚持心理学和教育学的支持;学生选择个人的受教育道路过程中,提供心理学和教育学支持;为消极学生在学习和受教育的过程中提供心理和教育支持;参与"风险班级"的学生教育教学工作;确保在学生学习、适应环境和社会化的过程中,持续提供心理和教育支持。

学校学生委员会主要职能是依照学生的自身需要,保证为学生的全面发展以及个性化发展提供必要条件;确保为实现学生权利和利益提供条件;帮助解决与教育活动有关的问题;通过组织学生活动和学习生活,参与培养学生品质及个性的形成。教学法协会和外语研究室的职责是确定、调整教学计划中可变和不可变部分的教学大纲;开展提高人才技能的活动;在教学过程中实施新的教学方法,并分析实施效果;完成监察、评定工作,以及先进教学经验的推广工作;研究教师职业利益、个性需求以及教师的困难;在确定教育-教学过程和教育活动之间的相互关系时,帮助解决问题。班主任协会的职责是解决学生精神道德、公民教育以及爱国主义教育问题;协助心理教育评议会确保学生在学习、适应性、社会化方面给予持续的心理教育支持;协助心理教育评议会帮助学生了解自己,认识周围环境,学会适应生活。家长委员会和班级家长委员会的职责协助教育机构组织教育教学过程,确保学生的社会权利保障;确保对学生统一的教学要求。

上述组织机构分工不同,各司其责,充分发挥各自职能。在工作中,各部门相互合作,共同完成学校的管理,为学校教育教学活动的正常开展保障组织保障。莫斯科 1515 中学的组织结构如图 2-3 所示。

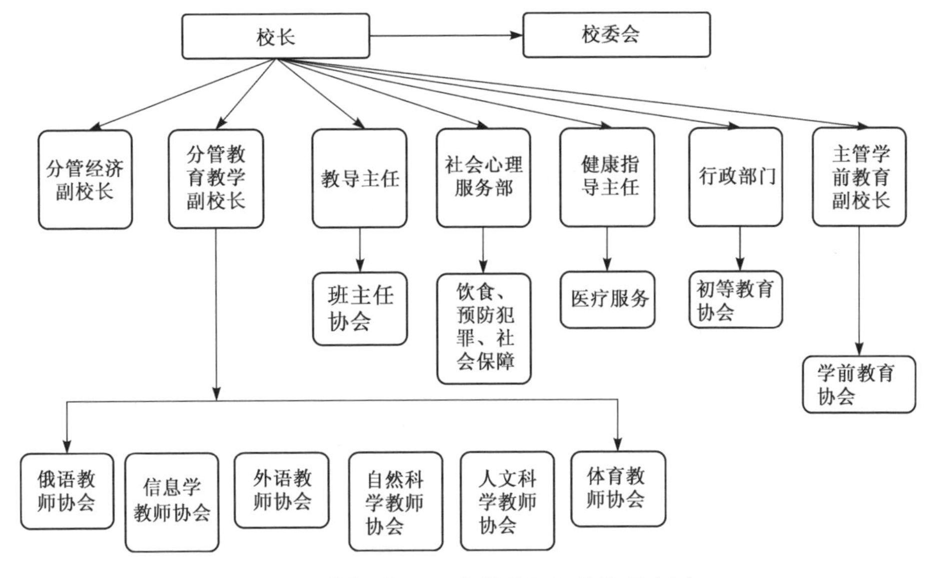

图 2-3 莫斯科 1515 中学的组织结构图〔1〕

3. 1515 中学的工会组织及其管理作用

1515 中学的工会组织是工作人员自愿组织的自治机构,工会主席代表工会人员与校长签订集体协议,保护工会成员以及其他所有工作人员的权利和利益。学校在制定内部法规、工资条例、内部劳动纪律、激励奖金等问题上,须参考工会意见。学校在解聘教师或缩减教师编制之前,须提前两个月以书面的形式通知

〔1〕 [2013-03-06]. http://gym1515.mskobr.ru/.

工会。依据现行的法规,学校须对下岗的人员提供相应的保障和补偿。

依据工会集体协议规定,工作人员与学校签订劳动协议以保障工作环境和工作权益。劳动协议包括日常教学工作量、哺乳期教师的工作安排以及节假日教学工作量的计算问题。除此之外,工会集体协议还规定,学校有义务根据发展需要,在每个学期的开学之初,组织对教师进行技能培训。在国家和市教育管理机构领导下,学校有责任组织教师考评工作,并将考评结果分成等级,与教师工资挂钩。行政人员的工作时间每周不超过 40 小时,而教学人员的工作时间不超过 36 小时。学校有义务每年为教师提供一次带薪假期。学校有责任为教师提供健康无危害的工作环境,并根据劳动协议为教师提供生产事故和职业病方面的社会保险。学校不能阻止工会的合法活动,须为工会活动及开会提供场地等其他条件。

世界各国在教育管理制度上都有不同的建树。苏联解体之后,俄罗斯教育管理向民主化道路迈进,从高度集中向均权化转变,表现出去中心主义。自 1992 年《俄罗斯联邦教育法》(第一版)颁布实施至 2013 年新版《俄罗斯联邦教育法》颁布实施,俄罗斯教育管理始终坚持国家-社会共管的性质,坚持教育机构法制、民主、自主、教育体系信息公开原则,坚持教育管理的开放性,保障教育现代化进程。俄罗斯建立起教育三级管理机制,在联邦中央宏观调控的基础上,加大地区和教育机构的自治力度,同时加强了社会因素的参与。国家教育财政拨款主要依靠联邦预算、地区(联邦主体)预算和地方(市级)财政预算,按照其在教育领域的权限分工来确定。普通教育的财政拨款主要来自于地方财政预算和基础教育机构的有偿教育服务和其他渠道筹措经费。管理权限与教育拨款责任挂钩,有利调动地方教育管理部门的积极性。俄罗斯普通教育学校的管理形式在一长制、合议制和自我管理原则相结合的基础上形成,内部管理主要通过校委会实施,渗透一定的社会因素和学校非行政权力部门(教师委员会、家长委员会等自治机构)参与学校管理,这些管理措施为普通教育的发展带来蓬勃的生机。俄罗斯教育管理的开放性、民主性为普通教育机构的注入活力,提高了普通教育活动的效率,为未来公民提供了公平、高质量的教育服务,也为俄罗斯构建民主、文明法治国家起到积极的促进作用。

第三章

国家教育标准与课程

第一节 国家教育标准是学校开展教育活动的依据

根据俄罗斯相关教育法令规定,俄罗斯国家教育标准是各级各类学校开展教育活动的依据,是教育教学内容的基本要求和标准,是教学计划,课程设置、教科书编写的重要依据,也是对学生的教育程度及技能进行客观评价的依据。《俄罗斯联邦教育法》第7条对国家教育标准进行规定:明确俄罗斯联邦制定的国家教育标准包括联邦的、民族的、区域的三个组成部分;俄罗斯联邦通过其(中央的)国家权力和管理机关,在它们的权限范围内制定国家教育标准中的联邦部分。该部分必须规定基础教育大纲中必修内容的最低限度、学生学习负担量的最高限度,以及毕业生培养水平的起码要求;实施教育大纲时,可为智力偏差的学生制定专门的国家教育标准;国家教育标准是对毕业生的教育程度和业务技能(不管他们受教育的形式如何)进行客观评价的根据。

一、国家教育标准的作用

《俄罗斯联邦教育法》对教育标准的作用作了规定。根据该法第8条内容,俄罗斯联邦教育体系是互相衔接的各级教育大纲和各级国家教育标准体系以及培养方向体系的总和;是实施这些教育大纲和国家教育标准的各种组织—法律形式、类型、类别的教育机构的网络;是教育管理机关及其所属的机构和企业的系统。同时明确指出,教育大纲规定一定层次的教育及其培养方向的内容。俄罗斯联邦实施的教育大纲分为:普通(基础和补充)教育大纲;职业(基础和补充)教育大纲。而每个基础普通教育大纲中或每个基础职业教育大纲内容中必修的最低限度(根据具体的职业和专业)由相应的国家教育标准加以确定。(学生)根据个人的需要和可能,可以选择相应的掌握教育大纲的教育形式,包括在教育机构脱产(主要形式)和不脱产:家庭教育、自学和走读。并允许各种教育形式互相结合。但所有的教育形式都是在具体的基础普通教育大纲或基础职业教育大纲范围内开展,各种教育形式实行统一的国家教育标准。

在制定两代教育标准的基础上,2007 年 12 月 1 日,俄罗斯联邦第 309 号法律确立了新的国家教育标准。新的国家教育标准被定义为对拥有国家认证的普通初等教育,普通基础教育,(完全)中等教育,初等职业教育,中等职业教育和高等职业教育机构实现其基本发展规划的要求。

新教育标准以原来普通初等教育,普通基础教育,完全中等教育,初等职业教育,中等职业教育和高等职业教育的发展规划为基础,其目标是实现俄罗斯联邦教育空间的统一。新的联邦教育标准均包含三项要求:教育计划的构成包括基本教育计划的组成部分和及其范围,以及基本教育计划所承担责任的部分和培养教育过程参与者的部分;教育标准实现环境的要求,包括师资,财政,物资技术以及其他方面;掌握教育标准的要点。

俄罗斯国家教育标准既是学校开展教育活动的依据,也是对学生的教育水平及技能进行客观评价的根据,现在俄罗斯进行的针对九年级学生和十一、十二年级毕业生国家鉴定都是依据国家教育标准开展的。

二、国家教育标准的制定机制

《俄罗斯联邦教育法》第 7 条对国家教育标准制定作了明确规定:除法律规定的情况外,国家教育标准的制定、批准和实施办法由俄罗斯联邦政府确定;基础普通教育的国家教育标准经俄罗斯联邦最高委员会批准;国家教育标准的制定通过招标进行,并且至少每十年一次在招标的基础上加以修订。

除了《俄罗斯联邦教育法》对国家教育标准制定的上述规定之外,俄罗斯联邦政府对联邦国家教育标准制定与颁布的规则另有专项规定。其中包括 1994 年 2 月 28 日,俄罗斯联邦政府发布的第 174 号文件《关于俄罗联邦初等教育、基础教育、(完全)中等教育和初等职业教育国家标准制定与颁布的有关规定》(俄罗斯联邦 1994 年第 10 次政府与总统会议第 793 号命令);俄罗斯联邦政府

2000 年 4 月 8 日发布的第 309 号文件《联邦国家学前教育标准》(俄罗斯联邦政府 2000 年第 16 次立法会议第 1705 号命令);俄罗斯联邦政府 2005 年 1 月 21 日发布的第 36 号文件《关于俄罗斯联邦初等职业教育,中等职业教育,高等职业教育和大学后职业教育国家标准制定与颁布的有关规定》(俄罗斯联邦 2005 年第 5 次立法会议第 387 号命令)……这些专项规定分别明确了不同层次、不同类型的教育标准制定与颁布规则。

在整合关于不同层次和类型教育标准制定的专项规定的基础上,2009 年 2 月 24 日,俄罗斯联邦政府第 142 号决定批准了《联邦国家教育标准制定与颁布规则》[1],该规则确定了联邦国家教育标准制定和颁布的程序,明确了国家教育标准的制定原则。主要内容包括:

国家教育标准是实现当前初等教育、基础教育、(完全)中等教育、初等职业教育、中等职业教育和高等职业教育计划的总要求。

国家教育标准可以根据教育层次、教育程度、职业、培训方向和专业制定。

俄罗斯联教育与科学部保证吸收相关的权利执行机构、教育系统的国家社会团体、主要教育与科学的机构、科研与教师团体的代表、雇主协会、参与教育管理的社会机构参加制定标准。

国家教育标准的制定考虑到个人、国家与社会发展、国防与国家安全、教育、科学、文化、技术、能源、经济与社会当前以及未来需求,根据《俄罗斯联邦教育法》的关于为满足国家和市政需求,分配提供商品、完成工作、提供服务预定任务。

包含国家机密信息的高等职业教育标准方案由联邦权力机构制定和颁布,这些联邦权力机构主要负责落实含有国家机密信息,以及考虑到对机密信息的保护的职业教育规划的学校。

制定好的标准草案要提交俄罗斯联邦教育与科学部。

俄罗斯联邦教育科学部收到标准草案后要立即将其上传至官方网站,公示

---

〔1〕 Правила разработки и утверждения федеральных государственных образовательных стандартов[EB/OL]. [2014-12-06]. http://standart.edu.ru/catalog.aspx?CatalogId=862.

一周,以方便吸收相关的权利执行机构、教育系统的国家社会团体、主要教育与科学的机构、科研与教师团体的代表、雇主协会、参与教育管理的社会机构参加讨论;收到标准草案7日内要将其送交进行专业鉴定;根据鉴定结果批准和实施标准,或修订标准。

标准草案的专业鉴定在俄罗斯联邦教育科学部将其上交后14日内由以下机构进行:雇主联合会、在相应经济行业开展活动的组织,对初等职业教育、中等职业教育和高等职业教育标准草案进行鉴定;参与教育管理的社会机构、俄罗斯联邦主体从事教育管理的行政机关,对普通教育标准草案进行鉴定;俄罗斯联邦国防部和联邦兵法定役法行政机关——(完全)中等教育、与培养预备役有关的初等职业教育和中等职业教育标准草案。

根据鉴定委员会的鉴定结果向俄罗斯教育科学部递交由鉴定组织和机构领导,或者全权代表签字的鉴定结果。鉴定结果最终由俄罗斯联邦教育科学部批准。

接受热心公众和组织提意见的时间期限是从标准草案上传至俄罗斯联邦教育与科学部官方网站起14日。

俄罗斯联邦教育科学部将为审查标准、鉴定结论、以及热心公众和组织建议,成立专门的联邦国家教育标准委员会(以下简称"委员会")。委员会在俄罗斯联邦教育与科学部批准的条例基础上运行。标准草案,专家鉴定和热心公众和组织的建议从当前法规第8条和第10条所规定的时间起5日内上交由委员会;委员会自标准草案,专家鉴定和热心公众和组织建议上交之日起14日内对其研究。按照委员会的审查结果,提出批准、修订或者否决标准草案的建议。委员会的决定在通过后3日内上交俄罗斯联邦教育科学部。

委员会的研究结果上交后7日内俄罗斯联邦教育科学部即颁布标准,或者对标准草案进行修改,或者否决标准草案。

修订后的草案由设计人员上交俄罗斯联邦教育科学部,在收到后5日内由俄罗斯联邦教育科学部进行审查。交由设计人员,对其修订;根据对标准草案审查结果,俄罗斯联邦教育科学部要做出符合一个当前法规第15条规定的决定;俄罗斯联邦教育科学部要在接收到修订后的草案5日内,决定是否向设计人员发出否决决定;教育与科研组织可以主动不要报酬地制定教育标准草案,并向俄罗斯联邦教育科学部提交,教育科学部根据当前法规第7—17条规定进行审查并批准。

三、国家教育标准的制定机构

俄罗斯联邦普通教育国家标准一直由俄罗斯教科院制定完成。研究普通教育阶段国家教育标准的理论基础是俄罗斯教科院教学内容与方法研究所的主要工作方向之一。该研究所在俄罗斯教育科学理论界率先开展了国家教育标准方面的基础研究,从1992年开始,最早着手制定国家教育标准,当时几个机构同时准备了几个方案。1994年教育部宣布开展制定基础教育标准联邦部分的竞赛,当时的俄罗斯教科院普通教育研究所集体制定的课程标准在竞赛中获胜,承担了第一代普通教育标准的制定工作。俄罗斯教科院在长期的工作中积累了制定教育标准的研究经验,一些基本性原则在以后数次制定标准中均得到发展。根据2000年俄罗斯联邦教育科学部的决定,要完善最低教育内容,以及学生培养最低要求,俄罗斯教科院于2001年开始设计教育标准草案。共设计了六套教育标准草案,最后一套教育标准于2003年12月29号在俄罗斯联邦教育科学部部务委员会批准通过。2007年俄罗斯颁布新的教育标准的制定原则,俄罗斯教科院2009—2011年分别完成了普通教育阶段1—4年级、5—9年级、10—11年级的国家教育标准的制定。

而在职业教育阶段,根据专业的不同,分别由不同的院校来承担完成。比如师范类专业教育标准由国立赫尔岑师范大学承担制定。目前俄罗斯教育科学部公布职业教育阶段部分专业的新的教育标准,其中高等职业教育国家标准目前已制定完成的包括民族学及人类学人口社会保护体系中的社会工作,基础力学和应用力学,生产组织管理,应用数学、基础信息学以及高级计算技术,基础及应用物理学,基础及应用生物学,土地资源与生态技术。中等职业教育专业标准法律及司法程序。这些标准分别由相应专业为优势专业的学校制定完成,由教育部批准公布并实施。

四、俄罗斯教育标准建设的发展趋势

教育标准化建设是俄罗斯教育现代化的主要内容，从 20 世纪 90 年代初开始，俄罗斯先后三次制定并颁布了各个教育层次的国家教育标准，制定并实施了各级各类教育机构师范标准，首次制定并实施教师教育标准。教育的标准化建设在俄罗斯具有较为完备的法律依据和制定机制。

随着时代的进步，经验的积累，国家教育标准这一概念在俄罗斯获得了新的诠释。从传统的重视教育体系在“入口处”的特征，转而重视其“出口处”结果的特征，关键能力逐渐成为一个核心概念，教育内容领域的研究，教育标准的构建围绕这个核心概念开展。

关键能力也是学校毕业生学业成绩评价体系的核心。该体系的根本目标，与其说是了解学生在何种程度上掌握了或记住了最低限的教育内容，不如说是了解学生是否掌握了的用于解决实践性和认知性的、具有价值取向的、交际性的任务及问题的能力。教育活动的主要成果不是知识、技能、技巧体系本身，而是智力、公民-法制、交际、信息及其他领域的关键性能力。教育内容，既是教育系统的重要组成部分，相应地也是教育系统中变革的主要目标。组织管理、经济、法律方面的改造尽管非常重要，实质上却仍然是提升教育质量的条件和机制，其目的是制定并落实新的教育内容。交往能力，懂信息技术，会外语，跨文化相互理解的素质在教育内容中占据重要地位。

以目前已制定完成的新的俄罗斯联邦普通教育标准来看，该标准分三个阶段——1—4 年级、5—9 年级、10—11 年级制定，其特点是更加注重学生年龄特点和个性发展，其实施目标是发展学生的关键能力。同时，这种标准就其社会—教育学本质来说：第一，确保孩童接受免费而且货真价实的普通中等教育的宪法权利；第二，表达出国家不断增强的提高国民教育质量的责任心。

新的普通教育标准主要制定原则包括：改变教学计划中科目和信息量过重的传统，所有科目都应当是进入以后教育阶段不可或缺的科目，也应当是进一步的社会化或职业活动中所必需的。普通教育新的标准应当保证学校教育内容的合理减负，以利于保护学生的健康。同时，须加强普通中等教育的实践性和工具性，使普通教育达到基础性知识与实践性知识的最优结合；教育过程的取向不仅关注知识的掌握，而且要关注思维能力的发展及实践技能的养成；程序流程和实际操作的研习；增加各种实习课及互动作业和集体作业；使所学内容跟日常生活相联系等。普通教育阶段单独设立10—11年级国家教育标准的目的，是为了保证在中学高年级，学生有机会选择教学计划(即中学高年级的侧重性专业教学计划)。随着向高年级阶段的升迁，逐渐减少必修课时的分量，增加独立工作的时间，如用于作摘要叙述性报告，搞设计工作，从事研究和实验活动的时间。新的教育标准也要改变俄罗斯普通教育阶段在社会科学，首先是经济学、营销学、法学的讲授标准及其质量上落后于世界水平的现象。授予所有中学毕业生以保证积极的社会适应性的那些学科领域(即经济学、法律学、政治体制原理、经营学、社会学等)的有关知识和基本技巧。同时，新教育标准也争取扩大各个层次教学计划中的开放教育的分量，使学校、学生的电脑使用和互联网使用达到一定标准，保证中学为学生在运用信息和通讯技术的基本方面做好必要的准备性训练。

新联邦教育标准的实施，应当保证普通教育质量评价体系的建立。苏联时期没有全国统一的学生学业成绩和技能测试，为了对学生的教育程度及技能进行客观评价，现在的俄罗斯正在开展针对九年级学生和十一年、十二年级毕业生国家鉴定，试图创建一种来评价学生是否达到了国家教育标准的要求的评价体系，以此构建堪与世界水平相媲美的教育质量和标准体系。在俄罗斯这是一项新的工作，创建科学而客观的评价体系与教育标准的研制、与研制工作的方法论及各个教育领域的实际操作紧密相关。俄罗斯教育研究领域目前正在对评价基本级别的标准及最低限度的、必备水平的标准；这些标准具体化在测验性作业体系中，具体化在对整套标准进行评价的评价指标体系中；确定有关的条件，在这些条件下来评价既定要求或既定标准的达到程度，如作业完成的形式、时间，检查的期限等；通过实验来检验既定要求的完成情况，规定评价的实施指标等科研课题展开相关的研究工作。并在研制配套的日常性和结业性的质量监测体系，以便于评价教育标准的达标情况，并使其与达到教育标准的目标来安排教学过程一事挂起钩来，也就是建立一种为达到教育标准的有效的学校监控体系。

促进关键能力发展也是《教师活动专业标准》的主要目的，根据能力分层原理，在对教育教学活动的复杂程度和性质进行分析基础上，《教师活动专业标准》

对教师能力进行分层。教师能力水平多层次原则,以此制定了多样化指标体系,来评价教育工作者能力水平。不同的能力水平对应不同层次的职责,不同能力层次相应要完成的基本的职业任务也有所不同。

第二节 俄罗斯中小学课程

在国家教育标准的指导下,教育科学部进一步颁发了《俄罗斯初等、基础、中等(完全)普通教育师范教育计划》《实施普通教育大纲的俄罗斯联邦教育机构的联邦基准教学计划和示范教学计划》,进一步规范中小学校的教学计划和课程等教学工作。以初等教育为例予以说明。

一、初等教育课程设置

按照教育标准的规定初等教育阶段共设九门课程,课程要求如下:

1. 语文(俄语,母语)

(1) 培养学生对俄罗斯语言文化空间的唯一性和多样性,以及语言作为民族自我意识基础的初步认识。

(2) 使学生理解语言是民族文化现象和人类交流的基本方式,认识到俄语作为俄罗斯联邦的国家官方语言和民族交流语言的重要性。

(3) 认同将规范口语和书面语视为人们共同文化和公民意识的指标。

(4) 形成对俄语和本族文学语言规范(正音,词汇,语法)以及语体规范的初步认识;学会确定交流的目的、任务、方法和条件,选择与之相符的语言表达方式以顺利完成交流任务。

(5) 掌握利用词语进行学习活动和利用语言知识解决认识、实践和交流任务的能力。

2. 文学阅读(母语阅读)

(1) 认识到文学是一种民族和世界文化现象,是保留和传承精神财富和传统的一种工具。

(2) 认识到阅读对于个人发展的重要性;形成世界观,俄罗斯历史文化观,原始伦理观,善恶观,道德观;保证能够有效学习所有学科;培养对系统化阅读的需要。

(3) 认识到阅读的作用,学会运用不同的阅读方式(认知型阅读、研究型阅读、选择型阅读、搜索型阅读);学会自觉理解和评析各类文章的内容和特点并参与讨论,能够对主人公的行为做出道德评价并说明理由。

(4) 达到继续接受教育所必需的阅读能力水平,达到一般语言发展水平,掌握朗读和默读的技巧,学会利用基本的文学概念来解读、分析和改写艺术、科普、教学类文章。

(5) 学会自主选择感兴趣的文学作品;利用参考资料理解和获得额外信息。

3. 外语

(1) 获得在口头和书面形式中以自己的语言能力和需求为基础利用外语媒介进行交际的初级技巧;掌握语言和非语言行为的规范。

(2) 掌握外语口语和书面语表达所必须的语言知识,拓宽语言视野。

(3) 在熟悉同龄外国儿童的生活、接触儿童民间创作及儿童读物的基础上形成对其他语言载体的宽容与友好态度。

4. 数学和信息学

(1) 运用初等数学知识来描述和解释周围物体、过程和现象,以及评估它们的数量和空间关系。

(2) 掌握逻辑和数学思维、空间想象能力和数学语言,学会测量、换算和估算,直观表示数据和过程,编写和执行算法。

(3) 获得运用基本的数学知识来解决教学认识和教学实践问题的经验。

(4) 学会用数字和数字表达式进行口算和笔算、根据算法计算或建构简单的算法,学会分析、观察和绘制几何图形,学会利用表格、系统图、曲线图、示意图、关系图、集合等呈现、分析和解释数据。

(5) 掌握计算机基本常识。

5. 社会科学和自然科学(周围世界)

(1) 了解俄罗斯在世界历史中的特殊地位,培养对民族成就,民族发明和民族胜利的自豪感。

(2) 形成对自己的国家、家乡、家庭、历史、文化、本国的自然环境和现代生活的尊重态度。

(3) 认识到周围世界的整体性,掌握基本的生态知识,在自然和人类世界中道德行为的基本规则,在自然和社会环境中健康行为的标准。

(4) 掌握研究自然和社会的常用方法(利用从家庭资料中、周围人和开放的信息空间中获取的信息进行观察、记录、测量、实验、比较、分类等)。

(5) 提高发现和建立周围世界中的因果联系的能力。

6. 俄罗斯民族精神道德文化基础

(1) 为道德的自主完善,精神的自主发展做好准备。

(2) 熟悉世俗和宗教道德的基本规范,理解它们在家庭和社会中建立结构性关系的重要性。

(3) 理解道德、信仰和宗教在人们生活和社会生活中的重要性。

(4) 形成对世俗道德、传统宗教及其在俄罗斯文学、历史、现代生活中作用的初步认识。

(5) 初步认识传统宗教在俄罗斯国家形成中的历史作用。

(6) 产生个人行为内在动机要符合其良知,培养以信仰自由、信教自由和俄罗斯民族宗教传统自由为基础的道德观。

(7) 认识到人类生命的价值。

7. 艺术(造型艺术)

(1) 了解造型艺术在人类生活中和人类精神道德发展中的重要性。

(2) 形成造型艺术文化的基础,其中包括运用本土艺术文化资料,用美学态度看世界;理解美的价值;艺术创作和艺术交流的需求。

(3) 掌握理解、分析、评价艺术作品的能力和技巧。

(4) 掌握在不同类型的造型艺术活动中(素描、写生画、雕塑、艺术设计),也包括以信息通讯技术(数码照片、视频、动画等)为基础的特殊形式的艺术活动中,进行实际操作的基本能力和技巧。

8. 音乐

(1) 形成对音乐在人们生活中及在人类宗教道德发展中的作用的初步认识。

(2) 形成音乐文化的基础,包括依靠本土音乐文化资料,增强艺术品位和对音乐艺术及音乐活动的兴趣。

(3) 学会理解与欣赏音乐,表达自己对音作品的态度。

(4) 在创作戏剧和音乐作曲及演奏声乐合唱作品、即兴作品的时候利用音乐形象。

9. 工艺学

(1) 形成对劳动在人们社会生活中的创造性和精神性意义的初步认识;形成对职场和正确选择职业重要性的初步认识。

(2) 拥有把物质文化作为人类物质革新活动成果的初步认识。

(3) 培养自我服务技能;掌握手工加工材料的技术方法;掌握安全技术规则。

(4) 运用已有知识、能力创造性地完成简单的设计,艺术设计(工艺艺术设计),技术性和组织性的任务。

(5) 获得共同生产活动、合作、互助、规划和组织的初步技能。

(6) 获得关于制造物体及信息媒介的规则的初步知识,学会利用这些知识完成认识、艺术设计的任务。

10. 体育

(1) 了解体育加强人体健康(生理、社会性、心理)及促进人类发展(身体、智力、情感、社会性)的重要意义,认识到体育和健康是有效学习和社会化重要因素。

(2) 掌握组织促进健康的活动的能力(日作息制度、早操、保健措施、户外活动等)。

(3) 形成持续观察自己的健康状况、身体负荷量、身体机能指标(身高、体重等),基本身体素质的指标(力量、速度、耐力、协调性、柔韧性)。

二、初等教育的课程实施

初等普通教育教学计划(以下简称“教学计划”)保证贯彻和实施《标准》的要求,规定学生一般学习负担和最大课时量,以及各年级(各学年)必修课程的组成和机构(表 3-1)。

表 3-1 必修课程和实施该课程领域内容的基本任务

课程领域	实施课程内容的主要任务
语文	形成对俄罗斯语言和文化空间唯一性和多样性的初步认识,形成对语言作为民族自我意识基础的初步认识。 发展口语、书面语、会话和独白的语言能力,交际能力,道德观和美感,进行创造性活动的能力
数学和信息学	发展数学语言,逻辑和算法思维,想象能力,保证对计算机知识的初步认识
社会学和自然科学	形成对家庭、村落、城市、行政区、俄罗斯历史、文化、祖国的自然环境、现代生活的尊重态度。 认识到有重要价值的东西,周围世界的整体性和多样性,自己在这个世界中所处的位置。 建立在日常生活条件下和不同危险及异常情况下安全行为的模式。 形成在社会生活中保证有效的和安全的相互作用的心理素质和专长
俄罗斯民族精神道德文化基础	培养精神发展和道德自我完善的能力。 形成对世俗道德、本国传统宗教及其在俄罗斯的文化、历史、现代生活中作用的初步认识
艺术	发展从艺术-形象,道德-价值方面理解造型艺术和音乐艺术作品的能力,以及在创作作品中表达自己对周围世界的态度的能力
工艺学	形成学习和认知的基础,进行搜索分析活动以通过利用其他学科所学的知识实践性地解决应用性问题,形成实践性改造活动的最初经验
体育	加强身体健康,促进身体、道德、社会性的和谐发展,促进有效地学习,形成通过体育方法自我调节的初步能力,形成保持和巩固身体健康的目标,习惯健康安全生活方式

初等普通教育大纲可以包含一个或几个教学计划。

在实施初等普通教育大纲的情况下,教育过程组织形式和课内课外活动的交替形式由教育机构确定。教学计划保证在遵守俄罗斯联邦教育领域法律[1]

〔1〕 俄罗斯联邦教育领域法律包括《俄罗斯联邦宪法》《俄罗斯联邦教育法》,根据它们而制定的其他法律法规,以及俄罗斯各联邦主体制定的教育领域法律法规。(《俄罗斯联邦教育法》第 3 条第 1 款)

规定的情况下，保障俄罗斯联邦主体运用俄语和母语进行教学、学生运用俄语和母语进行学习的可能性，规定各年级（各学年）学生学习的课时量。

为了保证学生的个性化需求，教学计划对教学时间做出了如下规定：增加了个别必修课的教学时间；保证满足学生的不同兴趣和需求的教学课程的时间，包括民族文化方面的需求；课外活动的时间；在四个学年内，课时总量不应当少于2 904 小时，不应当超过 3 210 小时。

三、学校课程设置

莫斯科 807 中学是莫斯科市国立普通教育机构，包括小学部和中学部。该校遵循国家教育标准联邦成分设置课程，所有课程包括国家教育标准课程、地区课程和教育机构课程。表 3-2—表 3-4 是该校 1—4 年级的教学计划和课程表，可以看到该校在小学阶段的教学任务和课程设置。

表 3-2 2012—2013 学年教学计划 1—2 年级课程设置 单位：学时

教育领域的基础课程	列入课程表的科目	综合学习的科目	年级					
			1.1	1.2	1.3	2.1	2.2	2.3
语文（语言和文学）	俄语、 文学阅读、 英语	信息学和信息交际技术	4 4	4 4	4 4	5 3 2	5 3 2	5 3 2
数学	数学	信息学和信息交际技术	4	4	4	4	4	4
周围世界	周围世界	生命安全； 信息学和信息交际技术	2	2	2	2	2	2
体育	体育、 身体素质	生命安全	2 1	2 1	2 1	2 1	2 1	2 1
艺术、工艺	艺术、工艺	生命安全	2	2	2	2	2	2
	音乐		1	1	1	1	1	1
基础部分合计			20	20	20	22	22	22
依据学生选择进行的个性化的团体课								
有趣的英语			1	1	1		1	1
课外阅读						1	1	1

续表

俄语和信息学及信息交际技术	1	1	1	1	1	1
数学,信息学及信息交际技术	1	1	1	1	1	1
设计活动				1	1	1
游览活动	1	1	1	1	1	1
俄语				1		
数学				1	1	1
教育机构成分	3	3	3	7	7	7
最低学生课堂承担量(一周五天)	20	20	20	22	22	22
建议一天家庭作业的最大限度(一周五天)	—	—	—	1.5	1.5	1.5

表 3-3　2012—2013 学年教学计划 3—4 年级课程设置　单位:学时

教育成分			年级			
基础计划	教学科目	综合学习科目	3.1	3.2	4.1	4.2
语文	俄语		5	5	5	5
	文学阅读		3	3	3	3
	英语		2	2	2	2
数学与信息学	数学		4	4	4	4
周围世界	周围世界	生命安全	2	2	2	2
体育	体育,身体素质		2 1	2 1	3	3
艺术、工艺	绘画艺术 工艺		2	2	2	2
音乐	音乐		1	1	1	1
周课内学习负担量合计			22	22	22	22
学校部分			7	7	7	7
学生选择的课程						
社会人文方向						
课外阅读			1	1	1	1
游戏和任务信息学			1	1	1	1
学生选择的个性团体课程						
俄语			1	1	1	1

续表

数学	1	1		1
英语			2	
设计活动	1	1	1	1
游览活动	1	1	1	1
家庭任务咨询				
数学	1	1		1
建议的一天家庭作业最大量	1.5	1.5	2	2

表 3-4 2012—2013 学年第一学期课程表(1—4 年级,小学教育阶段)

		一年级第 1 学期	一年级第 2 学期	二年级第 1 学期	二年级第 2 学期	三年级第 1 学期	三年级第 2 学期	四年级第 1 学期	四年级第 2 学期
周一	1	音乐	体育	俄语	俄语	英语	俄语	数学	俄语
	2	俄语	数学	英语	周围世界	体育	英语	生命安全	数学
	3	体育	阅读	数学	数学	数学	体育	俄语	生命安全
	4	阅读	周围世界	音乐	生命安全	俄语	周围世界	英语	阅读
	5			体育	音乐	生命安全	生命安全	体育	班会
	6								信息学
周二	1	数学	俄语	俄语	俄语	俄语	俄语	宗教文化与世俗道德基础	宗教文化与世俗道德基础
	2	俄语	数学	生命安全	体育	数学	数学	俄语	俄语
	3	阅读	周围世界	数学	数学	周围世界	周围世界	英语	体育
	4	生命安全	体育	阅读	阅读	阅读	阅读	周围世界	周围世界
	5						体育	音乐	劳动
周三	1	数学	俄语	俄语	英语	劳动	俄语	俄语	音乐
	2	周围世界	阅读	周围世界	数学	音乐	数学	阅读	英语
	3	俄语	数学	劳动	俄语	俄语	劳动	体育	数学
	4	阅读	生命安全	数学	周围世界	体育	音乐	数学	俄语
	5		英语	班会	班会	阅读	班会	英语	阅读
							信息		

续表

周四	1	阅读/信息	体育	俄语	俄语	俄语	俄语	数学	英语
	2	数学	俄语	阅读	体育	体育	英语	俄语	数学
	3	周围世界	阅读	英语	数学	数学	数学	体育	俄语
	4	体育	劳动	周围世界	阅读	阅读	阅读	阅读	体育
	5	班会		体育				班会	
								信息	
周五	1	俄语	数学/信息	体育	俄语	英语	俄语	劳动	阅读
	2	数学	音乐	数学	阅读	数学	数学	周围世界	体育
	3	劳动	俄语	俄语	体育	俄语	体育	阅读	数学
	4	体育	阅读	阅读	劳动	周围世界	阅读	数学	周围世界
	5	英语	班会		英语	班会			
						信息			

小学阶段的教育任务是为儿童的全面发展奠定基础，保证学生能够正确朗读、书写与使用语言文字，学会基本的计算技巧。同时，承担着对儿童进行健康教育、公民教育的责任，使学生形成和遵守一定的道德规范和行为准则，培养其良好的学习和劳动的习惯，并培养对祖国和人民的热爱。

俄罗斯小学通常每天五节课，一年级只有四节课，每课时不超过 35 分钟。小学课程一般都安排在上午，下午 1 点学校放学。小学所设课程内容丰富。除俄语、数学、体育课以外，从小学一年级开始，作为必修课程，开设一门名为“周围世界”的综合课程，每周两个课时，内容包括人、社会、自然、生活安全等各方面的知识。在关于“人”这部分，孩子们要学习如何预防疾病，如何表达请求、拒绝、感激、抱歉和祝福等。在“社会”部分，孩子们要学习如何分辨城市、乡村；了解什么是违法行为；各种发明创造的伟大意义；认识到“祖国”意味着什么，并能在地图上找到自己的国家；认识劳动的意义和尊重别人的劳动成果，等等。

同样从一年级开始，学校开设“劳动”课，通过劳动课，让孩子们了解成人的劳动，或者直接参加力所能及的劳动活动，培养基本劳动活动技能，培养责任心和自主性，形成生活必须的本领与技能与自我服务能力，并获得自我实现的成就感。生命安全教育也是小学教育的重要内容,以后设专章体现。

课程是实现教学目标的重要手段,是教学内容的集合,教育标准则是课程设置的依据和准则。苏联时期教育的集权化管理决定了教学计划、教科书的统一。苏联解体以后,在教育管理去集权化和教育内容多样化发展背景下,俄罗斯以国家标准的制定和实施统一俄罗斯教育空间,保证教育质量,同时为教育监督和评价提供统一的依据。经历了二十多年的国家教育标准化建设的实践,俄罗斯积累了较为丰富的教育标准研制的经验,已经形成了较为完善的国家教育标准的制定程序和机制。俄罗斯教育标准的结构组成,决定了各级各类教育在保证学生掌握基本知识和技能的基础上,为课程体现地方特色和学校特色提供了可能,进而为关照学生的个性化需求创造了条件。

第四章

多样化的俄罗斯基础教育

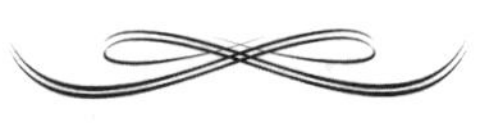

第一节 多样化的学校类型

苏联解体后，长期以来形成的教育领域的中央集权式的管理模式被打破，在国家社会经济发生变革的背景下，为满足多样化的教育需求，教育的多样化发展是教育领域的一大显著特征。1992 年，《俄罗斯联邦教育法》颁布后，教育的“去集权化”“去意识形态化”“民主化”“多样化”发展从法律角度保证教育理念和教学组织形式的差异性。1992 年制定的《俄罗斯联邦教育法》对制定并实行教育标准提供法律依据，分别于 1998 年、2004 年、2010 年三次颁布普通教育国家标准。国家教育标准的制定在对普通中小学教学内容提出统一要求的同时，也为地区和学校根据本地区和本校特点制定教育计划留有空间。

教育的多样化发展这一特征首先表现为学校类型的多样化。苏联传统学校是指向学生提供标准化的普通教育的学校，主要有普通教育学校、夜课制(轮班制)普通学校、劳动感化机构附属的夜课制(轮班制)普通学校、劳动教养营附属的普通教育学校等。苏联解体后，与传统学校并行，普通教育领域开始出现深入学习某些课程的学校，或者是在必修课程之外，提供补充课程的非传统学校。主要包括以下类型：

(1) 特科学校：深入学习个别课程的中小学校。

(2) 教育中心：实施幼儿园，初级教育，普通基础教育，中学(完全)教育计划，并本着连续性，持续性，普及性以及根据大众的教育需求对学生进行个别指导的原则对学生进行职业培养，并实施继续教育。

(3) 文科预备学校：实施针对学前儿童和低学龄儿童教学计划，优先实施某一或者某几个发展方向，如美学艺术、体育等。

(4) 军校和寄宿制军校：实施普通初等、基础普通、(完全)中等教育，以及为服役做准备的补充教育课程。

其中,最具代表性的是实科中学(лицей)、文科中学(гимназия),此类学校发展迅速,其办学目标和教育教学内容多样,而且深受社会欢迎,2013 年全俄罗斯最优质 25 所学校中,有 6 所文科中学,16 所实科中学。2009/10 学年初,俄罗斯联邦共有 1 494 所文科中学,占普通教育学校总数的不到 3%;99.3 万名学生,占学生总数的 7%;共有 1 099 所理科中学,占学校总数 2%, 67.3 万名学生,占学生总数的近 5%。[1] 实科中学和文科中学如其名称一样,其人才培养特色鲜明,但两种类型的学校教学计划也常常会有交叉,有些实科中学也注重人文科学课程,而有些文科中学的也开展自然科学、数学类的专业侧重教学。

一、新型学校

1. 实科中学

实科中学开始出现于 19 世纪,俄罗斯著名诗人普希金曾经就读的皇村学校就属于实科中学,在沙俄教育体系中,实科中学教育计划是中学向大学的过渡,其工作程序类似于大学,学生在实科中学获得百科全书式的教育,为进入大学做准备,可以称为贵族学校。19 世纪下半叶,实科中学经历了巨大变化,在很多实科学校的基础上建立大学和学院,其余的实科中学则转变为严格的专业化学校,其实质相当于大学中的一个系。

十月革命后,1917 年,为贵族服务的实科学校关闭,直到 20 世纪末,苏联解体后,开始重新出现名称相同的学校,但是教学目的和组织形式与沙俄时期的实科中学完全不同。现在的实科中学是指深入学习某些课程的完全中学,一般是指深入学习一系列侧重于自然科学和技术的课程,同时还对学生实施旨在进行职前培训的普通中等教育,为学生增设不同的课程,其教学标准高于国家确定的要求。俄罗斯联邦政府 1994 年批准《普通教育机构和夜课制(轮班制)普通教育机构条例》决议,将实科中学纳入普通学校系统。从学校结构来看,实科中学主要两种结构:一种包括普通中小学的第二和第三阶段,学制为 7～8 年;另一种是

[1] ОБЩЕЕ ОБРАЗОВАНИЕ В РОССИЙСКОЙ ФЕДЕРАЦИИ [EB/OL]. [2014-12-06]. http://www.gks.ru/bgd/regl/b10_04/isswww.exe/stg/d03/3-tab-obraz.htm.

普通教育第三阶段,即高中独立学校,学制为2～3年。

实科中学均为重点中学,主要深入开展以下课程的侧重教学:数学物理、信息技术、自然科学、社会经济、语言学、人文科学等。主要任务是为社会培养优秀的自然科学领域人才和技术人才,很多实科中学与理工科大学有着密切的合作关系,甚至附设于高等学校,一定程度上相当于大学预科学校。实科中学会为10—11年级学生组织大学的讨论学习,学生要听大学教师讲课,参加研讨会以及实验室活动,学生在这系列活动中的成绩将被记入到成绩册。

实科中学的特点决定了其入学考试竞争十分激烈,学生经过选拔入学,需要参加入学考试,包括笔试和面试。学生家长需要在学校每年指定的时间提交申请,与入学申请同时需要提交证明学生学业成绩的成绩单,以及参加奥林匹克竞赛、学术会议,以及各种比赛的证书。学校一般在5—6月录取学生,被录取学生多数在数学、物理、化学、生物等方面表现突出。实科中学教育的目标就是使学生在这些学科方面的才能得到支持和发展。

莫斯科国立鲍曼技术大学附属莫斯科第1580物理数学中学(Физико-математический лицей №при МГТУ им. Баумана,图4-1)就是一所实科中学,该校在8—11年级开展物理、数学、信息技术课程深化培养。作为俄罗斯最著名的理工科大学莫斯科国立鲍曼技术大学基地校,十年级毕业后,所有学生都要在鲍曼技术大学进行科学认识实践,参观大学所有的院系和著名教研室,十一年级时,要组织学生与各院系和教研室代表见面。学校所有毕业生毕业生都进入大学,其中大多数进入鲍曼技术大学。

2. 文科中学

文科中学最早产生于古希腊,1701年在日耳曼城(莫斯科的外侨居住区)建立的德语学校是文科学校的萌芽。俄罗斯真正意义的文科中学建立于1726年,当时附属于科学院,主要学习拉丁语、希腊语、德育、法语、修辞、逻辑、历史、算术。1755年,应罗蒙诺索夫的倡议,建立了附属于莫斯科大学的第二所文科中学。此后于1758年在喀山建立了第三所文科中学。当时文科中学的教育目的是为高校培养优秀生源。直到19世纪初,文科中学开始广泛建立,1803年亚历山大一世下令要求每个省建立一所文科中学,此时教育目标是为军队培养人才。

图 4-1 莫斯科第 1580 物理数学中学〔1〕

1917 年以后,苏联废除了贵族特权,取消了文科中学,直到 20 世纪 80 年代末,文科中学开始重新出现,实施基础普通教育和(完全)中等普通教育,并向学生提供额外的(加深)人文学科方面的培养,学校同时实施普通初等教育教学计划。文科学校的教育定位于发现学生的兴趣和能力,发展学生的潜力,培养全面、和谐发展的人。学生在此可以接受全面的培养,有更多的机会展现自己的个人潜力。一般文科中学的教育被理解为三个部分组成的统一:人道主义的培养方向;扩展而深化的教学计划;高水平的知识。其受欢迎程度高于普通中学,学校向学生提供多方面发展的可能。

文科中学可以包括普通教育的各个阶段,通常开始于普通教育的第二阶段(5—11 年级),学生的来源是初等学校的毕业生,教学质量也比较高,入学时需要通过面试、问卷测试以及俄语、数学、外语、常识考试。

文科中学实施的是英才教育。在完成中等普通学校教育大纲的同时,它侧重于对学生进行人文学科教育。教学组织形式灵活,学校通常开设几门外语,要求学生选择 2～3 门,并开设古希腊罗马等外国文学和艺术史等。采取小班教学,每班一般不超过 25 人,师资力量强,教师大多数是高等师范院校的毕业生或

〔1〕 http://www.1580.ru/.

由高校教师兼任,学校还经常请科学家、大学教师直接为学生授课或作报告。

除了以上的两种新型学校以外,另有其他新型学校也在不断发展,包括教育中心、文科预备学校等。此外,还有作为初级军事学校的少年青团。

3. 少年团

俄罗斯少年团(Кадетский корпус,图 4-2)的前身出现于 1721 年的驻军学校,十月革命后不再存在,直到 20 世纪 80 年代,这类教育机构重新恢复。少年团也是一类普通教育机构,学制为 11 年,学校通过选拔录取强健的身体和稳定的心理是学校考核录取学生的主要标准。学校在开展普通初等和中等教育的同时,也非常注重培养学生具有强健的体魄,同时注重对学生进行公民教育,使其将自身的命运与保卫祖国、保卫公民的荣誉密切相连,教学目标是培养青年军事人才。学生毕业进入军校,或者免试进入大学。

图 4-2 莫斯科肖洛霍夫哥萨克少年团[1]

少年团管理严格,学习,吃住都在学校,只有休息天回家,学生没有自由活动时间。严格的纪律性是学校的主要特征。学生统一着装,排队进教室、进餐厅,迎接老师,在学校除了学习标准的普通教育课程以外,增设了“军事原理”等课

[1] http://stopstamp.ru/statty/pvey25ugkrf8vdj73l2l.html.

程。假期，学生要去参加野外训练和军事体育训练，训练环境最大可能地接近军队环境。训练期间军官通常要学生使用小型武器、了解军事设备、跳伞。这些良好的传统和习惯并非受特别的命令规约，而是学员们自己培育形成的。这些传统与爱国主义相关，与为国家服务相关。少年团内部生活和相互关系的不成文的规则将学员们用友爱之情紧密联系在一起。

以圣彼得堡为例，目前，根据俄罗斯所设军种的不同，圣彼得堡设有三个少年团，三所军事学校和一所少年训练学校。这些学校学院根据学校所属军种提前确定职业方向，并保证毕业生能够进入相应的军事学校。

二、传统特色学校——苏沃洛夫学校

苏沃洛夫学校(图 4-3)是以俄罗斯著名军事统帅和卓越军事理论家、俄国军事学术和军队改革的奠基人亚历山大·瓦西里耶维奇·苏沃洛夫(A. B. Суворов, 1730.11.24—1800.5.18)命名的俄罗斯传统的少年军校，至今已有 70 余年历史。

图 4-3 苏沃洛夫军校学生夏令营[1]

〔1〕 http://vladivostok.russiaregionpress.ru/archives/32707.

1943 年,在第二次世界大战的关键时期,苏联红军在库尔斯克击溃了德军并乘胜向西推进,为了使战争中阵亡将士的孩子们能受到教育,使这些人能成为军人,当年 8 月 21 日,由苏联人民委员会和联共(布)中央委员会作出决议建立了 9 个苏沃洛夫军事学校,当时的教学目的是把战争中失去父母的孤儿培养成为有文化、英勇和高尚的军事干部,以苏沃洛夫为典范培养教育未来的军人,让他们继承在过去战争和伟大卫国战争中英勇奋战的先辈的传统。目前,全俄共有 18 所苏沃洛夫军校,分布在不同的地区。在新的社会经济条件下,学校的主要任务是培养教育忠于祖国、保卫祖国的新一代。

苏沃洛夫学校是以全封闭式的教育,培养未来军人的寄宿制学校。作为苏沃洛夫军事学校的学生就意味着需要在所有各方面都优秀,歌唱、弹钢琴、跳舞,还有军人礼节、餐桌礼仪、和女士交往、算术、语法、写作、军事学科等都被纳入了未来军官培养的教学提纲。学校学习期限为 7 年。

作为少年军校,苏沃洛夫学校要完成普通中学的所有学科的教学,同时,在数学、物理、历史、文学,特别是外语方面的要求更加严格。学校主要目的是培养 21 世纪的军事精英,为学生们今后投考俄罗斯国防部和其他权力机构的高等学校作准备,所以学校对体能和军事训练很注意。

严格而科学的教育教学方式使得苏沃洛夫军校培养了大量的各界精英。七十余年来,苏沃洛夫军事学校培养了众多将军和几万名军官。许多人不但成为著名的军官,而且成为政治家、科学、文化和艺术活动家。

三、天才儿童教育机构

21 世纪以来,俄罗斯面临建立创新型经济和培养创新人才的任务,为此加快了天才儿童教育的脚步。天才儿童教育一般是在普通学校通过侧重式教学和专设班级实现,或者在专门的天才儿童教育机构中进行。完善天才儿童教育机构体系主要包含下列三方面做法:

1. 建立天才儿童教育机构

在教育机构中侧重培养天才儿童,这种天才儿童教育方式最早开始于物理数学方向,从 20 世纪 60 年代起,在俄罗斯就出现了第一批为天才儿童而设的理科学校。现在则有许多侧重不同学科方向的学校培养天才儿童，包括语言、生物、化学、艺术，等等。其中比较著名的包括莫斯科第57中学，莫大附属中学，圣彼得堡第239中学，车里宾斯克第102文科中学等。

近年来，俄罗斯联邦大力支持专门的天才儿童教育机构的开设。在许多州创立了不同类型的天才儿童培养的专门机构。如诺夫哥罗德州的天才儿童发展中心，基洛夫州的天才学生补充教育中心，等等。在许多联邦大学和国立研究型大学开办附属中学作为培养天才儿童的重要机构。这类机构一般从九年级开始选拔学生，使得更多的天才儿童可以尽早地接触科学研究，接受高质量的职业教育。另一方面，有利于吸引有能力的人才进入这些地区，以促进社会经济的发展。目前，俄罗斯有四所最为有名的天才儿童寄宿学校，分别设立在莫斯科大学、圣彼得堡大学、新西伯利亚大学和乌拉尔大学内。根据计划，每所联邦级大学和国家级研究型大学都应建立一所这样的学校。

2. 重建天才儿童选拔与支持机制

天才儿童的早期发现、培养是天才儿童教育的重要的环节。俄罗斯已有选拔天才儿童方面的丰富的经验。在俄罗斯远东地区的“全俄海洋儿童中心”，在克里米亚的“阿尔捷克儿童中心”、索契的“小鹰儿童中心”都积累了天才儿童选拔和培养经验。在已有的实践基础上，建立强大的天才儿童和青少年培养和选拔体系是当前俄罗斯教育领域的一项主要任务。为此，2012年4月，由俄罗斯总统批准颁布了《全国青年天才发现和发展体系构想》(*Концепция общенациональной системы выявления и развития молодых талантов*)。2012年9月，俄罗斯联邦政府设立了“俄罗斯青年天才协调国家委员会”(Национальный координационный совет по поддержке молодых талантов России)，组建该委员会的主要目的是为了保证联邦权力执行机构和联邦主体的权力执行机构协同行动，保证天才青年的发现和发展体系发挥作用，其主要任务包括制定天才儿童和青年发现和支持机制；提出建议和意见，以落实保证儿童和青年才能发展的保障条件，使儿童和青少年在一定的职业活动领域取得显著成绩。

3. 开设不同类型教育机构的联合体

在天才儿童工作中发挥特别作用的是不同类型教育机构的联合体，其中包括其他机构和科学研究机构的集合。普通教育、补充教育、高等教育一体化对天才儿童的培养具有重要作用。莫斯科国立大学、莫斯科国立技术大学等许多高校在此方面积累了大量经验。这些院校建立了科学教育中心，天才儿童综合支持中心等，在“中小学-大学-研究生”一体化教育过程中对天才儿童的发展提供保障，同时，有效地促进了地区人才保障体系的形成。不同类型教育机构的联合可以通过函授夜校与远程教育的形式来实现。

四、莫斯科学校类型及特点

1. 学校类型及数量

莫斯科目前共有 1 491 所以不同形式落实普通教育的中小学校。其中，提供标准化教学的普通类型的学校为 846 所，占学校总数的 57%。特色学校占 40%以上，其中，深入学习个别课程的特科学校为 170 所，占 11%；教育中心 194 所，占 13%；文科中学 69 所。此外，莫斯科不同学校还有侧重学习人文学科的班级2 035个；实科中学中学 567 所。还有 567 个侧重数理、信息技术、自然科学的实科班，以及 20 所少年军校(表 4-1)。

表 4-1 莫斯科中小学校类型及其数量

学校类型	学校数量 /所	学校类型	学校数量 /所
普通中学	846	实科中学(567 实科班)	34
特科学校(深入学习个别课程的中学)	170	特殊学校	61
教育中心	194	寄宿制学校	37
文科中学(2 035 个文科班)	69	夜间(二部制)学校	19
文科预备学校	41	军校和寄宿制军校	20

2. 各类学校特点

在深入学习个别课程的特科学校中有 78%的学校主要学习外语，包括英语、法语、德育、西班牙语、意大利语、土耳其语、希腊语、汉语、韩语、波兰语、拉丁语、亚美尼亚语；另外，6%为艺术；3.5%为经济；3%为数学；3%为生物；1%为生态学等。

此外，莫斯科仍然保留着夜校，此类教育机构同时也是社会保护性学校，使陷入生活困境的青少年和年轻人适应社会。目前，莫斯科共有16所夜校（二部制）实施普通教育的学校；3所开放性（二部制）实施普通教育的学校；4所设有夜校班的教育中心；3所设有夜校班的普通中等学校。

考虑有些儿童受自身心理和生理特点所限，或者由于其他的一些主客观原因无法去普通学校，莫斯科还设有一些其他普通教育形式：普通学校设有面授和函授形式；家庭教育形式；自我教育形式；走读学校（校外考生制度）。

第二节 多元化办学主体

办学主体主要是指普通中小学的兴办者、所有者和管理者。普通中小学是教育领域的重要组成部分，肩负着国民基本素质提高的重大任务，因此，俄罗斯同各国一样在普通中小学阶段以国家办学为主，但由于俄罗斯所有制结构的变化和市场经济的建立，学校出现了不同的举办主体，并从宏观上形成了普通中小学阶段以国家办学为主，企业公民个人办学为补充的多元办学格局。

目前，俄罗斯的学校可以分为：国立、地方、非国立。其中非国立学校是俄罗斯办学体制改革的产物，它是在俄罗斯的经济还未摆脱困境，国家教育拨款不足的情况下出现并发展的，它的出现和发展改变了国家包揽一切的"单一"的办学局面。

俄罗斯的社会办学、宗教慈善组织和公民个人办学也是苏联解体后的新现象，且发展迅速，仅1991—1992年度，俄罗斯已取得许可证的非国立普通中小学就达85所，学生6.7万人。俄罗斯非国立普通中小学发展的速度很快，但发展很不平衡，绝大多数分布在俄罗斯中央地区（210所），莫斯科47所，西北地区48所，在俄罗斯的每一个经济地区都有几所，而在经济不发达地区非国立普通中小学却寥寥无几。[1]

非国立普通中小学数量上不断发展壮大,在教育教学上也形成了一定的特点,主要有:第一,学校的教学水平普遍较高;第二,办学具有地方特色;第三,教师教学水平较高;第四,教师的待遇要求高。

第三节 多样化的教育理念和教学组织模式

俄罗斯教育界鼓励在不同教育学、教育心理学思想流派基础上,进行教育探索和改革。按照相关法律规定,学校在国家教育标准范畴有权自行制订教学改革计划,根据学校情况选择不同的教育理念、创新教学体系,以及相应的教材和教学组织模式。目前,俄罗斯主要有两类教学体系,即传统教学体系和发展性教学体系。发展性教学体系的以艾利康宁(Эльконин. 1904—1984,教育科学副博士)— 达维多夫(Давыдов. 1930—1998,心理学博士)体系和赞科夫(Занков. 1901—1977,教育科学博士)体系为代表。传统教学体系也在探索创新模式,其中有代表性的创新模式包括,维诺格拉托娃(Виноградова, 1937—,教育科学博士)领导实验的"21 世纪的学校"(Начальная школа XXI века)、"俄罗斯学校"(Школа России)、"古典小学"(Классическая начальная школа)、"21 世纪的学校"(Школа 21 века)、"2100 学校"(Школа 2100)、"和谐"(Гармония)、"希望小学"(Перспективная начальнаяшкола)、"知识星球"(Планета знаний)创新教学模式等。每一个体系都有配套教材。

一、赞科夫发展性教学体系

在苏联教育学中,教学被理解为学生掌握具体的知识、技能和技巧,而发展

〔1〕 王义高.当代世界教育思潮与各国教改趋势[M].北京:北京师范大学出版社,2004:159.

指的是学生多方面心理品质(智力,意志力,感觉)的形成。教学与发展的关系一直是苏联教育学家关注的一个问题。苏联著名心理学家维果茨基在20世纪20年代就对这个问题有专门的论述,他提出“最近发展区”学说,明确强调教学在发展中起主导作用,教学要先于发展,要引导发展的观点。但由于时代的局限,维果茨基的理论只是停留在思辨阶段。赞科夫(Л. В. Занков, 1901—1977,俄罗斯著名的心理学家、儿童缺陷学家、教育学家,教育学博士、教授、苏联教育科学院院士)继承并发展了维果茨基的命题,并将其思想首先在实验室进行实施,继而进入广泛的教育实践,提出了教学与发展的“一般发展”理论。其根本思想就是以最好的教学效果来促进学生的“一般发展”。

赞科夫所研究的“一般发展”,是不同于“特殊发展”“全面发展”“智力发展”“身体发展”的一般心理发展,是儿童个性在智、情、意等所有方面的一般心理机能的整体发展。其整个实验教学体系的主导思想,就是以尽可能大的教学效果来促进学生的一般发展。

赞科夫本人并没有来得及提出完整的教学法体系,他在自己的著作中揭示了教学法的某些特征,经其同事和学生的总结,并由赞科夫教学体系的其他成员完善和丰富,20世纪90年代以后,赞科教学体系受到了俄罗斯联邦政府的进一步重视。从1995—1996学年开始被认定为同已有的国家初等教育体系并行的国家教育体系。

在20世纪90年代末和21世纪初始,在俄罗斯的联邦的各个州和地区都有以赞科夫体系为原则进行教学的学校,这类学校在各种学校类型中占据30%的比重,俄联邦附近的其他独联体国家也由一些教师对这一体系进行研究。赞科夫教学思想及其理论不仅仅在小学教学实践中,而且在中学教学过程中也得到了体现,在为四年制小学制定教科书和教学参考书的基础上,为5—9年级的学生编写了数学、俄语、地理、自然等系列教材。据俄罗斯联邦赞科夫科学教学法研究中心(Фетеральный научо-медодический центр им Л. В. Закова)最新提供的资料,赞科夫教学体系的学生的观察能力、思维能力和实际操作能力高于普通学校的学生,他们更渴望学习,更努力获取知识,解决问题,在动手、动脑等方面高于普通学校的学生,具有良好的人生观,价值观,在大纲教学要求方面也高于普通学校的学生。

二、艾利康宁-达维多夫发展性教学体系

达维多夫(В. В. Давыдов, 1930—1998,心理学博士,苏联教育科学院及解体后的俄罗斯教育科学院院士、俄罗斯教科院第一副院长,美国教育科学院名誉院士)从 1959 年起的几十年期间,一直从事学习活动理论的大型实验研究和基础理论研究(早年与其导师艾利康宁合作)。在经过多年试验研究基础形成了达维多夫发展性教学理论(又称"学习活动"理论),"学习活动"是达维多夫发展性教学的奠基性概念,学习活动是源于人类的物质活动及基于其上的人类精神、文化活动,是对历史形成的活动技能、方式、能力的一种再现活动,是低年级儿童的主导活动。学习活动展开的路线是从抽象到具体,从一般到特殊。"学习活动"其本质特征而言,是对理论知识的改造和掌握活动。简言之,"学习活动就是有步骤地掌握理论知识的过程"。

以"学习活动"理论为基础,20 世纪 80 年代末期至 90 年代后期,形成了达维多夫发展性教学体系。艾利康宁—达维多夫教学体系于 1991 年进入了大规模的教学实践;1994 年在达维多夫倡议和直接参与下建立了"发展性教学"国际联合会,该联合会使学校的教师、领导、发展性教学专家和学者以共同的思想为核心联合在一起。根据不完全统计,1996—1997 学年初,在俄罗斯联邦初等学校中有近 7 000名教师参加了这项工作。在这一阶段,该体系获得了社会的广泛认可,1996 年教育部工作委员会承认艾利康宁—达维多夫教学体系是与传统教学体系和赞科夫体系平行的国家三套教学体系之一。该体系编写小学"文学是美学课"教程的作者和莫斯科"91 学校"教师获得了教育领域的政府奖。艾利康宁—达维多夫实验室的工作人员由于在发展国家教育方面所作的贡献获得了俄罗斯联邦总统奖。

1996 年,达维多夫的《发展性教学理论》一书出版,该书是学习活动的历史文化理论的里程碑式的著作。20 世纪 90 年代,艾利康宁—达维多夫教学体系在俄罗斯国内外的很多学校产生影响,这一阶段,也是发展性教学影响迅速扩大阶段,1996 年,按艾里康宁—达维多夫发展性教学体系进行教学的初等学校占 9%。此后,按照达维多夫发展性教学体系组织教学活动的学校数量开始压缩,但达维多夫的发展性教学理论对俄罗斯教学论和教育理论创新的影响深远,也是莫斯科市 2006 年开始的"未来学校"项目的重要的理论基础。

三、"21 世纪的学校"实验项目

20 世纪 90 年代后，俄罗斯教科院普通中等教育所小学中心在中心主任维诺格拉托娃(H. B. иноградова，1937 年，俄罗斯教科院通讯院士、教育学博士)的带领下，开展了"21 世纪的学校"教学创新实验项目。该实验是发展性教学思想在俄罗斯时代的新发展，实验以维果茨基、艾利康宁、达维多夫、赞科夫的发展性教学理论为基础，结合维诺格拉托娃的未来小学构想，本着人道化、区别化与整合性原则，研制新的小学教学计划和学习方式，制定现代小学构想，更新教学内容，结构，更好地实现学前教育与小学教育的衔接，小学教育与初中教育的衔接，从而实现小学教育教学现代化。

"21 世纪的学校"实验特别关注为低年级学生创造良好的情感环境，发展学生创造性和独立性。在实验项目的框架内，项目专家制订了教学大纲和教科书、教学法手册、指导计划、教学活动簿以及一整套教学方法体系。1999 年末全俄罗斯已经有4 000所学校参与这一项目，该项目于 2002 年获得了教育领域俄罗斯总统奖。

四、传统教学体系的创新探索

"俄罗斯学校"作为传统的教学体系，已经有数十年的历史。该模式的主要的特点是发展学生认识祖国的兴趣，并认识其精神的伟大及其在全球范围内的重要性。该体系特别关注培养学生的学习技能，包括阅读、写作和计算技能。

"古典小学"实验纲要的主旨是：用现代方式对待教学法问题，以及经过实践检验的教学法原则，提高学生的学习效果。以合作教育学为基础开展教学，通过教学内容和教学过程的组织促进学生思维的发展。

"和谐"实验的目标如其名称，其教学实验的目的是促进学生的全面发展，让学生愉快地而舒适地学习，培养儿童的思维能力。

除上述创新探索意外，还有"希望小学""知识星球"等创新项目，经俄罗斯联邦教育部的批准，基于上述实验项目制定的教材均为俄罗斯教育科学部认可教材，中小学校可以自主选用。与教材相配套，每个项目都设有教学法支持中心，向学校和教师提供教学法支持。

第四节 高中侧重专业性教学

根据1992年制定的《俄罗斯联邦教育法》的规定，在普通教育阶段，俄罗斯的学制体系为：1—4年级为初等教育阶段，5—9年级为基础教育阶段，10—11年级为完全中学教育阶段。完全中学阶段，或称为中学高年级阶段，相当于中国的高中。开展侧重专业性教学是俄罗斯高中阶段教育改革的主要举措。开展侧重专业性教学的主要目的，是通过改变中学高年级的教学组织体系，保证教学内容、教学方式的多样化和个性化。

俄罗斯《普通教育高年级阶段实行侧重专业式教学的构想》(*Концепция профильного обучения на старшей ступени общего образования*)将“侧重专业性教学”(профильное обучение) 定义为差别化和个性化的教学方式，即通过教学结构、内容和教学组织形式的调整，来更加全面地关照学生的兴趣、爱好和能力，为高年级学生根据自身的职业兴趣和学习意愿继续学生创造条件。[1] 具体到教育实践中，侧重专业性教学要保证学生深入学习教学计划中的某些课程；为高年级学生的课程教学内容实现差异性创造条件；帮助不同类别的学生根据自身的能力、个人爱好和需求，真正平等地接受教育；使学生具有广泛而灵活的可能性，以实现个性化教学计划；保证普通教育和职业教育之间的衔接，使中学毕业生能够更加有效地掌握高等教育计划；更加积极地促进学生的社会化。

随着侧重专业性教学试验的展开，中学高年级阶段的课程教学内容、教学过程的组织形式在发生变化。而这些变化同时要求改变学生成绩评价方式、教师培养模式。

---

〔1〕 Концепция профильного обучения на старшей ступени общего образования[EB/OL].[2013-08-16]. http://www.profile-edu.ru/content.php.

一、侧重专业性教学课程结构

侧重专业性教学阶段的课程结构由三部分组成,包括基本的普通教育课程(以下称为“基本课程”)、有专业侧重的普通教育类课程(专业侧重课程)以及可选择课程。按照《普通教育高级阶段实行侧重专业式教学的构想》的要求,三者比例为 50∶30∶20,三类课程在课程内容和对学生要求方面有着本质的差别。

基本课程即所有高中学生必须要学习的基础性普通教育类课程,包括数学、俄语和文学、外语、历史、自然科学(供人文类侧重专业方向)、社会学科(供数学-自然科学和机械学专业方向)、体育。专业侧重课程中有的课程,基本课程中就不再出现。如俄语文学、外语、历史是人文科学专业方向的侧重专业方向课,在基本课程中就不再设这些课程。该类课程符合基础教育标准和国家统一考试的要求。通过学习这类课程,学生要理解并能够讲解其主要思想,能够在实践中应用相关理论知识。

专业侧重课程属于应用类课程,是学生所选择的侧重专业方向需要深入学习的课程。该类课程自身的内容符合侧重专业性教学标准,符合国家统一考试侧重专业性教学的考试要求。通过学习,学生能够深入掌握侧重专业方向的课程内容,能够在课程内容范围内解决相应问题。在每个侧重专业方向的课程中要有 1～2 门核心课程,如自然—数学专业方向的数学和物理课,人文科学专业方向的核心课程为俄语文学和外语课,所占课时较多。

可选择课程属于创造类课程,是学生根据自身的学习目的自行选择的,其内容应超越基本课程、专业侧重课程标准的范围。通过学习,学生能够在课程范围以及相邻课程范围内解决问题。可选择课程为学校根据自身的可能性和需求,并根据学校的可能性,自主确定的教学部分。通过可选择性课程侧重教学方向。除三类课程之外,侧重专业性教学还要求学生开展教学实践、设计及研究活动。

《普通教育高级阶段实行侧重专业式教学的构想》(表 4-2—表 4-4)给出了自然—数学专业方向、人文科学专业方向、社会—经济学专业方向、信息—工艺学专业方向的教学计划。以自然—数学专业方向为类,其基本课程包括俄语和文学、外语、历史、社会学科、体育;其专业侧重课程包括数学、物理、化学、地理、生物;可选择性课程包括化学、工艺学和生态学等课程。基础课程和专业侧重课程的组合可以确定不同的侧重专业发展方向,将三类课程进行组合就可以确定学生个性化的教育途径。

表 4-2 侧重专业式教学、非侧重专业式教学的教学计划[1]

侧重专业性教学的教学计划									非侧重专业性教学计划		
专业方向	自然—数学专业方向		人文科学专业方向		社会—经济学专业方向		信息—工业学专业方向				
课程设置	课程	课时	课程	课时	课程	课时	课程	课时		课程	课时
基本普通教育课程	俄语和文学	6	自然学科	6	俄语和文学	6	俄语和文学	6	基本普通教育课程	俄语和文学	8
	外语	6	数学	6	外语	6	自然学科	6		数学	8
	历史	4	体育	6	历史	4	历史和社会学课	8		外语	6
	社会学科	4			自然学科	6	体育	6		历史	4
	体育	6			数学	8				自然学科	10
					体育	6				社会学科（包括经济和法律）	8
有专业侧重的普通教育类课程	数学	12	俄语和文学	12	经济和社会地理学	4	信息学	10		信息学	4
	物理	8	外语	10	历史	10	数学	10		工艺学	4
	化学	6	历史	8	经济	6	物理	6		体育	6
	地理	4	社会学科	8	法律	6	外语	4	可选择课程（4门）	学校提供5～6门课程	共16课时
	生物	6	艺术	6	社会学	4					
可选择课程（3门）	学校提供5～6门课程	共12课时	学校提供5～6门课程	共12课时	学校提供5～6门课程	共12课时	学校提供5～6门课程	共24课时			
	教学实践、设计、研究活动	少于70课时	教学实践、设计、研究活动	少于70课时	教学实践、设计、研究活动	少于70课时	教学实践、设计、研究活动	不少于140课时		教学实践、设计、研究活动	不少于70课时

〔1〕 Концепция профильного обучения на старшей ступени общего образования. http://www.profile-edu.ru/content.php.

表 4-3 中等教育十年级教学计划(侧重物理-数学专业) 单位:学时

基础部分			
教学科目	两年内周学时		
	十年级 (2012—2013 学年)	十一年级 (2013—2014 学年)	两年内周 学时总数
俄语	2	1	3
文学	3	3	6
英语	3	3	6
信息学及信息技术	1	1	2
历史	2	2	4
社会知识	2	2	4
地理	2	0	2
莫斯科生态与可持续发展	1	1	2
生物	1	1	2
化学	2	2	4
体育	3	3	6
艺术	1	1	2
生命安全	1	1	2
侧重学习科目			
代数	4	4	8
几何	2	2	4
物理	5	5	10
周课堂负担量	35	32	
教育机构成分的总学时	8		

表 4-4 中等教育十年级教学计划(侧重社会-人文专业) 单位:学时

	十年级 (2012—2013 学年)	十一年级 (2013—2014 学年)	两年内周 学时总数
文学	3	3	6
代数	3	3	6
几何	2	2	4

续表

历史	2	2	4
英语	3	3	6
生物	1	1	2
化学	2	2	4
物理	2	2	4
地理	2	0	2
莫斯科生态与持续发展	1	1	2
艺术	1	1	2
信息学与信息技术	1	1	2
体育	3	3	6
生命安全	1	1	2
侧重教学科目			
俄语	3	3	6
社会科学	3	3	6
法律	2	2	4
周课堂负担量	35	33	
教育机构成分中课时总量	7		

二、侧重专业性教学的组织形式

侧重专业性学习的构想通过不同的形式落实。侧重专业性学校是实现这一目的的制度化形式,此外,借助于校外补充教学体系也可以实现侧重性专业教学。

目前,侧重专业性教学的组织模式主要包括学校内部侧重专业性教学和校际网络状教学。学校内部侧重专业教学以学校为单位,学校内部设有一种侧重专业性教学方向,或者多种侧重专业性方向,学校可以整体上倾向某些具体的侧重性专业(如特科学校);也可以依靠提高选择性课程的数量向学生提供个性化的、有专业侧重性的教学计划,其中包括组成各种跨班级的侧重专业性教学班。

校际间网络状教学组织模式是另一种实现侧重专业性教学的重要组织形

式，这种类型的侧重性教学有两种基本的方式。第一种方式是以一个最好的、拥有足够物质和师资的普通学校为中心，该学校发挥着"资源中心"的作用。在这种组织形式中，每一所学校保证教授基础课程，以及部分侧重课程和可选择性课程的实施，其他的专业侧重性课程由"资源中心"来开展。第二种方式以联合普通学校、补充教育学校和高等、中等、初等职业学校和为基础组织侧重专业性教学。在这种情况下，学生不仅仅有权在就读学校，而且有权在联合机构中获得侧重性教学。通过远程教学、函授教学以及职业学校实现侧重专业教学。网络状教学组织模式可以吸引其他学校的高水平的教师来参与侧重性学校的教学工作。

侧重性教学中，学生通过将基本普通课程和专业侧重课程以及可选择性课程进行组合，就可以制订自己的个性化的教学计划，这样的教学常常跨班级开展。

三、侧重专业性教学的特点

从《普通教育高级阶段实行侧重专业性教学的构想》中给出的侧重专业性教学计划和非侧重专业性教学计划(表 4-2)可以看出，侧重专业性教学计划中增加侧重专业方向课程，由四部分组成。两种教学计划的总课时数均为 144 课时。如果以自然—数学专业方向的教学计划和非侧重性专业性教学计划进行比较，其中最大的变化就是非侧重专业性教学计划中的综合性课程——自然科学课在自然—数学侧重专业方向中分解成了物理、化学、生物、地理课程，课时数为 24 课时；而非侧重专业性教学计划中，自然科学课程仅占 10 课时。自然—数学专业方向中的俄语文学课减少了 2 课时，而作为专业侧重方向核心课程的数学课增加到了 12 课时。

通过对两种课程计划的分析，可以做出这样的判断，即俄罗斯的侧重专业性教学实验，试图在不增加课时的情况下，通过减少传统教学中部分课程的课时数，增置侧重专业课程，增加高中教学计划的多样性和可选择性，以保证不同类别的学生根据自身的能力、个人爱好和需求获得高中阶段教育；同时，保证普通教育和职业教育之间的衔接性。学生在学习的总期限没有延长的情况下，依靠在教学计划中选择不同的侧重专业方向，将高中阶段的学习同自身的职业定位相结合。

四、侧重性专业性教学实施情况

俄罗斯的侧重专业性教学实验开始于2003年,按照《普通教育高级阶段实行侧重专业式教学的构想》的设想,从2005/06学年起,政府用两年的时间研究并制定相关的法律准则,到2007/08学年,侧重专业性教学在全俄中学全面实施。[1]

为了促进侧重专业性教学的实施,早在2001年12月29日,联邦政府就签署了第1756号命令,批准了《2010年前俄罗斯教育现代化构想》,提出在中学高年级阶段建立侧重专业性教学体系。2002年7月,俄教育部颁布了《普通教育高级阶段实行侧重专业式教学的构想》。2003年6月,俄罗斯教育部第2757号命令和联邦政府第334号政府命令共同确定了在高中阶段实行侧重性教学的日程。之后,2003年12月,俄罗斯教育部部长菲利波夫(В. М. Филиппов)和俄罗斯教科院院长尼康德洛夫(Н. Д. Никандров)联合签署命令,确定在2004年3月前,由俄罗斯教育部和俄罗斯教科院合作制定开展侧重专业性教学实验的计划。

2006年底,俄罗斯教科院代表对于侧重性教学实验结果进行总结,指出依靠将基础性课程和侧重性课程教学进行不同组合以保证教学的侧重性是俄罗斯高中教育发展的不变的方向。根据俄罗斯教育部的统计,2007年,在俄罗斯的大中城市中,有近70%的中学在高年级阶段已经实现侧重性教学。[2] 而在2008年底出台的《2020年前俄罗斯联邦长期社会经济发展构想》(*КОНЦЕПЦИЯ ДОЛГОСРОЧНОГО СОЦИАЛЬНО-ЭКОНОМИЧЕСКОГО РАЗВИТИЯ РОССИЙСКОЙ ФЕДЕРАЦИИ НА ПЕРИОД ДО 2020 ГОДА*)[3] 中再次强调,2020年前,向所有高年级学生提供掌握个性化教学计划的比例,其中包括专业侧重式教学。在作为《2020年前俄罗斯联邦长期社会经济发展构想中》附件的《2020—2030年前俄罗斯联邦社会经济发展预测基本指标》(*ОСНОВНЫЕ ПАРАМЕТРЫ ПРОГНОЗА*

---

[1] Концепция профильного обучения на старшей ступени общего образования[EB/OL].[2013-08-16]. http://www.profile-edu.ru/content.php.

[2] В. А. Степанов, Проблемы и приимущества профильной и предпрофильой подготовки учащихся средних школы, Наука и школа, 2007-03-14.

[3] КОНЦЕПЦИЯ ДОЛГОСРОЧНОГО СОЦИАЛЬНО-ЭКОНОМИЧЕСКОГО РАЗВИТИЯ РОССИЙСКОЙ ФЕДЕРАЦИИ НА ПЕРИОД ДО 2020 ГОДА[EB/OL].[2014-10-12]. http://govportal.garant.ru.

СОЦИАЛЬНО — ЭКОНОМИЧЕСКОГО РАЗВИТИЯ РОССИЙСКОЙ ФЕДЕРАЦИИ НА ПЕРИОД ДО 2020—2030 *ГОДОВ*)[1]中进一步明确:2010 年,中学高年级完成向侧重专业性教学组织原则过渡。

第五节 俄罗斯非国立教育的形成与发展

苏联时期,俄罗斯一切教育机构都为公立学校,教育都由国家来承办。20 世纪 90 年代开始,俄罗斯教育由持续已久的国有一元化体系迅速向多种所有制结构(包括国立、非国立、公司学校)、多种职能、多重目的的教育体系转化。因为部分教育工作者和教育管理人员对教育领域的"统一社会政治路线" 不满,非国立学校在民主化的浪潮中应运而生。[2]

一、非国立教育发展的法律基础

1992 年《俄罗斯联邦教育法》以及《关于教育领域非国有化、非垄断化法》为非国立教育机构的产生提供了法律支持。其中,《俄罗斯联邦教育法》第 5 条第 4 款提出:"凡在国家认可的非国立自费教育机构就学的公民,如果这些教育机构实施普通教育大纲和职业教育大纲,其学费由国家根据相应类型的国立和相应类型的地方教育机构规定的学费标准予以补偿。"而第 40 条第 3 款则对税收优惠给予规定:"不论教育机构的组织—法律形式如何,其章程规定的非经营性的活动,一律免予征税(包括土地税)。"这些法律规定为非国立教育发展创造了

---

〔1〕 ОСНОВНЫЕ ПАРАМЕТРЫ ПРОГНОЗА СОЦИАЛЬНО — ЭКОНОМИЧЕСКОГО РАЗВИТИЯ РОССИЙСКОЙ ФЕДЕРАЦИИ НА ПЕРИОД ДО 2020—2030 ГОДОВ)[EB/OL].[2014-10-12]. http://www.economy.gov.ru.

〔2〕 朱小蔓,Н. Е. 鲍列夫斯克亚,В. П. 鲍利辛柯夫. 20—21 世纪之交中俄教育改革比较[M]. 北京:教育科学出版社,2006:314.

良好的法律空间。

1996 年,俄罗斯对《俄罗斯联邦教育法》进行修订,该法依然鼓励社会和私人力量办学,开始对教育领域的私有化现象进行限制。1996 年对《俄罗斯联邦教育法》的修订首先取消了非国立大学学生所享有的财政投资权利。还规定:变更现有国立和市立教育机构创办者的成分,需在俄罗斯联邦教育法规许可的范围内创办;国立和市立教育机构不得私有化;实施军事职业教育大纲的各类教育机构的创办者,只能由俄罗斯联邦政府充当;为犯有(危害社会)不轨行为的儿童和少年开办的封闭式特殊教育机构的创办者,只能由联邦权力执行机构或俄罗斯联邦各主体权力执行机构充当。2004 年再次修订《俄罗斯联邦教育法》,则完全取消了国家对非国立教育成分的支持和保障,对非国立教育成分的保障性条款也没有被列入相关法令。关于保证按照国家标准以预算投资形式向在经过认证的非国立学校学习的个人补偿部分学费的条款也被取消了,[1]并增加了对非国立教育进行监督的条款。

二、非国立中小学校的类型和层次

国家发展的不同阶段有不同的因素决定对不同类型和不同层次非国立学校的需求。2005 年数据显示,93%的非国立学校由公民独立建立或者是由私人公司创办。

2005 年全俄罗斯的非国立教育组成中,几种非国立学校所占比重为:创新型学校 88%;矫正型学校 1.5%;宗教学校 5%(莫斯科宗教学校占非国立学校总数的 12%)。

非国立学校中有 9%是文科学校和实科学校,35%的学校开设深入学习的课程(或者有深入学习课程的班级)。非国立学校中有各种类型的宗教学校:东正教、伊斯兰教、犹太教、天主教学校。最多的是东正教学校(实施完全中等教育或者作为假日学校存在)。莫斯科就有 18 所东正教学校。大多数东正教学校根

〔1〕 朱小蔓,Н. Е. 鲍列夫斯克亚,В. П. 鲍利辛柯夫. 20—21 世纪之交中俄教育改革比较[M]. 北京:教育科学出版社,2006:315-316.

据莫斯科市政府规定可以免于交付公共支出和土地费。所有这一切说明国家对发展宗教学校尤其是东正教学校的鼓励。多数宗教学校不收学费或者学费仅仅是每月500～1 500卢布,其他费用由财政投资和相关的宗教(机构)来支付。[1]另外有一类矫正型学校,以莫斯科为例,莫斯科共有158非国立中小学教育机构,有1.8万学生,其中有10%～30%的学生存在语言障碍,10%～40%存在不同程度的情绪不稳定,另有10%的学生存在身体残障,5%的儿童为母语非俄语。[2]

三、非国立普通教育机构的经费来源及教学条件

俄罗斯非国立学校的经费来源有三个:创办者的资金、家长支付的学费和国家款项。其中,学费是非国立教育机构经费的主要来源,多数非国立学校经费100%来自私人投资,得到认证的学校15%～25%的资金来源于国家预算投入,75%～85%来自于学费。[3] 与国立学校不同,俄罗斯仅有4%的非国立学校有自己的校舍。教学场地租金与租赁合同时效性等问题永远困扰着非国立国立学校。

由于在非国立学校工作,教师的社会经济条件得到改善。比如非国立学校工作人员的孩子可以免费或者是优惠读书,提供更高的工资(非国立教育领域的工资比国立教育领域工资高一倍),这些条件吸引了一些优秀的教育工作者。尽管俄罗斯的非国立学校数量不多,但是教学人员和其他工作人员所占比重却很高,因为工作人员和学生的平均比是1∶3(国立学校是1∶12)。多数非国立学校都能保证高水平的师资:8%的非国立学校的教师是科学博士或副博士,6%是年轻的专家。

---

[1] 朱小蔓,Н. Е. 鲍列夫斯克亚,В. П. 鲍利辛柯夫. 20—21世纪之交中俄教育改革比较[M]. 北京:教育科学出版社,2006:325.

[2] Количество частных школ в России стремительно сокращается[EB/OL]. [2014-10-07]. http://newsland.com/news/detail/id/462326/.

[3] 朱小蔓,Н. Е. 鲍列夫斯克亚,В. П. 鲍利辛柯夫. 20—21世纪之交中俄教育改革比较[M]. 北京:教育科学出版社,2006:327-328.

四、非国立普通教育机构的发展变化

相关法律法规的调整直接影响到非国立教育的发展。统计显示，苏联解体后，法律政策的支持，民众对个性化教育需求在国立学校得不到满足，私营经济的发展使得部分人群具有教育服务的支付能力等因素促进了非国立教育成分的发展，到1993/94学年，俄罗斯的非国立普通教育机构迅速从无发展到368所。此后，一直处于持续增长状态，到2005/06学年达到最高值726所。此后，学龄人口的下降，2004年《俄罗斯联邦教育法》修订及由此带来的国家资金扶持的缺失，随着国立学校的教学质量和教学条件的逐渐改善，从2005/06学年开始，非国立学校数量开始下降(图4-4)。

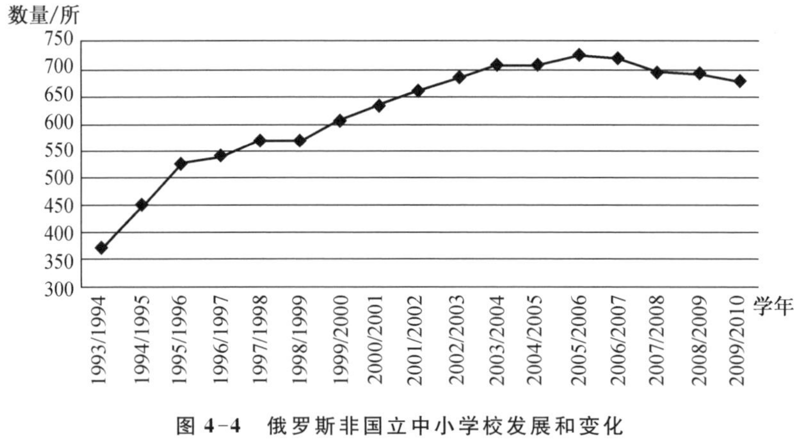

图4-4 俄罗斯非国立中小学校发展和变化

非国立教育成分现在仅仅在高等教育体系比重较大：非国立大学占大学总数的比重达到36.9%，学生人数的比重为13%。其中国立大学中接受有偿教育(依靠国家财政投资学习的学生需要补足不足费用部分)的大学生人数在2004年也有所增加，这样的学生占大学中享受财政支持学生总数的45%(而在国立中等职业教育领域达到了38%)。[1] 非国立成分在普通教育阶段所占比例微乎其微，即使是在非国立学校数量最多的2005/06学年，非国立学校在普通教育机构中所占比例也仅仅略高于1%。2008/09学年非国立学校学生人数为

〔1〕 朱小蔓，H. E. 鲍列夫斯克亚，B. П. 鲍利辛柯夫. 20—21世纪之交中俄教育改革比较[M]. 北京：教育科学出版社，2006：317.

7.3 万,为历年来最多,但也仅占学生总数的略高于 0.4%。绝大多数的非国立学校都在俄罗斯经济发达的大城市中。

在俄罗斯,与经济领域大规模的私有化不同,在教育领域,没有一所国立学校转变为非国立学校,所有的非国立学校均属于新设机构。

俄罗斯的非国立普通教育机构数量自 2003 年到 2009 年一直保持在 700 所左右,学生数量在 7 万人左右。2010 年非国立普通教育机构略有减少,共有 680 所,学生 71 000 人,其中初等普通教育机构 64 所,学生数为 30 000 人,基础普通教育机构 69 所,学生数为 60 000 人,中等(完全)普通教育机构 547 所,学生数为 62 000 人。

在国家教育标准规定的框架内,俄罗斯中小学校以多样化的教学理念和教学计划为载体,形成了多样化的教育的态势,体现为学校类型,侧重学习专业、学制、教科书以及教学组织形式的多样化。教育的多样化发展既有利于调动地区和学校办学的自主性和积极性,也可以给予学生更大的选择自由,增强学生学习的主动性和学习热情,同时也为教育创新提供了可能。

第五章

中小学教育质量保障及评价

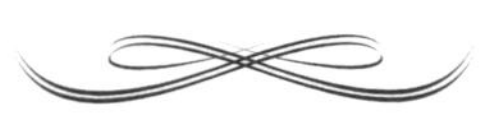

第一节 教育质量及其评价标准

按照1992年制定的《俄罗斯罗联邦教育法》的阐释，教育是指有利于个人、社会、国家的有目的的教学教育过程，该过程确认公民(学生)所达到的国家规定的教育水平(教育程度)。[1] 提高教育质量是俄罗斯教育现代化的重要内容之一。按照《俄罗斯联邦教育法》，制定并实施教育机构示范性条例，加强对教育机构的管理；制定并实施国家教育标准，按照国家教育标准对中小学的教育质量进行监督和检查是教育质量管理的主要方式。但是，在俄罗斯统一的教育空间中，一直缺少对教育质量进行评估的统一的工具和统一的指标体系。《2010年前教育现代化构想》颁布之后，构建普通教育评估体系构想以及评估模型成为俄罗斯现代化教育政策的优先任务之一。2008年，俄罗斯制定出台了全俄罗斯教育质量评价体系，目前，已经开始了按照该体系开展教育质量评价的工作，俄罗斯各地区也在积极建立区域教育质量评估体系，以此来保证本地区的教育质量。

一、对教育质量的理解

1992年制定《俄联邦教育法》从国家法律层面明确了国家要对学校教育质量进行监督。俄罗斯联邦政府于2005年12月批准制定的《2006—2010年联邦教育发展目标纲要》进一步强调要发展教育服务质量保障体系。对于国家教育质量的关注在2012年底公布的新的《俄罗斯联邦教育法》中进一步得到体现。

对于教育质量，俄罗斯教育界、学术界的认识并不一致。俄罗斯教育科学部教育科学监督署制定的《全俄罗斯教育质量评价体系构想草案》是这样定义的：

---

〔1〕 肖甦，王义高. 俄罗斯转型时期重要教育法规文献汇编[M]. 北京：人民教育出版社，2009：143.

教育质量是教育体系的特征,反映已取得的教育成就、保证教育过程的条件与规定要求,以及社会和个人的期待是否匹配。教育质量评价则被理解为是对学生的教育成就,教育计划的质量,具体教育机构开展教育过程的条件,以及整个国家教育体系及其境内子系统的活动的评价。[1]

二、教育标准是教育质量评价的依据

教育标准是保证教育质量水平的手段,监督教育质量的法律标准,是教育预算的基础。

从 1992 年《俄联邦教育法》提出制定和实施俄罗斯国家教育标准后,俄罗斯政府三次颁布普通教育国家标准,体现出通过制定国家政策来统一教育空间、规范教育内容、提高普通教育质量的意图。

最新的教育标准的制定开始于 2007 年,俄罗斯教科院承担了教育部投标项目新一代《俄罗斯国家普通教育标准》的制定工作。2010 年 9 月投入使用。为了保证教育标准的顺利实施,制定了关于预期结果、实施条件等相关配套文件。

主要标准性文件包括:

- 《俄罗斯普通初等教育标准》
- 《学生道德教育和社会化示范计划》
- 《基本教育计划》
- 《初等教育的预期结果》
- 《组织开展学生成就累计评价体系的建议》
- 《对于落实基本教育计划条件的要求》
- 《初等教育示范性教学大纲》
- 《达到初等教育预期结果的技术(俄语、阅读、数学、环境)》
- 《结果检查:教学法材料和讲义》等

---

〔1〕 КОНЦЕПЦИЯ ОБЩЕРОССИЙСКОЙ СИСТЕМЫ ОЦЕНКИ КАЧЕСТВА ОБРАЗОВАНИЯ[EB/OL]. [2013-08-17]. http://www1.ege.edu.ru/.

第二节　以示范性条例为依据规范教育机构活动

1992 年颁布的《俄罗斯联邦教育法》明确规定,要建立各级各类学校的许可证评定、资格鉴定与国家认证管理制度。1996 年修订的《俄联邦教育法》指出“开办、改组和撤销联邦直属教育机构,对教育机构进行鉴定和国家认证,建立独立于教育管理机关之外的国家鉴定-审查中心系统网(国家鉴定机构)”。“教育活动开展权的许可证由国家教育管理机关,或俄联邦各主体依法授予相应权利的地方自治机关根据鉴定委员会所作结论予以发布”,“鉴定委员会由国家教育管理机关、地方自治机关和地方(市属)教育管理机关以及现有教育机构和社会诸方面的代表按均等原则组成”。另外,2004 年修订的《俄联邦教育法》第 6 章第 38 条专门阐述了国家对教育机构教育质量的监督。

1992 年《俄罗斯联邦教育法》的第 12 条对教育机构的属性和职能作了详细规定。提出教育机构是实施教育过程的机构,亦即实施一个或若干个教育大纲,并(或)保证受教育者的所需费用及其接受教育的机构。教育机构是法人,就组织—法律形式而言,教育机构可以是国立的、地方的、非国立的(私人的、社会性的和宗教性的组织)。教育机构包括:学前教育机构;普通教育[初等普通、基础普通、中等(完全)普通教育]机构;初等职业、中等职业、高等职业教育机构;智力偏差学生、学员的专门(矫正)教育机构;补充教育机构;孤儿和无父母抚养的儿童教育机构;实施教育过程的其他机构。国立、地方教育机构的工作由经俄罗斯联邦政府批准的相应类型教育机构的标准条例和根据该条例制定的章程加以调节,标准条例可作为非国立教育机构的示范条例。

一、俄罗斯现行的教育机构示范性条例

《俄罗斯联邦教育法》第 33 条对教育机构的创办程序和教育机构活动进行

详细规定。创办教育机构须由创办人提出申请,并由当地自治机关核准申请程序予以注册。自教育机构注册之日起,教育机构的法人就有权从事章程规定的为准备教学工作而进行的财务活动。俄罗斯联邦教育科学检察署为负责联邦境内中小学校的许可证、鉴定和国家认证活动。除联邦直属学校之外,俄罗斯普通教育阶段教育机构许可证的鉴定(资格)及国家认证活动分别由地区和市属教育管理部门来负责监督完成。俄罗斯境内的中小学校只有经过国家的许可证鉴定,才可以进行(资格)鉴定,鉴定之后才可以进行国家认证,这个程序依次进行,不可越级。

从1997年至2008年,俄罗斯联邦政府先后批准并实施了各级各类教育机构示范性条例,包括《婴幼儿教育机构示范性条例》《幼儿园示范性条例》《中小学校示范性条例》《中等职业学校示范性条例》《高等职业学校示范性条例》以及《专业人员补充职业教育(业务进修)机构标准条例》等。教育机构示范性条例既是教育机构许可证证认证的依据,也对教育机构进行资格鉴定,发放国家认证证书的依据。

二、以许可证保证学校办学条件

《俄罗斯联邦教育法》对学校创办教育机构的程序、学校资格认证和许可证发放做了详细规定:自教育机构注册之日起,教育机构的法人就有权从事章程规定的为准备教学工作而进行的财务活动;自获得许可证(准许)之日起,教育机构有权从事教育活动,有权享受俄罗斯联邦法律提供的优惠待遇。教育机构自国家认证(以国家认可证书为据)之日起,有权向自己的毕业生颁发国家统一式样的教育证书,有权加入国家中央财政网络,有权使用有俄罗斯联邦国徽图案的印章。

办学许可证相当于学校的营业执照,它是从学校的硬件条件方面审核学校的办学资格,是对学校物质装备最基本的要求,通过它来衡量学校在校舍、师资、教学设施设备及其卫生医疗等方面是否符合国家和地区的标准。

从事教育活动的许可证,由国家教育管理机关或由其委托教育机构所在地的地方(市政)教育管理机关根据鉴定委员会的鉴定颁发。

许可证考核指标具体如表 5-1—表 5-6 所示。

表 5-1 教育过程的师资保障总体情况

N п/п	教育工作者特点	人数
1	教育工作者总数	
	其中：	
1.1	在编教师人数，不包括兼职	
1.2	内部兼职的教育工作者人数	
1.3	在外兼职的教育工作者人数	
1.4	按学时付费的教育工作者人数	
2	教师总数	
	其中：	
2.1	具有博士学位和教授职称的教师人数	
2.2	具有副博士学位和副教授职称教师人数	
2.3	没有学位和职称，具有荣誉称号的教师人数	
2.4	有教授学科课程和模块课程实际工作经验的教师人数	
2.5	有高类别技能的教师	
2.6	有一级技能类别的教师	
2.7	有二级技能类别的教师	
2.8	受过高等职业教育的教师	
2.9	受过中等职业教育的教师	
2.10	受过初等职业教育的教师	
2.11	受过中等和初等职业教育，也是生产教学师傅的教师	
2.12	为受过职业教育的教师	

表 5-2 教育过程的基础设施保障

建筑及场地的实际位置	建筑、场地用途（教学用、教学辅助用、公用事业用地及面积）	所有权形式（所有、经营管理、租赁、免费使用及其他）	所有机构（出租人）名称	文件的有效期	国家卫生及流行病监测机构给出的结论
总面积/平方米		—	—	—	—

表 5-3 申请教学计划许可证需要的教学和教学用图书

N п/п	教育程度,教育计划类型、培养方向,专业、职业	教学与教学法藏书量		生均图书册数	最近十年出版物占总藏书的比例
		数量	册数		
1	2	3	4	5	6
1	教育程度,教育计划类型、培养方向,专业、职业				
	课程类别				
2	教育程度,教育计划类型、培养方向,专业、职业				
	课程类别				

表 5-4 教学计划及教科书

N п/п	教育程度,教育计划类型、培养方向,专业、职业 根据教学计划设定的学科名称和课程名称	教科书和教学方法用书的作者、名称,出版地	册数	同时学习一门学科和课程的学生人数
1	教育程度,教育计划类型、培养方向,专业、职业			
	学科、课程			
2	教育程度,教育计划类型、培养方向,专业、职业			
	学科、课程			

表 5-5 学校文件、期刊、索引和科学书籍

N п/п	出版类型	名称	单册书,多册书每年出版的书的数量
1	正式出版的法规文件的		
2	社会政治、科普以及期刊(报纸和杂志)		
3	专业类科学期刊		
4	图书索引出版物		
4.1	百科辞典		
4.2	教学用行业性词典和手册		
4.3	当前和过去的教学用专业性行业性参考书		
5	科学图书		

表 5-6 教育过程的其他图书信息保证资料

N п/п	教育程度,教育计划类型、培养方向,专业、职业 根据教学计划设定的学科名称和课程名称	图书信息资源和教育过程保障材料,其中包括电子出版物,和信息资料	册数
1	教育程度,教育计划类型、培养方向,专业		
	学科、课程		
2	教育程度,教育计划类型、培养方向,专业		
	学科、课程		

三、以资格鉴定监督学校教学质量

为了确保学校的办学质量,各级各类学校不论其办学体制如何,都要每五年

接受一次鉴定服务机构的鉴定;新成立的学校可在获得办学许可证三年后第一批毕业生毕业时,申请进行资格鉴定。除了教育部直属学校外,普通学校资格鉴定多由各联邦主体的国家教育管理机构或受其委托的地方自治机构中的学校鉴定服务部门根据学校的申请,组建专门的鉴定委员会进行。鉴定委员会的人数视学校规模大小而定,一般由学校代表(不包括在被鉴定学校有偿工作的人员)、学术组织代表、教学法部门代表、行业性社会组织和协会代表组成。

学校资格鉴定的主要依据是国家教育标准或地区根据国家教育标准制定的教育标准,在许可证有效的前提下进行,被鉴定学校"连续三年半数以上毕业生毕业鉴定成绩良好"可通过鉴定。

学校资格鉴定直接影响学校的声誉、生存和发展。按照《俄罗斯联邦教育法》规定,鉴定不合格的学校,将被宣布为不合格学校,并将被取消相应等级水平的国家认证;同时,国家将中止其教育活动,至少要经过 12 个月后才允许学校重新申请鉴定,直至吊销其办学许可证,关闭学校。为保障教育质量,无论法律-组织形式如何,除许可证鉴定以外,教育机构每五年进行一次(资格)鉴定(Аккредитация образовательных учреждений),(资格)鉴定由国家鉴定部门,或者受其委派(或委托)的国家权力及管理机关、地方自治机构,吸收各主要教育机构和社会团体参加,根据教育机构的申请进行。教育机构(资格)鉴定的目的和内容是确定教育机构的教育内容、毕业生的培养水平和质量是否符合国家教育标准的要求。

作为鉴定过程,教育机构根据本地区的鉴定标准,对本校的教学工作水平进行总体自我评价,之后,形成自评报告书,连同鉴定申请书一同上交。其次,鉴定委员会工作小组根据学校上交的自评材料,确定要评估的具体内容、形式和方法,直接进入学校实地测评,再收集各种相关信息,作为对学校进行鉴定的依据。最后,鉴定委员会小组就收集的信息进行分析、评价,得出鉴定报告,并提出学校进一步的整改意见。教育机构必须具备以下条件方可予以鉴定:即连续三年内其毕业生的总结性鉴定成绩良好者不得少于三分之一。

进行鉴定的费用由教育机构支付。国家可以根据鉴定结果取消对教育机构的国家认证。在具备相应依据的情况下,国家鉴定部门可以就教育质量不高或教育程序不符合国家相应教育标准的要求向持有国家认可证的教育机构提出赔偿要求。

四、以国家认证审核学校办学综合水平

学校国家认证主要是对普通学校办学的综合水平进行等级评定，是在认定学校工作、实施的教育大纲水平、培养学生的内容和质量符合教育大纲及国家对该种类、类型的学校提出的要求的基础上，确定或证明学校的国家地位（种类、类型和等级）的过程。

在俄罗斯，学校资格鉴定是学校国家认证的前提，即学校获得通过鉴定的命令书及鉴定委员会的肯定性鉴定报告后，才有资格申请国家认证。普通学校国家认证是根据的学校自愿申请，由教育管理机构组建的、常设的认证委员会实施。认证委员会的成员包括"俄联邦主体教育管理机关、地方自治机关和（或）地方教育管理机关的代表，必要时还包括对该校实施鉴定部门的代表"。

俄联邦教育部在《学校教育活动鉴定与认证评估方法建议》(2004)中指出，认证委员会对普通学校进行审查的指标包括：一是根据评估委员会的结论审查教育大纲实施的水平；二是根据对教学计划和课程大纲部分内容的分析确定教育大纲实施的方向；三是班级类型结构（如是否设有加深课程的实科班）；四是根据评估委员会的结论认证毕业生培养质量；五是师资保障；六是教育过程中的信息技术设施；七是学生所在地的社会医疗条件等。

通过鉴定的学校，可以在此基础上自愿申请国家认证。通过国家认证的学校，不仅可以获得确认其国家地位、证明其教育质量和办学水平的认证证书，而且从获取国家认证证书之时起，学校有权向本校毕业生发放相应教育水平的国家样式的、印有俄罗斯联邦国徽的毕业证书，同时也有资格列入中央拨款名册，按照被确定的学校"种类""类型"和等级享受规定的国家拨款。当学校的组织形式、地位发生变化时，原来的国家认证证书也将随之失效。

国家资格鉴定部门可以以教育质量不高或教育程序不符合国家相应教育标准的等理由向持有国家认可证的教育机构提出赔偿要求。在最高机关审理提出赔偿要求基础上，国家资格鉴定部门作出要求赔偿的决定。两年之内被再次提

出赔偿要求的教育机构，其国家认可证将自动失效。恢复国家认可的程序与获得国家认可的程序相同。

经国家认可的教育机构培养的毕业生，如果其质量达不到要求，国家有权通过其授权的国家教育管理机关向该机构提出申诉，要求其赔偿因在其他教育机构对这些毕业生进行再培养而造成的额外损失。国家鉴定部门对培养质量作出的赔偿决定，要提出申请的依据。教育机构(或注册部门)所在地的法院应在两个月内对所收到的申诉进行审理。法院的判决为最终判决。

2008—2009学年，国家共审核1 922份各类学校递交的资格鉴定申请。通过资格鉴定找出了学校教学活动中不符合资格评定指标的方面。8所学校被取消了办学资格，6所大学降格为学院。通过国家(资格)鉴定(ГОСУДАРСТВЕННАЯ АТТЕСТАЦИЯ)的教育机构，可以申请国家认证，国家认证主要是对普通学校办学的综合水平进行评级。认证委员会根据该教育机构的办学条件、实施教育大纲水平、培养学生内容和质量等内容，确定教育机构办学的综合水平，证明学校的国家地位(种类、类型和等级)，并给与该教育机构相应的等级认证。国家认证由教育管理机构组建的认证委员会实施。认证委员会的成员包括“俄联邦主体教育管理机关、地方自治机关和(或)地方教育管理机关的代表，必要时还包括对该校实施鉴定部门的代表”。

国家认证确认教育机构的国家地位，教育大纲的实施水平，毕业生的培养内容和质量是否符合国家教育标准的要求。教育机构自国家认证(以国家认可证书为据)之日起，有权向自己的毕业生颁发全国统一式样的教育证书，有权加入国家中央财政网络，有权使用有俄罗斯联邦国徽图案的印章。

即使通过国家认证，但如果学校通不过每五年一次资格鉴定不合格，将被取消实施国家认证；该教育机构将被中止教育活动，至少要经过12个月后才允许学校重新申请鉴定，直至吊销其办学许可证书，关闭学校。学前教育机构、孤儿和无父母监护的儿童教育机构、特殊教育机构、补充教育机构、实验教育机构的鉴定，由相应的国家教育管理机关按标准条例为这些教育机构规定的程序进行。

第三节　学生学业成绩监测

在规范学校活动的基础上,俄罗斯通过对学生的学业鉴定实施教学质量的检查和管理,国家层面的学业成绩鉴定主要通过九年级鉴定(结业考核)和国家统一考试(毕业考核)来进行学生个人成绩评价包括毕业生的国家最后鉴定;在教育质量内部监测系统框架下的学生中期考核。中等(完全)普通学校毕业生的教育质量评价是在国家统一考试框架下实行独立的评价机制。国家统一考试的成绩既是毕业生获得中学毕业证的依据,也是大学和中等职业学校的入学考试成绩。国家统一考试包括九门课程:俄语、生物、几何、地理、化学、生物、历史、社会学。统一考试的目标在于客观地评价普通中学毕业生生培养的水平和质量。

在职业教育领域,作为职业教育领域质量管理的模式,正在试行并完善网上考试机制。网上考试为应用现代信息技术,按照统一的测试资料,对职业教育培养是否符合国家教育标准的评价程序。

一、九年级国家鉴定(结业考核)

国家结业考核(Государственная итоговая аттестация, ГИА)是针对九年级毕业生开展的比较新的考试形式。1999 年 3 月 12 日,俄罗斯教育部第 1075 号命令批准了《关于对俄罗斯联邦九年级和十一年级学生进行国家终期鉴定的规定》(*Положением о государственной* (*итоговой*) *аттестации выпускников IX и XI* (*XII*) *классов общеобразовательных учреждений Российской Федерации*),此后进行了修订。从 2002 年起,国家终期鉴定在俄罗斯不同的地区开始实行,考试由地区负责教育管理的部门组织,以考试标准化试题形式进行,考察学生对基础性教育计划的掌握程度。

从2010年起,九年级结业考核成为了所有毕业生必须要参加的考试形式,不参加考试者将不会授予九年级毕业证书,也不会被十年级和职业学校录取。在通过九年结业考核鉴定,毕业生获得特殊的证书。九年级结业考核比原有的五分制的标准化考核体系更具合理性,更能准确的评价学生的学业成绩,这样使十年级的侧重专业教学选择和录取更容易操作,此外,这一考核结果也是进入到职业学校学习时要考虑的。九年级毕业生一定要通过4～5门课程的考试,其中,数学和俄语是必考课,以问卷测试形式进行,另外两门选考课程,可以以问卷测试进行,也可以抽题考试,第五门考试有教育管理部门为每个地区单独设定。如果教育管理部门不设定的话,则学生只需要通过四门课程的考试就可以了。

第一次考试不合格者,过几天可以参加第二次测试,如果二次测试仍不合格,将不授予证书。测试不合格者或者留级,或者自学。成绩优秀者获金质和银质奖章。与国家统一考试不同的是,九年级结业考核的测试材料并非由联邦层面制定,而在地区制定。

结业考核试题由联邦教育测试所研制,考题在网上公开,现在网上的公开题库里有4万道各科目考题。地区教育管理机构可以从中选择制定试卷。而且,只有通过九年级结业考核的学生才有权参加十一年级毕业后的国家统一考试。

二、国家统一考试(毕业考核)

苏联时期直至20世纪90年代末,俄罗斯中学毕业考试与高校招生考试分立,高校招生由各高校单独命题,中学毕业生为升入大学需奔波于不同大学间去参加考试,考试为口试,成绩的评定具有一定随意性和主观性,考试舞弊现象严重。为此,2001年2月,俄罗斯政府作出了《关于试行国家统一考试的决定》,从2009年开始,所有的普通中学毕业生必须参加国家统一考试。国家统一考试成绩既是学生获取中学毕业证书的依据,也被视作大学及中等技术学校的入学考试成绩。

1. 国家统一考试的特点

国家统一考试的特点是按照统一程序,使用全国统一的考试题目,在同一时间进行。它改变了在俄罗斯存在三十多年的大学自主招生制度，以及历史更加悠久的“五分制”考核形式，考试以笔试为主，既是中学毕业考试，也是大学入学考试。全国的统一考试科目以普通教育标准为准，包括数学、俄语、文学、物理、化学、生物、地理、俄罗斯历史、社会常识、外语等。2002 年开始全国统考的科目确定为 8 个，分必考和选考。其中必考为数学和俄语，选考科目为英语、物理、生物和历史等。考生可根据报考学校的专业，选择报考的科目。2003 年增加 3 门外语和文学科目，共设 13 门科目的统一国家考试。考试题有选择题、简答题、详答题三大类，其中考试题难易程度不等，既有考核应届生的基础知识，也有遴选优秀学生的拔高题。2009 年俄罗斯教育部最新规定，十一年级的所有毕业生都将参加两门国家统一考试必考科目——俄语和数学，以及选考科目——历史、物理、外语等。

在国家统一考试官方网站上的入学考试目录中刊登每个专业指定的四门考试科目，考生必须选择其中一门考试，作为该方向的专业课考试科目。例如：入学考试目录中规定，化学专业有四门考试科目——俄语、化学、数学、物理。其中俄语是必考科目，化学是专业科目，那么高等院校在数学和物理中要任选一门作为第三门科目的入学考试成绩。有志考入化学专业的学生在高中阶段就要学习自然—数学专业的侧重课程。

2. 国家统一考试成绩有效期

国家统一考试内容以国家颁布的普通教育科目示范计划为基础。数学和俄语是必考科目，选考科目有 9 科，学生可以任选参加。各科国家统一考试于当地时间上午 10 点开始，考试时间为 160 分钟至 240 分钟。夜校生等国家规定的特殊类别考生可以在 4 月 20 日至 30 日提前参加考试。由于生病或其他正当原因无法如期参加统一考试者，可以在当年 7 月 7 日至 17 日参加补考。

俄罗斯国家统一考试实行百分制，每门学科由国家规定最低分，低于此分为不合格。俄语、数学及其自选科目中的任何一门达不到最低分都必须补考，否则影响高中毕业证的颁发。国家统一考试成绩可连续四年有效，考生若第一年补考不合格，还可参加第二年的考试，成绩合格者发给高中毕业证书。两年都有成绩的考生可自行决定选择用哪一成绩作为报考高等院校的成绩。

从2012年开始,国家统一考试14门考试科目的规定最低分一直保持不变。

3. 国家统一考试评卷规则

试卷包括答题卡、主观题试卷,考卷的集中评阅。地区信息处理中心利用专业的仪器,通过专门设定的程序处理答题卡。主观题试卷由考试科目委员会来承担,考试科目委员会的两名成员检查考生试卷上的答案。如果两人所给分数一致,那么这一分数就是最终结果;若两人所给分数没有实质上的分歧,最终分数为两人给分的平均分数;如果两个鉴定人所给的分数存在实质上的分歧,那么,指定第三人对有分歧的考试试卷进行检查。之后,由授权组织集中检查考生考卷。根据核对结果以及考生考试答案的检查结果,确定每位考生考试的基本分数。把国家统一考试的基本分数转为百分制后,授权组织把国家统一考试结果转交地区信息处理中心。

针对"国家统一考试不利于发现天才"的批评,俄罗斯政府为各大学保留了一定的自主招生空间。按规定,全俄罗斯学生奥林匹克竞赛最后阶段的获奖者,参加国际中小学学科竞赛的俄罗斯代表队成员,120种大学组织的中学生奥林匹克竞赛的优胜者和获奖者等可以面试入学。据俄罗斯教育科学部估计,这类学生的比例在10%左右。此外,高校还拥有开展相关专业补充入学测试的权利。

国家统一考试从2001年开始实施起,十多年来,国家统一考试在争议中试行、调整、到全国推行。考试机制不断完善,考试信息的透明度、有效性和公开性均有所提高。对于国家统一考试的社会认同度也逐渐提升,据全俄社会意见研究中心2009年的调查结果显示,教师对国家统一考试的支持率从54%提高到58%;学校毕业生的支持率从39%提高到44%;家长的支持率从37%提高到43%;参与调查的在职教师(约占全俄教师总数的18%)中有48%的人认为,国家统一考试为各地区的优秀学生提供了考入国家重点大学的机会。[1]

---

〔1〕 俄罗斯教育门户网[2009-09-25]. http://www.edu.ru./.

第四节 全俄罗斯教育质量评价体系

最近十年来,俄罗斯正在统一对教育质量问题的认识,建立健全教育质量评价的相关法律法规,使测量工具标准化,协调不同的教育质量评价组织,培养专业的人才,以便使信息收集更加客观、可靠。2008 年 2 月,俄罗斯颁布《全俄教育质量评估体系方案(第二版)》,该方案为各地区和不同教育阶段的教育质量评估工作提供统一的思想—方法依据。意味着建立从联邦到学校的教育质量评价体系。该体系包括既注重结果,也注意调节过程的外部和内部评级体系。[1] 2012 年末新的《俄罗斯联邦教育法》出台,该法在普通教育部分,将结业考核以及国家统一考试作为单独条款列出来,对结业考核和国家统一考试的适用对象、规则和程序进行详细规定。国家统一考试首次以法律形式确定下来。在"职业培训"一章中,将职业考试作为职业培训的一种考核评价形式单独列出。"教育系统的管理,教育活动的国家调节"一章中,在原来国家对教育活动的许可证、认证和监督监察的基础上,添加了国家对教育法律执行情况的监察、职业社会组织对教育大纲和教育机构科研组织的认证等条款。这是首次提到社会中立机构对教育质量的认证问题,这些条款既加强教育质量的监管力度,又从法律法规上保证教育评价体系的贯彻。

一、构建全俄罗斯教育评价体系的目标

全俄罗斯教育质量评价体系是指在统一思想、方法的基础上,按照"市场逻

[1] КОНЦЕПЦИЯ ОБЩЕРОССИЙСКОЙ СИСТЕМЫ ОЦЕНКИ КАЧЕСТВА ОБРАЗОВАНИЯ[EB/OL].[2013-08-17]. http://www1.ege.edu.ru/.

辑"建立起来的一种新体系,全俄罗斯教育质量评价体系评价对象为教育计划(包括教育标准中未作规定的教育计划)。选择切合实际的、有效的教育计划不仅仅令教育需求者感兴趣,教育机构也会感兴趣,因为,正是优质的教育计划影响着教育机构的竞争力。因此,对于教育计划质量的评价是教育质量评价最受关注的职能,从而使对教育计划评价成为教育质量评价的主要对象。

各类教育计划的教育机构及其体系完成(教育机构体系包括教育管理机构,及其下属机构,以及根据教育管理机构的预定开展完成教育过程和管理过程保障职能的独立机构),包括企业教育机构。学生个人的教育成就是最重要的评价对象。学生在此指已经掌握某一类教育计划的毕业生,以及处于不同学习阶段过渡期间的学生。构建普通教育质量评估体系的首要目的在于,确保在统一的思想—方法的基础上,评估学生的教育成绩、教育机构及其各部门的工作效果,保证教育大纲满足教育服务市场中主要消费者需求的质量。新体系发展的基本原则是教育系统内部与外部质量评估相结合。

二、教育系统外部质量评价

一直以来,俄罗斯的普通教育质量评估主要是教育系统内部评估,而国家—社会合作的外部评价始终未被充分强调。因此,该方案首先是将普通教育质量评价体系作为国家—社会的外部评价体系而推进其发展,并明确指出教育质量的外部评价优先于内部评估,旨在构建一个由国家、生产部门、学校、社会和个人共同参与的评价体系。普通教育系统外部质量评价按照主体划分包括以下几个方面:

1. 国家评价

鉴于国家对公民宪法权利的实现、社会稳定和本国经济竞争力的提升,以及国家其他的教育需求负有绝对责任,因此,国家有必要对教育质量进行评估,而这种评价是通过国家不同层级的政府管理机构来实现的。当今俄罗斯的教育管理体制已由过去的中央集权统一管理变为联邦、地区和地方三级的分级管理。为了适应教育管理体制的改革,除了原有的联邦教育质量评价体系外,各地区还在建立区域教育质量评价体系。

2. 生产部门评价

这种评价是依靠与企业、雇主联合会、工商局等建立社会伙伴关系实现的。生产部门对教育质量的原则性评价标准包括：对普通教育机构毕业生的教育质量及其技能水平的满意度；降低人员再培训的成本。

3. 社会评价

雇主、社会组织、教育界、公民的广泛社会参与是教育系统有效发展的重要因素。俄罗斯联邦、地区、市一级教育管理机关工作的“透明性”，以及对教育系统的所有社会合作者提供完整的信息是这种参与形式得以实现的基本条件之一。从社会利益的角度看，社会对教育质量的原则性评价标准包括：其一，公民的受教育水平；其二，国家、地区和地方各个教育阶段的公民教育普及性；其三，教育对就业、国内生产总值、公民社会的发展、降低社会紧张度和犯罪数量等的影响力。

4. 公民个人评价

俄罗斯正在积极建立公民教育质量评价机制。通过公民教育质量评价机制，可以了解公民对正在接受或者已经接受教育的满意度，诸如，教育计划的水平和教学质量；教学环境的舒适度和人身安全；接受普通教育的文化资本程度，它通过个人收入的增加和社会地位的提高等来检验。

这种“国家—社会”性质的教育系统外部质量评价不仅扩大了教育质量监督的民主性，同时从多角度对教育质量进行评价，也满足了不同消费者群体的利益。但是，俄罗斯现行教育系统外部质量评价机制尚不健全。加强和完善外部评价仍是俄罗斯构建普通教育质量评估体系的工作重点。

教育质量内部评价包括：教育质量的内部检测；教学计划评价；学校自我评价；教育管理部门对学校的评价；学生个人成绩评价；教师活动评价；对于教育管理部门活动的评价；

组织开展教育质量评价的机制在全俄罗斯建立全俄罗斯教育质量评价体系框架内形成的教育质量评价基本机制主要目的是为向以指标体系为基础的教育质量管理过渡。包括：对于学生个人成绩的评价；对教育计划质量的评价；对学校活动质量的评价；对于区域教育体系活动的评价。

三、教育系统内部质量评价

教育系统内部质量评价是由五个基本要素构成:学生、教师、教育计划、教育管理机关、教育机构保障体系(组织、物质—技术、教学—方法、信息、资金)。五个基本要素相互作用构成了三种内部评估形式:自评、互评和单向评估,如图5-1所示。

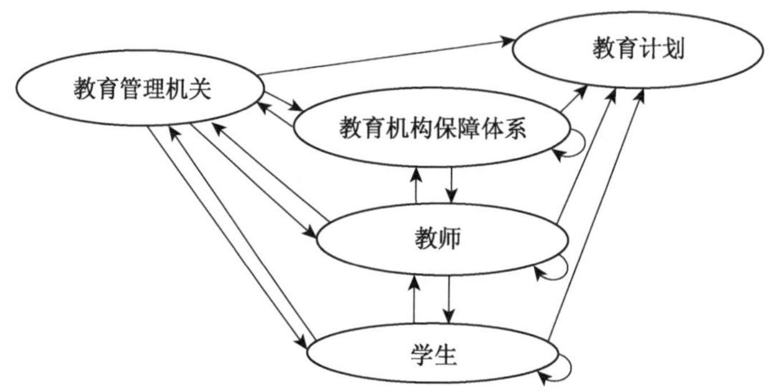

图 5-1 俄罗斯教育系统内部质量评估示意图

注:评估主体,评估客体,环状封闭箭头表示自我评估。

1. 自评

教育系统内部质量评估的自评形式涉及以下四类主体:

(1) 学生自我评价

学生自我评价是指学生依据一定的评价标准,对自己的学习活动作出分析和判断,并进行自我调节的活动。俄罗斯非常注重学生自我评价的科学—方法性,强调教师的评价活动对培养学生自我评价和自我控制能力的影响。

(2) 教师自我评价

教师自我评价是教师依据科学的评价原则,对照实际的评价内容,积极主动地对自己的工作表现、业务学习及思想状况作出评价,从而确定其发展需求,制定其发展目标。它是教师通过认识自我和分析自我,从而达到自我素质提高和专业自主发展的内在机制。

(3) 教育机构自我评估

教育机构自我评估是通过教育机构内部质量监测得到实现的,即通过对学校生活的各个方面进行定期检查,以及教师、管理人员、技术服务部的工作和及时采取适当的管理决策,来对数据进行分析评定。教育机构自我评估的任务包括:对教育过程进行分析;对学校教学法和研究工作状况进行分析;根据学校各个方面最优化工作的措施体系进行分析;对教育工作者集体工作质量的客观评价和为提高他们的职业技能创造的条件;确定学校进一步发展的前景。

(4) 教育管理机关自我评估

教育管理机关自我评估机制尚不健全,目前仍是由俄联邦政府或者地方行政管理机关,依据教育机构的隶属关系对教育管理机关的工作进行评价。

2. 互评

教育系统内部质量评价的互评形式包括:教育管理机关与教育机构互评、教育管理机关与教师互评、教育管理机关与学生互评、教育机构与教师互评、教育机构与学生互评、教师与学生互评。按照互评的客体可以分为以下四类:

(1) 对教育机构的评估。

(2) 对学生个人成绩的评估。

(3) 对教师的考核。

(4) 对教育管理机关工作的评估。

第五节 教育质量管理的实践

一、莫斯科市教育质量监督

莫斯科市政府对教育质量非常重视,已经构建了教育质量监督机制,具体的教育质量监察活动主要包括四个方面:专家评定(деятельность экспертов);许可证认证和国家资格鉴定(сопровождение лицензирования и аккредитации);检查(监督)(сопровождение функцииконтроля〈надзора〉);教育质量常规性检查(плановые проверки качества образования)等几项工作。

专家评定活动主要包括:对莫斯科教育局邀请参加教育监督和监察工作的社会专业人士提供组织、技术、信息和业务支持。专家主要活动领域包括对教育领域的守法情况进行国家监督;对是否遵守许可证提出要求以及教育活动条件进行监督;对教育质量实行国家监督;对教育机构开展国家资格鉴定。

检查(监督)功能的主要职责包括:在教育领域实现国家监察,并提供组织—方法和分析支持。监督教育领域遵守联邦法律的情况;监督教育活动是否遵守许可证要求和条件;监督教育质量,包括学生的健康、生命保障问题;尊重教育过程中参与者的权利;对教育机构的安全及其他活动进行追踪研究。教育质量的常规性检查主要是指教育质量的常规检查,集中检查学生和毕业生的教育质量。

二、莫斯科第17学校的教育质量监督

莫斯科第17学校为莫斯科市国立财政拨款教育机构,该校今年获得莫斯科市教育局颁发的进行教育活动的许可证和学校认证证明。该校被认定为国立普通教育机构。

1. 莫斯科第17学校的教育质量独立评价

为实施莫斯科政府2011年3月22日颁布的《发展莫斯科普通教育决议》(*О проведении пилотного проекта по развитию общего образования в городе Москве*),莫斯科教育厅授权教育质量莫斯科中心国家机构组织对提出申请的教育机构进行独立的教育质量评价。来自125个中等教育学校四年级和七年级的12 500名学生以测试的形式参与了这次独立的知识评价。四年级的学生完成了两个测试卷,俄语和数学。七年级的学生进行三门测试,分别是俄语、代数和物理。试卷的内容主要是依据《普通基础教育国家教育标准的联邦成分》(教育部2004年颁布)。为了解释成绩结果,选取了每个科目的总成绩。在此基础上分析统计特定测试来确定一个界线,这界线能能够反应每个科目教材的应有水平。(不低于50%的人都能完成基础水平的题)获得高于界线分数的学生的成绩,在班级进行排名。在完成试卷题目中获得同样分数的学生会拥有同样的排名。为了确定学校学生成绩动态,可以利用达到界线学生的百分比和班级成绩指标。

班级成绩指标是班级学生测试的平均百分比与学生完成所有样本的百分比之间的比例。题目的复杂程度是以专家评价为基础确定的,还依据了在本次测试中完成题目的统计成绩。

下面是莫斯科第17学校学生进行教育独立评价的结果:教育质量独立评价结果(七年级二班)。七年级二班代数:参与学生为21人,达标率100%。班级教学成绩指标为1.13;七年级二班物理:参与学生20人,达标率100%。班级教学成绩指标为1.15;七年级二班俄语:参与学生23人,达标率91.3%,班级教学成绩指标为1.09。

2. 国家终结考评与国家统一考试

表5-7和表5-8为第17学校九年级参加国家结业和毕业考核(ГИА-государственная итогавая аттестация)和十一年级参加国家统一考试(ЕГЭ-единный государственный экзамен)的结果,这两方面也是衡量学校教育质量的主要评价标准。

表5-7 莫斯科第17学校九年级国家终结考评的学校结果[1]

科目	传统形式		利用机器进行的独立的知识评价	
	成功率	质量	成功率	质量
俄语	100%	64.5%/34.5%	100%	93%
数学	100%	24%	100%	92%
几何	100%	0		
英语	100%	40.3%	100%	94%
化学	100%	55.6%	100%	100%
生物	100%	66.7%	100%	94.3%
社会知识	100%	80%	100%	78%
历史	100%	50%		
物理	100%	75%	100%	76%
地理	100%	60%	100%	100%
体育	100%	100%		
世界艺术文化	100%	100%		
信息学信息技术	100%	100%		

〔1〕[2013-06-06]. http://www.scl17.ru/quality.php.

表 5-8 莫斯科第 17 学校十一年级 2011—2012 学年国家统一考试成绩一览表[1]

科目	阈值分数	最大值		最小值		平均分数		莫斯科平均分数	
		2012	2011	2012	2011	2012	2011	2012	2011
信息学	40	84	71	57	59	73	65	69.4	64.5
生物	36	84	78	76	46	80	62	59.8	59.3
文学	32	87	96	65	51	76	70		
历史	32	98	94	52	55	72	76	56.9	57.3
社会知识	39	95	86	53	52	73	71		
物理	36	90	90	39	50	53	72		
化学	36	74	77	74	77	74	77	60.5	61.1
地理	35	0	69	0	69	0	69		
英语	20	98	95	54	32	78	81	69.5	69
俄语	36	100	100	50	61	78	80	67.5	66.5
数学	24	87	87	32	41	59	63		

三、全俄教育质量评价分析

若以在 2011—2012 学年 10 个年级学生参加全俄教育质量评价(осоко-общероссийской системы оценки качества образования),其中从参考过渡性考核(промежуточная аттестация)和国家结业和毕业考核的情况来看,1—4 年级 2011 年 8 月 1 日入学 364 人,2012 年参加考评 364 人。2011—2012 年 5—6 年级中 2011 年 9 月 1 日共有 463 名学生,10—11 年级共有 101 名学生。2012 年 6 月 12 日 5—9 年级有 457 人,2012 年 10—11 年级有 97 人。2011 年 9 月 1 日共 564 人,2012 年 6 月 1 日时,共 557 人。其中有 557 人参加评定,结果如表 5-9 所示。

表 5-9 莫斯科第 17 学校全俄教育质量评价结果[2]

年级	学生数量	优秀	优良	其中 1 人得 4 分	其中 1 人得 3 分	有一科不及格的人	有两科不及格的人	没有参加评定的人数
一年级	106							
二年级	85	14	48	—	13			

[1][2] [2013-06-06]. http://www.scl17.ru/quality.php.

续表

三年级	86	6	40		18			
四年级	87	12	37		19			
小计	364	32	125		50			
百分比		9%	34%		14%			
		共:43%						
五年级	94	4	42	4	7	1	5	0
六年级	102	4	33	2	6	2	3	0
七年级	87	0	10	0	8	4	3	0
八年级	94	0	16	0	6	7	0	0
九年级	80	0	13	0	6	1	0	0
小计	457	8	114	6	20	15	11	0
百分比		2%	25%	1%	4%		2%	0
		共:27%				及格:98%		
十年级	44	1	13	1	4	1	1	0
十一年级	53	0	21	0	6	0	0	0
小计	97	1	34	1	10	1	1	0
百分比		1%	35%	0.1%	10%	1%	1%	0
总计	554	9	148	7	30	16	13	0
		2%	28%	1.3%	5%	3%	2.3%	
		共:30%				及格:98.6%		

提升教育质量,保证优质教育的普及是21世纪俄罗斯教育改革的主要目标。为实现上述目标,俄罗斯形成了中小学教育质量保障机制,包括以各级各类学校的办学许可要求为依据考察学校办学条件,以学校资格鉴定监督学校教学质量,以国家认证审核学校办学综合水平,以学生学业成绩监测评价学生学习效果。在已有的学校质量保障和教学评价的实践的基础上,从2008年开始,俄罗斯开始建立"全俄教育质量评价体系",该体系创新之处在于:在保留原有的教育质量管理机制的同时,引入了生产部门评价、社会评价和公民个人评价,保证教育质量管理的公开和透明,提升教育管理的效率。

第六章

俄罗斯教师培养及评价体系

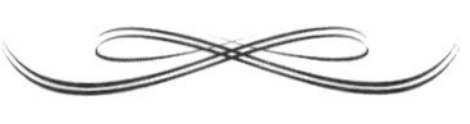

第一节 俄罗斯教师培养体系

教师是立教之本,高素质的教师是教育质量的根本保证。教师培养是俄罗斯教育体系的重要组成部分,承担着向学前教育、普通教育、补充教育、特殊教育,甚至是初等和中等职业教育提供师资保障的重要任务。教师培养要完成两项基本任务:促进未来教师个人的发展,对未来教师进行基础性文化培养,道德培养和公民意识培养;促进教师的职业成长和专业化。

一、苏联时期的师范教育体系

十月革命前,俄国尚未建立起独立的师范教育体系。十月革命后,经过几十年的发展演变,形成了苏联以师范学院为主体的、连续的师范教育体系。这一体系包括中等师范学校、师范学院、综合大学和其他专业院校。各级师范院校分工明确,其中小学教师、幼儿教养员、寄宿制和长日制学校(班)教养员以及音乐、体育、美术教师和少先队辅导员等初等教育工作者由中等师范学校培养,中等师范学校属中等专业学校性质,招收不完全中学毕业生修业 3～4 年,既要接受中等专业教育,也要接受完全普通中等教育;招收完全中学毕业生修业 2～3 年,只接受中等专业教育。

中学教师由高等师范院校培养,其中,师范学院主要培养中学各科教师,修业年限为 4 年或 5 年。中学高年级各科教师由综合大学培养,修业年限为 5 年。专门师范学院培养音、体、美、劳、外教师。此外,还有函授制和夜课制师范学院,职业师范学院、综合技术学院职业教育系以及农学院,主要培养职业技术学院的教师。80%以上的中学教师由师范学院培养,15%以上的教师由综合大学培养,其余大约占5%。[1]

苏联师范教育特点是突出教师职业的特殊性，要求从事培养青少年工作的人除了具有必要的专业知识，还必须具有能够从事教学、教育工作的专门技能和方法，具备足够的教育学、心理学方面的系统知识。

二、俄罗斯时期教师教育体系的调整

从20世纪80年代末期开始，在教育去政治化、去集权化、民主化和管理地区化背景下，师范教育在保留苏联师范教育内部优势的同时，其结构、内容发生了变化。1992年颁布了《俄罗斯联邦教育法》，该法将俄罗斯的教育体系分为普通教育和职业教育两部分，将高等教育纳入职业教育体系。1996年，《俄罗斯联邦高等和大学后职业教育法》对高等职业教育的层次进行了规定，规定以下层次的教育属于高等职业教育：学习期限不少于4年，并顺利通过毕业考核并授予"学士"学位的高等职业教育；学习期限不少于5年，且顺利通过毕业考核并授予"获证专业人员"资格的高等职业教育；学习期限不少于6年，且顺利通过毕业考核授予"硕士"资格的高等职业教育。未修完高等职业教育基本教学计划，但顺利通过中期考核（修业不少于两年）者，其所受的这段教育被视为不完全高等职业教育，并发放相应证书予以证明。该法的颁布标志着俄罗斯高等教育体系产生了明显变化，在苏联特有的五年制的专业人才培养基础上学位，增加了四年制的"学士"培养层次及六年制的硕士学位层次。

在此基础上，师范教育体系也在进行调整，20世纪90年代起，俄罗斯高等教育领域出现了"综合大学化"（университизация）现象。师范教育领域的综合大学化从1992年开始，发展速度很快。1992年只有5所师范学院变为师范大学，到2002年已有44所师范大学，约占高等师范院校总数的一半以上。[2]

---

[1] 苏真.比较教师教育[M].北京：北京师范大学出版社，1996：252.

[2] 吕文华.全球化背景下俄罗斯高等师范教育改革[J].外国教育研究，2009(6).

三、当前俄罗斯的教师培养体系

经历了转型初期的调整与变革，目前的师范教育体系如图 6-1 所示。中等师范学校属于中等职业学校性质，学生毕业将被授予中等专业教育职业技能证书，并可以当幼儿园保育员，小学教师，或担当辅助人员等。这一层次教师培养近年来人数一直在减少，从 1990 年的 8.22 千人减少到 2003 年的 6.34 千人。

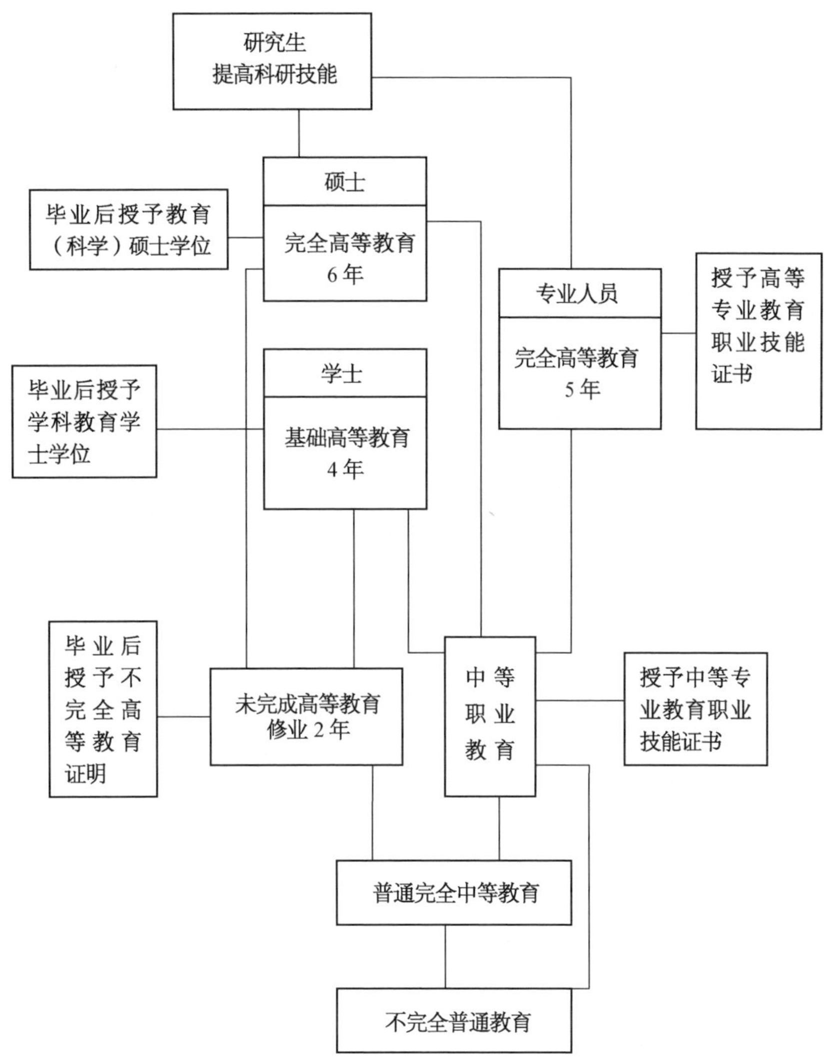

图 6-1 多层次的俄罗斯师范教育体系图

高等学校招收完全中学毕业生，学制 4 年，或者是中等职业学校毕业生，学制酌情调整，毕业后发给学士学位证书；学制 5 年，毕业后发给“教师”证书；学制 6 年，毕业后发给硕士学位证书。毕业生有资格在各种中等教育机构任职，有权讲授所学专业课程。高等师范教育旨在促进学生的一般发展，保证其获得基本文化知识、基本职业知识及相关能力。在高等教育层次，教师培养主要由由师范大学来承担。但是，由于大学布局结构的改革，师范大学从苏联解体之日开始，减少了三分之一。在此情况下，非师范类院校及其分校的教师培养有所扩展，如表6-1所示。

表 6-1 培养教师的大学及其分校 单位：所

	大学	分校	总数
师范大学	67	47	114
传统大学	52	34	86
技术大学	10	2	12
人文大学、医学类大学、艺术大学及体育大学等	64	24	88
总计	193	107	300

非师范专业类院校开设的师范类专业主要包括“技术教育”“行业性职业教育”“技术与创业教育”“社会经济教育”。“教育与教育学”这一大专业类别涵盖了 30 个高等教育培养方向，但该类专业国家控制录取人数在逐年减少，2008 年为 75 962 人，2009 年为 70 384 人，2010 年预计为 54 379 人。

表 6-2 俄罗斯大学教育类专业的录取、在校学生以及毕业生数量 单位：人

年份	录取		学生名额		毕业人数	
	总数	预算内	总数	预算内	总数	预算内
2005/2006	146 848	90 659	679 854	424 112	126 149	79 318
2006/2007	133 044	82 521	631 316	414 108	121 252	78 729
2007/2008	123 527	77 589	607 606	398 666	125 121	80 108
2008/2009	114 937	74 505	573 907	377 451	121 465	78 047
2009/2010	100 549	65 190	535 768	353 643	120 665	77 875

如表 6-2 统计显示，从 2005 年开始，教育类专业录取总数减少了 32 %，其

中，预算内录取任务减少了28%。而像“化学”“数学”“物理”专业预算录取人数五年间减少了近一倍。“社会经济教育”“技术教育”“艺术教育”类录取却有所增加。

第二节　俄罗斯教师进修体系

俄罗斯的教师进修体系(教师职后培训体系)完备，从十月革命开始创建。经历了初创、恢复重建和体系化的发展阶段。俄罗斯在保留苏联进修体系的基础上，从法律角度保证教师进修的权利。

一、苏联时期的教师进修体系

从十月革命胜利至第二次世界大战以前，苏联初步建立教师进修体系。二战后，苏联教师进修系统的恢复受到重视，原先以进修学校、市和区的教学法研究室、农村各科教师联合教学小组，实验示范学校及其他机构组成的进修系统很快重新建立起来。此后，苏联建立起分布广泛的教师进修学院网。此外，还通过举办为期一年的不脱产师训班、推广一年制和两年制的函授面授进修班制度、实行师范学院毕业生见习制、利用广播电视为教师进修服务、教师自修等多种进修形式来提高在职教师的业务水平。

1972年6月20日，苏联通过《关于完成向青年普及中等教育过渡和进一步发展普通学校》的决定。要求进一步完善教师的再培训和进修制度，包括改进教师进修学院及市和区教学法研究室的工作；改善函授和夜校师范教育的状况；改进教师自修的组织等。

1984年苏联普通学校教育改革方针把发展教师进修学院作为一个内容。要求在教师进修学院设立相应的教研室，吸收高级专家参加，提出了教师每4～

5 年进行一次再培训的目标。提出要为教师提供经常性自学和进修的一切必要条件,保证教师自学所需各种书籍。

从十月革命胜利到苏联解体前的七十余年间,苏联建立了一个多层次的教师进修系统。这个系统包括 191 所各加盟共和国、州、边疆区和市的教师进修学院;近 5 000 个区和市的教学法研究室;58 个师范学院和综合大学附属的学校校长进修系;普通学校和校际的教学法研究联合小组;直属苏联教育科学院的全苏教育科学干部和国民教育领导干部进修学院。

苏联时期教师在职教师进修体系完备。每年有 40～50 万名教师在教师进修学院、师范院校以及其他大学和院校的训练班中接受职后培训,并且建立了包括教师进修学院、市和区的教学法研究室在内的独立教师进修基地。有近万名资深的教学法专家在这些单位工作。

二、俄罗斯教师进修体系的调整

苏联解体后,完善教师培训,重组教师培养体系也是俄罗斯教师教育的重要组成。俄罗斯仍然保留了苏联时期建立的教师进修体系。最高层次的教师进修机构为已有 80 年历史的国家教师进修学院,第二级是各地区(即联邦主体)的进修学院,第三级,即最基层一级是各城市所开设的市立教学法研究指导中心。

《2020 年前俄罗斯教育现代化构想》提出了教师进修的组织、结构、内容原则,以及教师进修体系与教育实践和教育创新过程发生相互联系的原则。该构想明确提出"由国家支付费用的业务进修或按国家规定的规模组织的进修不少于每五年一次"。[1]

完善教师培训体制,提高师资质量也是梅德韦杰夫从担任总理开始就领导的《国家规划》教育部分的重要内容。大学教师至少每五年提高一次职业技能的权利已经在现行法律中有所体现。其他教育机构教师提高职业技能的权利也将在法律层面得到认可,2009 年 12 月 3 日,关于修改"联邦教育法第 55 条"的议

〔1〕 Концепция модернизации российского образования на период до 2010 года (приложение к приказу Минобразования России от 11.02.2002 N 393)

案已经提交国家杜马。在《俄罗斯联邦教育法》中直接明确了学校教育工作者最少每五年进行职业再培训或者进修的权利。据官方统计调查表明，88.8%的教师及97.9%的校长都是不到五年就进修一次。[1]

三、构建新的教师进修模式

教师业务进修提高的关键在于学习优秀中小学和优秀教师的创新经验。除了通过建立开展优秀学校评比及优秀教师评比等竞争机制来挖掘创新经验以外，深入研究教学法也是发掘创新经验的重要途径。教师进修过程中应该吸收优秀中小学和中小学教师的经验，吸收在竞争中已被广泛认可的新的教学方法和技术手段。2006—2008 年，俄罗斯评选出 3 000 所创新学校，这些学校同时也是俄罗斯全国中小学教育工作者的进修基地，在这里建立进修和咨询中心依靠领先实行创新性教育计划的学校，在其基础上发展提高教师技能的教学法和资源中心，组织教师和领导者进修班，以及师范专业大学生的教学实习。

从 2006 年开始，每年要评出 1 万名优秀教师，他们将成为优秀教学法的传播者，向同行介绍自己的经验。包括以远程教学形式传授先进教学经验。

2009 年，31 个地区批准实施新教师进修模式，有 7 万名教师和 13 000 名校长接受培训。2010 年，实行新培训培训模式的地区预计达到 45 个，参加新培训体系培训的教师预计达 11 万人。校长达 15 000 人。[2]

在“国家规划”教育部分，为促进中小学校的教育创新，制定了“我们的新学校”构想，该构想于 2010 年 1 月开始实施，发展教师能力是“我们的新学校”构想的重要组成部分，对教师技能提出新的要求，在构想框架内，国家将为学校提供必要的教师培训费用。教师可以自主选择进修的时间和地点，不仅可以在专业机构进修，而且可以选择综合性大学和创新性学校。教师可以不脱离岗位选择

---

〔1〕 О педагогических кадрах общеобразовательных учреждений в РФ. Справочные материалы к заседанию Общественного Совета при Минобрнауки России 16 февраля 2010 г.

〔2〕 План мероприятий по реализации национальной инициативы《Наша новая школа》[EB/OL]. [2014-03-12]. http://nazarovo.ucoz.ru/news/plan_meroprijatij_po_realizacii_nacionalnoj_iniciativy_nasha_novaja_shkola/2010-02-05-656.

假期进修,或通过在短期培训掌握进修内容,培训费用直接划拨到学校。

第三节 俄罗斯教师专业标准

在俄罗斯,提高教育质量已经成为教育领域亟待解决的问题。教育实践者,学校领导者以及教育管理部门都在积极讨论可能的解决方式。提高教育质量是一个复杂问题,没有相应的资源保障不可能解决。其中师资是最为重要的资源,俄罗斯的教育界一直有这样的主导观点,即优秀教师的教育实践是学校教育质量的重要保障,学校教育质量永远不可能高于教师质量。基于这样的认识,重视教师技能提高是从苏联时期开始形成的传统。通过开展教师鉴定提高教师质量在俄罗斯已有一定历史,教师鉴定的依据是相应的标准。

一、俄罗斯教师专业标准出台的背景与制定过程

俄罗斯第一代《教师活动专业标准》公布于2007年,由俄罗斯教科院院士沙德里果夫(В. Д. Шадриков)领导制定。此前,俄罗斯没有教师专业标准,或者说是没有教师专业标准这一提法。《教师活动专业标准》出台有其深刻的历史背景。在现代社会,人力资源对社会经济发展的重要意义受到重视。职业活动是主体积极性的体现,教师职业是最为复杂和最重要的职业活动之一,只有具备较高专业能力水平的教师才有可能保证教育体系应对时代发展。如果缺少专业化教师,最好的教育理念都可能失败。教师的专业能力是一种综合组成,包括教师的职业经验、动机、个性品质以及其他职业性特点。专业能力直接影响教师的活动品质和结果,能够保证教师具有完成各种职业任务的准备和能力。基于对教师工作专业性的认识,俄罗斯着手制定相应的标准。该标准的制定者本着能力为本的态度,对教师工作的审查、构建和评价由信息层面转移到活动层面。制定

专业标准的总的逻辑从关注教师的知识转向关注教师的能力。

教师鉴定是保证教育质量,促进教师提高职业技能的重要措施《教师活动专业标准》是开展教师鉴定的基础。虽然教师专业标准这种提法在俄罗斯刚刚出现,但应该说,从开始教师鉴定以来,就有类似的标准。俄罗斯历史上第一次中小学教师鉴定于 1936 年进行,其政策依据是 1936 年 4 月 10 日的苏共中央执行委员会第 5 号和苏联人民委员会第 686 号《关于中小学校教师称号的决议》(*Постановления* "*О персональных званиях для учителей начальных и средних школ*")[1]。之后,制定了《关于引入教师称号并且任命教研室主任和校长的决议》。在这些决议基础上,专业鉴定委员会开展对所有在中小学校工作的教师的称号鉴定。

根据鉴定结果确定授予小学教师、中学教师、功勋教师称号。此外,鉴定委员会也对不胜任工作的教师作出离开相应工作岗位的建议,或者暂时允许部分教师通过接受函授补充教育、咨询、专门课程或者外部培训后回到工作岗位。

鉴于当时的教师鉴定机制尚不完善,教师的学历层次是开展教师鉴定的一个重要依据。此外,确定教师是否胜任其从事的相应教学活动也是重要的考核内容。小学教师授予对象为中等师范学校毕业生或者等同于师范学校的毕业生,且为经过鉴定,认为适合开展教学活动的教师;中学教师授予师范学院和师范大学毕业生,或者等同于这些院校的毕业生,经过鉴定适合于开展相应的教学活动的教师;功勋教师则授予在自己的教育教学活动中表现出色的中小学教师。1940 年 1 月后,根据俄罗斯苏维埃最高委员会主席团的决议,"功勋教师"的荣誉称号只授予那些在人民教育领域有突出贡献者。以上称号由人民教育委员会授予、只有在法院作出决定情况下,才可以取消。[2]

虽然早在 20 世纪 30 年代就已开展教师鉴定,但系统的教师鉴定于 20 世纪 70 年代开始,苏共中央和教育委员会 1972 年 6 月 20 日 463 号的决议第一次引入了系统的普通中小学教师鉴定,而苏共中央 1984 年 4 月 12 日的 318 决议提出对辅导员和少先队辅导员进行鉴定。时任教育部长根据全苏联职业联合会中央委员会

---

〔1〕〔2〕 О персональных званиях для учителей начальных и средних школ[EB/OL].[2015-04-16]. http://www.kommersant.ru/doc/1609634.

1974 年 6 月 12 日的决定，确定开展教师鉴定的程序，按照该程序，教师每五年要进行一次鉴定。不胜任自己职责以及不提高自身技能的教师要求提前进行鉴定。

根据鉴定结果做出教师是否胜任承担职位的决定，鉴定委员会可以做出奖励优秀教师的决定，授予"高级教师"和"教学法专家称号"。在对辅导员和高级少先队辅导员进行鉴定时，根据鉴定结果授予"辅导员专家"和"高级少先队辅导员专家"称号。经鉴定所授称号只有在再次鉴定情况下，才能够取消，并且要说明存在的问题。

这种教师鉴定程序决定以如下比例授予相应的教师称号。30 名被鉴定教师授予 2 个"高级教师"和 1 个"教学法专家"称号。10 名被鉴定保育员授予 1 个"保育员教学法专家"称号，15 名被鉴定高级少先队辅导员授予 1 个"高级辅导员专家"称号，该鉴定程序一直在教师自愿基础上实行。这种鉴定原则和方式一直持续到 1993 年底。[1]

1993 年 6 月 17 日第 256 号俄罗斯联邦教育部命令确定了《关于对教师和国立、市级学校和教育机构进行鉴定的条例》(*Положение об аттестации педагогических и руководящих работников государственных. муниципальных учреждений и организаций образования Российской Федерации*)。鉴定的基本用意是促进教师提高技能、提高教师专业性、发展创新性。以教师劳动报酬的多元化激励教师提高自身的职业素养。开展鉴定的原则是自愿性、开放性、集体领导制、保证评价的公平性和客观性。

按照条例要求，要建立三级鉴定委员会。由作为俄罗斯的共和国、州、边疆区、自治组织的管理委员会建立一个主要鉴定委员会；由相应的管理机构建立区(地区、市级)或者城市委员会。学校的教育委员会建立学校鉴定委员会。

每一个委员会负责开展自己职权范围之内的教师鉴定。不同鉴定委员会作出授予相应技能类别的决定。现行的条例确定三个技能类别——高级技能类别由主要鉴定委员会授予，一级由区(地区、市级)鉴定委员会和城市鉴定委员会授

[1] О персональных званиях для учителей начальных и средних школ[EB/OL].[2015-04-16]. http://www.kommersant.ru/doc/1609634.

予,二级由学校鉴定委员会授予。

教师和领导活动的评价根据两类综合性指标进行:总结活动成果、对实践活动进行鉴定性评价。按照第一类指标,教师提供创造性活动报告,科学教学法和实验成果;根据第二类指标,教师要参加不同形式的教育心理学鉴定。在一些地区、州委员会要使用计算机测试、问卷测试、专家鉴定的鉴定形式。活动成果总结由相应的鉴定委员会核实和协调。

教师鉴定每五年根据教师个人申请进行一次,申请中要说明申请的技能类别。可以由行政部门、学校委员会、教师委员会倡议进行鉴定,以确定教师的教育技能水平,及其教育技能水平是否与其岗位匹配。在规模小的农村学校开展教师鉴定具有某些组织性特征。在学校教师鉴定时,委员会可以附设于地区的教育部门或者在大型中学进行,这些学校设有总的教学法联合会。

在 2007 年《教师活动专业标准》出台之后,2010 年 3 月 24 日俄罗斯颁布《国立和市级学校教师鉴定程序》(*Порядок аттестации педагогических работников государственных и муниципальных образовательных учреждений*),将教师鉴定结合为两类。第一类为确定教师是否胜任现任职务;第二类鉴定确定教师是否符合一级和高级技能类别要求。第一类鉴定每五年要进行一次,主要针对没有技能类别的教师;鉴定形式为通过笔试进行技能考核。教师如果拒绝鉴定被视为违反劳动纪律,根据《俄罗斯联邦劳动法》第 192 款受纪律处罚。

2010 年 11 月俄罗斯教育科学部普通教育署领导下的工作组提出制定对教师专业活动进行分析的方法建议,并且确定了相应的专家鉴定结论形式。主要考察形式是在鉴定委员会在场的情况下编写教案,教案编写时间为 3 小时。确定教师是否胜任现任职务考核形式或者是笔试检查,或者是解决教学问题。笔试检查依据沙德里果夫的方法开展。第二类授予技能类别的鉴定程序为专家评价,通过专家评价授予一级和高级技能类别。

二、俄罗斯教师专业标准的基本内容

俄罗斯《教师活动专业标准》按照《2006—2010 年俄罗斯联邦教育发展目标性计划》制定,这是俄罗斯初次尝试在教育领域制定专业标准,制定标准的出发点是强调教师能力。在已制定的《教师活动专业标准》框架内，能力被理解为活动主体的新的产物，它形成于职业培训的过程，是可以成功完成构成职业活动本质的职业任务的知识、技巧、能力以及个性品质的系统表现。

教师专业标准包括保证完成职业任务的能力，涉及以下方面：确定职业活动目标和任务、刺激教学活动、保证教学活动的信息基础、制定教学计划、作出教育决定、组织教学活动的能力。

能力分层要求对完成专业任务的复杂程度和性质进行分层。专业能力具有层级性，与相应的职责匹配。经过与职责匹配鉴定，确定教师是否能够完成基本的职业任务，一级和高级能力类别要求完成更为复杂的职业任务，教师需具有更高的能力水平。

在确定职责和能力时，教师标准分为如下几个层次：

(1) 明确教育学理论对教师职业性质的要求。

(2) 从心理学的活动生成理论出发，确定教师职责。

(3) 体现现行师范类专业教育标准对教师职业品质的要求。

(4) 在对大学生、教师、师范类院校教师进行调查的基础上确定教师职责。

(5) 确定中小学校校长和教育管理部门工作者(雇佣者)对大学毕业生和在职教师的要求。

《教师活动专业标准》是对活动主体(教师)能力品质的系统要求，这些能力和品质决定着教师是否可以从事教育教学活动，并能够在教育教学活动中取得成绩。俄罗斯学者在制定《教师活动专业标准》之前开展大量相关研究表明这些品质可以归纳为教育工作者的知识、技能、才能和个性品质特征，所有这些特征整合后构成综合职业能力的基础。

从活动心理学角度确定职业能力的内容，具体而言，就是从活动的心理功能体系角度的来描述所有活动的主要职能性任务(职责)的内容。

与上述教育活动职责相匹配，教师能力应当包括：刺激学生学习活动的能力；揭示具体的课程和具体课程学习资料的个性化意义的能力；确定教育活动目标的能力；实施个性化教学必须的理解学生的能力；掌握所教课程的能力(课程能力)；做出解决教育问题决定的能力；制定教学活动计划和(采取)教学行动的能力。

组织教学活动的能力,该活动同时要求教师具备以下能力:创造教学活动条件的能力,首先包括与设定的教学活动相匹配的信息条件;让学生理解教学任务及教学任务落实方式(活动方式)的能力;对教学成果做出评估的能力。

俄罗斯《教师活动专业标准》在对活动起源以及活动进行心理分析的基础上制定的。并对教师核心能力的特点及评价指标进行了详细阐述。每一类核心能力中包含 2～6 种能力。每一种能力又有相应的评价指标,一共有 96 个评价指标。教育领域的专家在对这些指标进行定性分析后提出了由 90 个指标组成的体系,以此来评价教师具体能力的水平(表 6-2)。

表 6-2 职业标准要求的教师核心能力[1]

№	教师核心能力	教师核心能力的特征	教师核心能力评价指标
		1. 了解学生个性品质的能力	
1.1	相信学生的能力和潜力	该能力是教师人道主义立场的体现,体现教师的根本任务——发现学生的潜在能力。 该能力决定着教师对学生成绩的态度。 相信学生的能力和潜力可以排除对学生的责难态度,证明教师准备对学生提供支持,并去寻找随时发现学生成绩的途径和方式。 相信学生的能力和潜力是爱学生的表现。或者说是爱孩子,相信孩子的潜力,并为在教学过程中展示这些能力创造条件	为学生创造取得成绩的环境的技巧。 开展专业的教育评价,调动学生学习积极性。 善于寻找每个学生的优点,并以此为基础构建教学过程,促进学生积极的发展。 善于制定个性化的教学方案
1.2	关注学生的内心世界	关注学生的内心世界要求不仅仅了解学生的个性特点和年龄特点,而且要以学生的个性特点为基础来组织整个教育活动。 关注学生的内心世界决定了教育活动的方方面面	发现反映学生内心世界的学生的口头表述和书写特点。 善于发现学生个人爱好(个性化教育需求)、学生的潜力、以及在学习中遇到的困难。 善于制定个性化教育计划。 善于根据学生内心世界的特点,展现教学的个性化意义

〔1〕 Профессиональный стандарт педагогической деятельности .

续表

1.3	开放地对待其他观点和立场	开放的接受别的观点和立场意味着教师并不认为自己的观点是唯一正确,他关注别人的意见,并且在他人论据充足的条件下,准备支持他人的意见	相信真理不只是一个。 在评价学生的过程中考虑其他的观点
1.4	综合素养	综合素养决定教育活动的性质和风格。 综合素养体现为教师对于人的物质生活和精神生活的认识。 综合素养在很多方面决定着教育交往的成绩,决定着教师在学生心目中的地位	在基本物质和精神生活中的定位。 对青年人的物质和精神追求的认识。 展示自己成绩的能力。 组织小组活动和小范围讨论的能力
1.5	稳定的情绪	在教学过程中,特别是在冲突条件下决定关系性质。 有利于保持对学生评价的客观性; 有利于有效处理班级中的问题	教师在工作环境中保持冷静。 情感冲突不能够影响评价的客观性。 不必竭力回避情感紧张情况的出现
1.6	积极对待教育活动 相信自己	相信自身的能力是积极对待教育活动的基础。 该项能力有助于形成与同事和学生的良好关系、决定着对教育活动的积极态度	积极认识教育活动的目的和价值。 积极的心态。 从事教育工作的愿望。 高度的职业自尊感
	2. 确定教育活动的目标和任务能力		
2.1	将课程教学主题转化为教育任务的技能	保证有效设定教学过程目标的基本能力。 该能力保证"主-主"关系的实现,将学生置于教学活动主体的位置,是培养创造性个体的基础	了解教育标准及实施教育标准的教育计划。 认识到课程教学主题并不等同于课程目标。 掌握将课程教学主题转变为教育任务的方式
2.2	善于根据学生的年龄特点和个性特点确定教育目的和教育任务。	该项能力是将课程教学主题转化为教育任务的能力的具体化。其目标是实现教学个性化。从而可以保证学生(具有)积极参加教学活动的动机和教学成效	了解学生的年龄特征。 掌握将教育目的转变为具体年龄阶段的教学任务的方法

续表

3.1	保证教学活动成果的技能	使学生相信自己的力量，使学生(具有)确立自己在周围人眼中的形象的能力。这是保证学生具有学习积极性的主要方式之一	了解具体学生的潜力。 根据学生潜力确定教学任务。 向学生家长和同班同学展示学生的成绩
3.2	开展教育评价的能力	教育评价是学生认识自己的成绩和不足的现实工具。不了解自己的成绩无法保证学生在教育教学中的主体地位	了解多样化的教学评价。 阅读与此问题相关的文献；掌握不同的评价方式
3.3	将教学任务转化个性化任务的技能	该能力是保证(学生)积极参与教学活动最重要的能力之一	了解学生的兴趣及其内心世界。 分析、加工文献材料，在个性化教学计划落实过程中显示所学材料的作用和意义
		4. 信息处理能力	
4.1	课程教授能力	深刻了解所教课程，对所教课程的了解与教师综合素养相关。 将理论知识与理论知识的实际应用相结合，这是明确教学个性化意义的前提条件	了解课程知识形成的起源(课程知识的历史、关键人物、为解决哪些问题而形成)。 能够应用已获得的知识解释社会现象和自然现象。 掌握解不同题目的方式，了解国家统一考试题目，地区、国家、国际奥林匹克竞赛题目
4.2	选择、应用教学方法的能力	该能力保证有效掌握教学计划规定的知识并培养技能。 保证教学个性化，并发展个体创造力	了解课程教学法和标准的教学方法。 使用个性化教学方法。 具有自己“独特的方式”和方法，教学具有独创性。 了解教学法领域的最新成果，包括信息技术成果。 在教学过程中使用现代教学方法

续表

4.3	创造主体性活动条件的能力(了解学生和教学集体)	该能力保证个性化组织教学过程。是实现教育人道化的条件。并保证学生具有非常高的参加教学活动的动机	掌握可以说明学生个性特点的心理学理论知识。 掌握个性特点诊断方式(可以和学校心理学工作者合作进行) 利用心理学知识组织教学过程。以学生的个性特征为基础设计个性化教学方案。 掌握社会计量方法。 在教学过程中要重视教学集体的特点。 了解自身的个性特点(反省),在教学活动中要考虑到自身的个性特点
4.4	具有独立搜索信息的技能	该能力保证不断地职业成长,并以创造性态度来对待教育活动。当今,课程领域的迅速发展,新的教育技术的涌现要求不断更新自身知识和技能,独立的信息搜索能力可以保证自身知识和技能的更新	职业好奇感。 使用不同信息搜索技术的技能。 在教学过程中利用不同的数据库
5. 制定教学活动的计划,作出教学决定的能力			
5.1	制定教育计划、选择教科书和教学材料的技能	制定教学计划的技能是教师职业能力体系中的核心技能。 该技能可以保证以个性化教学计划为基础落实学术自由的原则。 缺少制定教育计划的技能,在现代条件下无法创造性组织教学过程。 教学计划是有目的地影响学生发展的方式。 制定教学计划的能力可以完成学生不同的学习和发展阶段的教学。 有根据地选择教科书和教学材料是制定教学计划的组成部分,意味着教师开始为教学活动做准备。从制定选择教学材料可以了解教师对学生个性特点的关注程度	了解教育计划和示范性教育计划。 具有个人制定的教育计划: (1) 教学内容计划和信息支持计划特点; (2) 根据物质基础落实教学计划; (3) 根据学生的个性特征: 有根据地选择教育计划; 学生和家长参与制定教育计划、个性化教学计划、个性化教育途径; 代课教师参与制定教育计划; 了解学校使用的教科书、教学材料和教学法材料,以及教育管理部门建议使用的教科书、教学材料及教学法材料; 有根据地选择教师使用的教科书、教学材料及教学法材料

续表

5.2	在不同的教育情境中做决定的技能	教师经常需要做出以下决定： 如何安排课程； 如何使教学活动更加积极； 如何引起具体某个学生的学习兴趣； 如何保证沟通和理解；等等。 解决教育问题构成了教育活动的实质： 在解决这些问题时，可以使用标准化决定（解决问题的规则），也可以使用创造性规则或者直观性规则	了解需要教师参与作出决定的典型情景。 掌握在不同情境中要使用的一系列解决问题的规则。 在选择解决问题的规则时，控制自己的偏好。 了解要取得的成绩的标准。 了解非典型性冲突情景。 对待具体教育情境的范例。 教学思路的发展程度
		6. 组织教学活动的能力	
6.1	建构“主-主”关系的能力	在人道主义教育体系中，建构“主-主”关系的能力是主要能力之一。 该能力要求教师具有相互理解的能力，建构合作关系的能力，以及倾听和感知的能力，具有发现其他教育过程参加者的兴趣和需求的能力，准备提供帮助，具有良好的情绪	了解学生。 设定目标的能力。 对课程的处理能力。 教学法方面的能力。 开展合作的准备性
6.2	保证理解教育任务和教育活动方式的能力	理解教学材料是教师的主要任务。 通过将新材料纳入到已掌握的知识和技能、技巧体系，或者通过实际应用已经学习过的材料可以达到对教学材料的理解	了解学生知道什么、掌握了什么。 自由掌控所学习的材料。 有意识地将新的学习材料纳入到学生已经掌握的知识体系中。 在实践中使用已经学习过的材料。 依靠感官知觉
6.3	教育评价的能力	教育评价能力促进积极地教学活动的形成，为形成自我评价创造条件，使教师有个性化的作为学生的“我”的感觉，并可以唤起创造力。 专业的教育评价应当将对学生的外部评价转变为学生的自我评价。对他人的评价应当和教师的自我评价相结合	了解教育评价的职能。 了解教育评价的形式。 了解在教学活动中什么活动属于教学评价活动。 掌握教学评价的方法。 在具体事例中验证这些方法。 从教学评价转变为自我评价的技巧

续表

6.4	为学生活动奠定信息基础的能力	如果学生掌握解决问题必要的信息，并掌握了解决问题的方式，任何一种教学任务都有可能完成。教师应当具有告知或者组织检索学生必要信息的能力	自由掌握教学材料。 了解在学习具体题目过程中的典型困难。 给予补充信息并组织搜索完成教学任务所必须的补充信息的能力。 发现学生发展水平的技能。 掌握客观性管理和评价的能力。 利用自我评价的习惯为教学活动创造信息基础的技能（学生应当能够确定，完成任务所缺少的条件）
6.5	利用现代教育教学过程组织手段和组织体系的能力	保证教育教学过程的效果	了解构建教学过程的现代的方式和方法。 根据设定的任务、学生培养水平以及学生个性特点使用教学方式方法的技能。 更新所选择的教学方式方法的技能
6.6	选择适当方式，开展智力活动的能力	该能力表明老师和学生对于智力活动体系的掌握程度	了解智力活动体系。 掌握智力活动。 组织学生开展智力活动。 针对要完成的任务组织智力活动

第四节　俄罗斯教师鉴定

开展教师鉴定是《教师活动专业标准》的具体实施，以《教师活动专业标准》为基础，俄罗斯联邦教育科学部制定了一系列开展教师鉴定的文件，包括《俄罗斯联邦教师鉴定程序》,并以此为基础出台了《教师技能水平评价方法》,在该"方法"中给出了开展教师鉴定所需的工具性文件,包括《教育活动专业能力描述》《教案编写构架》《开展教师书面鉴定题库》《填写专家鉴定所需信息》《符合第一技能类别和高级技能类别教师的典型特征》《教师教育活动自我评价表》等。通过对这些工具性文件以及教师鉴定实际操作的分析,体现了《教师活动专业标准》的实施特点。

一、教师能否胜任现职的鉴定

教师每五年必须参加一次是否胜任现职的鉴定,鉴定形式为书面审查。主要包括编写教案,教师需在 3 小时内完成教案编写。除编写教案外,可选择书面测试或者解决实际教学问题。

1. 教案编写内容要求

根据俄罗斯教育部公布的《教师技能水平评价方式》对教案编写提出要求。要求被鉴定教师在编写教案时,课堂每一阶段必须反映学生和教师活动的目标和任务、达到既定目标的方式及方法和相应阶段主要的学科内容,教师根据班级实际特点组织每一阶段的工作。教案内容需要体现以下几个方面:

(1) 组织因素

包括:

① 提出学生在该课堂阶段应该达到的目标(学生应该怎样做,才能使他们后续的课堂工作有效);

② 确定教师在该课堂阶段要达到的目标和任务;

③ 描述课堂开始阶段学生活动的组织方法,在考虑班级现实特点的情况下,使学生能够进入教学活动中、进入课程和课堂主题。

(2) 根据家庭作业向学生提问

主要提问内容包括:

① 确定教师在该课堂阶段向学生设定的目标(学生应取得怎样的结果);

② 确定学生在该课堂阶段希望达到的目标以及需要完成的任务;

③ 描述该课堂阶段达到目标和完成任务的标准;

④ 确定教师和学生在无法达到既定目标的情况教师可能采取的行动;

⑤ 描述根据班级特点，组织学生开展合作活动的方法；

⑥ 描述在提问过程中，促进学生学习积极性的方法；

⑦ 描述学生在提问过程中，对学生答案进行评价的方法和标准。

(3) 研究新教学材料

要求：

① 向学生提出具体的教学目标(学生在该课堂阶段应该达到什么目标)；

② 确定教师在该课堂阶段向自己提出的目标和任务；

③ 陈述学生要掌握的新教材的基本内容(以内容为基础，专家要评价教师对课程内容的掌握程度)；

④ 描述叙述(呈现)新教学材料的形式和方法；

⑤ 描述符合班级特点组织学生个人活动和小组活动的基本组织形式和方法；

⑥ 描写确定学生对教师陈述的学习材料的关注度和兴趣；

⑦ 描述在掌握新材料的过程中提高学生学习积极性的方法。

(4) 巩固学习材料

包括：

① 向学生提出具体的教学目标(学生在该阶段应取得的成果)；

② 确定在该阶段教师向自己提出的目标和任务；

③ 描述根据学生的个性特点和巩固新的教学材料的过程中，达到既定目标的形式和方法；

④ 描述可以确定学生掌握新材料程度的标准；

⑤ 描述教师针对部分学生没有掌握新材料的应对方法。

(5) 家庭作业

包括：

① 确定学生独立工作的目标(学生在完成家庭作用的过程中要做什么)；

② 确定教师通过留家庭作用达到的目标；

③ 确定并且说明学生顺利完成家庭作用的标准。

2. 对教师开展书面技能测评的内容

俄罗斯对教师开展书面技能测评的内容包括以下内容：

(1) 制定教育活动目标和任务的能力

包括以下指标：

① 确定课堂主题和课堂目标；

② 用学生理解的形式表述教育活动目标；

③ 为学生的设定的目标能够使学生形成对学习活动的动机，促进其学习兴趣的增长；

④ 为学生设定的目标有利于组织个人和小组活动；

⑤ 学生目标中包括可以使其独立评价成果质量的指标；

⑥ 教师提出的任务使目标具体化，使得过渡性成果有利于实现基本课程目标；

⑦ 在开始上课时，教师提出能够为在课堂持续有效工作创造条件的目标和任务(组织工作空间，吸引学生参与当前教学活动、教学课程以及课堂题目)；

⑧ 提问的目的和任务具有教学性，符合教师组织的学科材料；

⑨ 教师设定的目标和任务有利于学生认识能力的发展，以及个体社会品质的培养。

(2) 激发学生动机的能力

包括以下指标：

① 教师向学生展示出他们将要学习的知识在实践中的使用可能；

② 教师展示用于培养学生对所授课程以及课堂主题的兴趣的方式和方法；

③ 教师在教学活动组织中，在确定教学目标和任务时、在选择工作方法和形式时，利用关于学生兴趣和需求的知识；

④ 教师将教学评价作为提高学生学习积极性和动机的方法使用；

⑤ 教师为了让学生认识到自己的成绩，计划利用不同的知识；

⑥ 教师给学生提供学习主题的范围内独立提出和完成任务的可能。

(3) 教育活动信息处理方面的能力

包括以下指标：

① 教师在写教案时显示出对所教授学科的认识；

② 教师对本学科的不同信息来源(教科书、教学和教学法辅导用书、多媒体

辅导用书、现代数字化教育信息等)有很好的判断,可以给出来源索引;

③ 在以书面形式陈述学科基本材料时,教师能够解释所授课程的新主题与之前的主题及以后主题之间的关系;

④ 教师看到并揭示所授学科与其他学校计划中的学科之间的关系、以及理论知识与理论知识运用的实践活动间的关系;

⑤ 教师根据教学论原则以可接受的形式向学生提供材料。

(4) 教师教学方法能力反应教师的教学法知识,包括掌握现代信息通讯技术

包括以下评价指标:

① 教师掌握现代教学方法;

② 在一定背景下提供的方法符合既定的目标和任务,所授学科的内容、课堂主题,以及用于学习这一主题的条件和时间;

③ 教师展示的利用不同信息资源、教学法综合信息、现代信息通讯技术、计算机、多媒体技术、数字教学资源的技能。

(5) 教师在主体活动条件下的能力发展水平

包括以下评价指标:

① 在确定目标、激发学生学习动机及组织教学活动方法和形式时,教师关注学生的个性特点和学生间相互关系特征;

② 教师根据学生的年龄特点和个性特点在一定背景下选择方法;

③ 教师安排工作,目的是要获得不同学生对教学材料的掌握程度的信息;

④ 教师掌握同差生工作的方式。

(6) 制定教学计划和作出教学决定的能力

该能力由以下几个方面组成:选择和落实示范性教育计划的技能,制定个人计划、教学法材料和教学论材料的技能,在一定教学情境中作出决定的技能,这些技能包括以下评价指标:

① 在为上课做准备时,教师考虑到了决定课程教学活动内容和结果的基本法规文件的要求,包括国家教育标准、儿童权利公约、学校基本教学计划,教育部通过和建议的所授课程的主要教科书和教学法材料的内容,教学计划,教学法综合体;

② 教案根据学生对教学材料的掌握速度编写；

③ 教案在教授课程和教学计划框架内，考虑分段掌握教学材料编写；

④ 教师展现了为了达到更高目标，改变现行教学论材料和教学法材料的技巧；

⑤ 教师利用自己设计的课程计划材料、教学法材料和教学论材料。

(7) 在教育情境中作出决定的技能

包括以下评价指标：

① 教师展现出论证其提出的决定的技能；

② 以书面形式体现的教育决定有根据，有目标；

③ 如果没有达到既定目标，教师显示出有针对性的改变行动策略的技巧。

(8) 组织教学活动的能力

包括以下评价指标：

① 教师提出学生在课堂每个阶段的活动结构、组织目标和任务；

② 教师掌握旨在实现既定目标和任务的学生个体及合作活动的组织方法；

③ 教师展现所掌握的创造课堂工作氛围以及维持课堂纪律的方式和方法；

④ 教师展现建立与学生合作关系的能力，以及与学生对话的技巧；

⑤ 教师利用促进学生开展独立思考和评价的方法；

⑥ 教师展现将新材料纳入学生已掌握的知识体系的技巧；

⑦ 教师展现组织学生寻找完成课堂任务所需的补充信息(书、计算机、媒体材料、数字话教育资源等)的技巧；

⑧ 教师可以准确的制定可以对学生的回答进行评判的标准；

⑨ 教师向学生展示，依据什么指标可以对他们的答案进行评价；

⑩ 教师善于将教学评价和学生间的相互评价以及学生自我评价相结合；

⑪ 教师使用可以培养学生形成对学生的学习活动进行自我评价技巧的方法。

二、教师申请技能类别的鉴定

对于希望获得技能类别的教师鉴定则要在专家鉴定基础上进行，专家在鉴定过程中要对每一种能力的表现水平以五分制形式进行评定。为对教师的职业活动开展专家测试提供以下信息(表 6-3)。

表 6-3 教师职业活动专家评价分析资料〔1〕

1.	课堂分析	这种活动形式可以评价很多教育能力:确定教育目的和任务;使学生具有开展教育活动的动机;作出教育决定;保证教育活动所需信息;组织教育活动等
2.	对奖励、惩罚、感谢、评语、表扬以及意见进行分析	这一指标可以提高对相应能力评价的客观性(根据感谢内容和意见),这是独立的额外评价来源
3.	与被评价教师进行座谈	在讨论过程中可以确定关系教师对自身活动态度的各个方面,以及自我批评和评价的程度等
4.	教师自我评价结果以及对其能力进行诊断的数据	自我评估以及能力诊断数据一样是评价教师活动的最为重要信息源泉;专家可以利用鉴定和评价结果组织与被鉴定人的座谈,根据其未来的职业发展提出建议;教师自我评价的针对性可以作为评价反省能力的补充来源
5.	学生及其家长对被鉴定教师活动满意度调查结果	满意度调查涉及教师能力各个方面
6.	学生学习活动(及变化)结果	这一选项是测试教师教学能力指标重要之一。作为供分析用的具体指标可以是学生的学业成绩,包括与上一阶段的相比的成绩,学校内部管理的数据,国家统一考试结果(如果是毕业班教学),学生的专业水平,学生在后续职业教育和职业活动中的成绩
7.	学生参加奥林匹克竞赛、比赛、设计活动的情况及取得的成绩	这一指标可以进一步说明提高学生动机的技能,以及个体的学习兴趣,组织指向结果的教育
8.	参加教学技术比赛结果	竞赛获胜者免于完成某些鉴定程序
9.	教育活动所使用的方式和方法	分析教师使用的教学法材料,可以评价教师分析活动计划的能力以及保证教学活动信息基础的能力

〔1〕 Возможные источники информации для заполнения экспертного листа[EB/OL].[2015-05-20]. http://polyglotlife.ru/wp-content/uploads/2013/12/vozmozhnye_istochniki_informatsii_dlya_zapolnenia_e.pdf.

续表

10.	与领导(学校副校长)座谈	在这种情况下,领导了解教师活动以及教师所取得的结果,学生、同行、家长对他的意见
11.	分析课本以及课本检查结果	在这种情况下,关注目标、任务、不同的学习任务,教师评议和评价的多样化
12.	分析基本培养、再培养、技能提高,包括自我教育	重要的是将对新的教育活动方式、方法的掌握与解决重要的教学互动任务的成绩相联系,包括确定目标、任务;使学生具有学习动机、作出教学决定、保证活动的信息基础,组织活动
13.	分析供给计划和课堂准备材料	这些资料是评价教学活动组织能力、制定教育目标和任务的最重要的源泉
14.	学生调查与监测的结果	作为预测结果(如果有预测的话)重要的要关注学习动机的形成程度,教学技巧和习惯的形成程度,参与制定教育目标和任务,参与评价自身的教学活动,心理健康,与教师的互动以及其他与教育活动的重要任务完成有直接作用的要素
15.	分析教育质量检测结果	这些材料反映教师能力的成果,是最重要的分析教师能力发展水平的因素

三、教师教育活动自我评价

教师教育活动的自我评价是鉴定教师的重要组成部分,通过教师自我鉴定,可以使教师较为清晰地认识到自己在教育活动中的优点,从而有效地发掘其职业成长的潜力。为此,俄罗斯教师鉴定方法中给出了教师自我鉴定的指标,如表6-4所示。教师根据这些指标对反应教育职业活动的个别行动和特点进行判断。

教师教育活动自我评价分为五档。教师根据自己判断进行选择。

5—完全同意;

4—基本同意;

3—既不同意,也不反对,根据情况以及其他附加因素判断;

2—基本不同意;

1—完全不同意。

表 6-4 教师教育活动自我评价表[1]

№	评 价 参 数	分值	注释
1	我不在意对我的批评		
2	对学生一点小小的进步,我都会表扬		
3	我了解反应对教授学科的内容和结果要求的法规文件		
4	我可建立与学生的合作关系		
5	周围人不听我的建议		
6	我认为区分课堂的目标和主题是非常重要的		
7	在我的课堂上,没有为学生形成稳定的积极的动机创造条件		
8	我对学科内部和学科间的关系的认识需要改善		
9	创新是每个好教师的信条		
10	在我的课堂上,学生能够按计划做一切,他们不作评论		
11	我的视野非常有限		
12	我的学生参与制定课堂目标和任务		
13	我不认为,分析学生对材料的掌握程度以及发展是需要的		
14	我对学生的年龄特征的认识非常肤浅		
15	我不认为向学生家长和其他成年人展示学生的学习成绩是必要的		
16	在课堂上,我不利用新的信息通信技术		
17	我在说明我制定的教育计划优点和缺点方面有困难		
18	我善于用优化的方法解决冲突		
19	控制自己是我的特点		
20	我有丰富的参与制定教学计划、教学论材料和教学法材料小组工作的经验		
21	我非常关注培养学生的学习活动习惯		
22	我喜欢那些细心而准确完成老师要求的学生		
23	我针对不同类型的学生选择使用教学论和教学法材料非常有限		
24	在问题情境中做决定时,一些长期影响不重要		
25	我认为,教师没有向学生说明自己对学生所作的必要评价		

[1] Лист самооценки педагогической деятельности учителя. [EB/OL]. [2014-06-20]. http://www.alted.ru/oo527/html_fragments/doc/samooc.doc.

续表

26	我关注同事的坏心情		
27	在设定课堂目标时,标准化要求应占主导,而非学生的个性特征		
28	我的课堂组织是为了让学生评价、辩论和完成非标准化题目		
29	我的工作计划不建议完成道德教育任务		
30	同时完成几个任务对我不难		
31	我在课堂上不去浪费时间,让学生自己设定他们的课堂活动目标		
32	在我的课堂上,只有部分学生有兴趣		
33	在备课时,除了基本材料,我要增补所授课程的补充材料		
34	我没有独立设计的教学论和教学法材料		
35	我不得不常常听到,学生不明白我讲述的材料		
36	我对社会生活中当前发生的事情了解有限		
37	我所有的学生对于自己的成绩和失败都有很好的认识		
38	敦促学生自己高度自由和负责地独立设定并完成任务(比如与差一些的学生一起准备作业,想出一些可以独立完成的任务)		
39	为了实现教育目标,我甚至会利用与所学学科看似无关的内容		
40	我会在最不可预见的情形下,保持平静		
41	学生不一定要了解评价其工作的标准		
42	我很难控制讨论和谈判的进度		
43	我不断建议学生独立管理已取得的成绩		
44	我无法预测所设定的题目能否使学生感觉到自己的成绩		
45	我总是为不同水平的学生准备不同的上课方案		
46	我的工作计划根据不足		
47	我有合作制定和落实各种规划、项目、计划的工作经验		
48	我的工作地方总是有秩序		
49	在我的课堂上,学生不能回答"课堂应该达到怎样的目的"的问题		
50	学生的动机是教师的责任		
51	我们需要额外培养,为了给大学生教授我的学科课程		
52	我认为,可以不考虑以前所学知识和技巧顺利的阐述新材料		
53	我能够轻松谈到与其他学科相关的题目		
54	我的课堂上没有学生不参与目标和任务的设定		

续表

55	我教授的学科,可能不会让学生感兴趣		
56	在做教育决定时,其他教育过程参与者的意见和反应并不重要		
57	在我的课堂上,常常使用学生相互评价和自我评价方法		
58	我总是对我的语言和行为引起别人什么感觉感兴趣		
59	通常我在一堂课上几次提及课堂目标		
60	我的学生能勇敢地承担困难的任务		
61	我掌握有限的现代教学方法		
62	我创造工作氛围,并且在课堂上以非指令性方法维持纪律		
63	在课堂计划中,我常常一步步设定达到目的的阶段		
64	消极的学习态度,是教育活动错误所致		
65	学生没有“棘手问题”,只有无知的教师		
66	我的教学法和教学论研究偶尔不会使我在职业竞赛中获胜		
67	教师的人道性并非是评价其工作的重要指标		
68	我常常为将课程目标设定为对学生具有个性化意义的目标而犯难		
69	我经常会为学生的创造性回答,而并非正确的回答打高分		
70	我了解班级环境,在教育目标中顾及了学生间的相互关系		
71	因为新的消息,我改变了已做出的决定		
72	培养学生的自我评价习惯不是教师的任务		

四、教师能力水平评价

教师鉴定是在总结专家评价和教师能力自评结果基础上形成,由表6-5可见教育活动专家评价和自我评价结果。

表6-5 教育活动专家评价和自我评价结果

	指标名称	自我评价	专家评价
1	重要的职业个性品质	3.77	4.60
1.1	社会反应	3.83	4.60
1.2	自我组织性	3.67	4.20
1.3	一般素养	3.73	5.00
2	提出教育活动的目的和任务的能力	4.24	4.40

续表

2.1	根据学生的年龄和个性特点提出目的和任务的能力	4.00	4.60
2.2	将课堂主题转变为教育任务的能力	4.26	4.40
2.3	吸引学生加入制定目标和提出任务的能力	4.57	4.20
3	激发教育活动动机的能力	4.30	4.30
3.1	创造保证学习活动成绩的情境的能力	4.60	4.20
3.2	创造条件,保证学生具有正面动机的能力	4.00	4.20
3.3	创造使学生激发自我动机的条件的能力	4.60	4.50
4	保证活动信息基础的能力	4.13	4.17
4.1	分析教学对象的能力	4.50	4.27
4.2	掌控教学课程的能力	3.70	4.44
4.3	创造主体性合作条件的能力	4.20	3.80
5	制定活动计划和做出教育决定的能力	3.27	4.10
5.1	选择并落实示范性教育计划的能力	2.60	4.40
5.2	制定自己计划,教学法和教学材料的技能	3.90	3.70
5.3	在教育情境中做决定的技能	3.30	4.20
6.	组织教育活动方面的技能	3.22	4.30
6.1	建立主体—主体关系的技能	3.40	4.60
6.2	组织学生教学活动的技能	2.90	4.20
6.3	实施教学评价的技能	3.43	4.10
最终值		3.82	4.31

在已开展的经验性研究的结果基础上获得以下回归方程[1],这一方程能够确定具体教师的能力指标。

$$ПК=(0.43\times ПД)+(0.33\times ОПД)+(0.17\times ЛК)+(0.07\times ИОД)-(0.03\times ПЦ)-(0.02\times МД)-1.61$$

式中 ПК——职业能力资格系数;

〔1〕 В. Д. Шадриков. Аттестация педагогических кадров как гарантия качества образования[EB/OL]. [2014-06-18]. http://regconf.hse.ru/uploads/67c4f867e8168818ecfa42b93e7bc31b3d863f32.doc.

ПД——对教育活动计划能力以及做出教育决定能力的专家评分(中等意义);

ОПД——对于教活动组织能力的专家评分(中等意义);

ЛК——专家对个人素质能力的评分(中等意义);

ИОД——专家对活动信息保障基础能力评分(中等意义);

ПЦ——专家对目标和任务的制定能力评分(中等意义);

МД——专家对教学活动动机激发能力的评分(中等意义);

1.61——回归方程的自由成分系数。

俄罗斯《教师活动专业标准》的制定有其深厚的历史背景,存在70年之久的教师鉴定制度为《教师活动专业标准》的出台提供了深厚的理论与实践依据,各级各类教育标准的制定和实施,以及教师专业化发展的需求,使《教师活动专业标准》制定具有深刻的现实意义。

第五节 教师地位

教师队伍建设的重中之重就是提高教师社会地位,在现代法制化社会中,教育领域的立法任务之一就是准确界定教师的权利和义务,为教师的正常工作提供有效的法律和社会保障。俄罗斯一直以来十分重视教师权利及社会地位的保障,《俄罗斯联邦教育法》规定教师享有以下权利:其一,有权参加教育机构的管理;其二,维护自己的职业荣誉和人格尊严;其三,有权自由选择和运用教育教学方法、教学参考资料、教科书以及评价学生所学知识的方法。[1] 教育的基本法保护了教师的基本权利,保障教师的职业自由和学术自由。

---

[1][2] 肖甦,王义高.俄罗斯转型时期重要教育法规文献汇编[M].北京:人民教育出版社,2009:699.

一、教师奖励形式

《俄罗斯联邦教育法》还为教师提供了一系列社会支持。规定教师的最大工作量每周不超过36小时；规定每年的最低带薪休假时限，以及工作每满十年可以享有一次为期一年以内的长假；教师到退休年龄时可领取退休金；在农村地区、城镇、工作的教师享有供暖和照明设施的免费住宅；教师具有优先获得住宅的权利等。[2]社会支持诸项目的补偿费额度、条件和程序由各联邦主体规定。此类规定为教师的工作与生活提供良好的社会保障，利于提高教师的社会地位。

俄罗斯继承了苏联的良好传统，在荣誉方面，授予教师各种奖章和荣誉称号，以此提高教师社会地位。至今，俄罗斯仍保留乌申斯基奖章等荣誉称号，除此之外，俄罗斯不断引入新的教师荣誉称号。如，2010年为"俄罗斯教师年"，俄罗斯联邦教育科学部制订竞赛法则，选出最佳教师，2011年政府拨出2亿卢布资金用于奖励最佳教师。[1] 俄罗斯各州都组织教师竞赛，奖励优秀的教师，为获胜的教师授予"俄罗斯联邦普通教育荣誉工作者"称号，颁发水晶鹈鹕奖杯、俄罗斯联邦教育与科学部荣誉证书、以及可观的奖金，获胜者还可以有机会和政府部门、教育部门的领导者交流教育领域的问题，接受总统的当面祝贺。这对于教师来说，都是精神上的褒奖，它们作为一种至高的荣誉，彰显着教师的社会地位，激励着教师的积极性。

二、教师工资待遇

工资水平是教师劳动积极性和行业流动的直接风向标，俄罗斯一直注重提高教师的工资水平。教育拨款的大部分都用于支付教师工资，基础普通教育预算的65%～70%都用于支付教育工作者的工资。因此，一方面，政府不断努力增加教育拨款，另一方面，通过不断改革工资制度，提高教育支出效率，改善教师工资状况。从统一工资制向新教师工资制的改革，是其中一个有力举措。1992年起，俄罗斯的中小学一直实施统一工资制。统一工资制以统一工资表为核心，在统一工资表中将所有劳动按照复杂程度与专业技能水平分为18个等级，每个

[1] 俄罗斯新闻网.俄罗斯将拨款2亿卢布奖励最优秀教师[N].世界教育信息,2011(2):7.

等级的等级系数不同,月工资标准也不同。统一工资制具有统一性和等级性的特点,但各等级之间差异不明显。由于统一工资表的等级系数区段过窄,系数之间差异过小,导致劳动者工资平均主义倾向严重。加之,统一工资制只考虑工作投入而不关心工作产出。只体现工资因劳动内容和条件的客观差别而产生的差异,而无法体现取决劳动质量和成果的个别差异。[1] 因此,2007 年,俄罗斯中小学工资制度开始进行改革,从统一工资制向新的教师工资制过渡。

三、农村教师的优惠政策

为防止农村优质教师资源的流逝,俄罗斯一直为农村教师提供住房等生活方面的优惠政策。以《俄罗斯联邦教育法》为主导,制定了许多政策为农村教师提供了更多额外保障与优惠。《俄罗斯联邦教育法》第 55 条规定:"远离市中心的教育机构以及国家权力机关和管理机关认定的同类机构的教育工作有权享受当地为农业专家提供的优惠;为农村教育机构的教师提供用以购置家具什物的一次性补助。"1996 年《联邦教育法》进行第一次修改,除保留了以上的优惠条件外,还规定在农村地区的教师享有带有供暖和照明设施的免费住宅,并具有优先获得住宅的权利。[2] 2004 年,联邦政府对《联邦教育法》做出修改,给农村地区的教育工作者以生活条件和公共服务方面的优惠,并采取资金的方式予以补贴。

为改善农村教师的生活条件,俄联邦国家杜马在 2010 年 1 月 14 日讨论通过法律草案《关于教育工作者社会保障措施俄联邦法案修正案》,进一步完善农村教师社会保障制度。该法案明确规定:一是在农村地区生活和工作的教师,享有免费的住房及照明、供暖等社会保障措施;二是各项措施将惠及教师的所有家庭成员,不论其劳动能力如何;三是各项措施的经费支出由俄联邦政府保障,在任何情况下,各俄联邦主体都不能降低为农村地区的教师所提供的福利待遇;四

---

[1] Г. В. Башкина, О. М. Моисеевой. Новая стимулирующая система оплаты труда в общем образовании: сущность, содержание, механизмы введения [C]: Программы специальной подготовки и учебно-методические материалы. 2007:29.

[2] 北京师范大学外国教育研究所.苏联普通教育和职业教育法令汇编[M].北京:北京师范大学出版社,1985:165,254.

是在农村地区工作不少于10年的教师将获得联邦政府发放的养老金。一直以来，农村教师的社会保障措施经费由各联邦主体承担，但实施过程中出现了推卸责任等问题，因而国家杜马讨论由联邦政府保障经费。俄罗斯一直根据现实情况的变化，通过对法案的不断修改，以保障教师的福利与优惠。

除了保障农村教师的福利和待遇，政府还致力于提高农村教师的信息技术水平。2001年，俄罗斯联邦教育部启动了《发展统一的教育信息环境(2001—2005年)》联邦专项纲要，为农村学校的教育信息化的优先发展提供了保障。本纲要核心内容包含四个部分：硬件配置、教学资源开发、师资培训和建立信息化环境及技术保障体系。该纲要分三个阶段建立统一的教育信息环境，第一阶段的任务即为在2001年给农村的30 000余所中小学和15 000余所小型学校提供硬件设备和相应的应用软件，同时组织农村中小学教师进行信息技术培训。该纲要总计投入560亿卢布开展教育信息化工作。[1]

苏联时期，俄罗斯建立了包括教师培养、进修在内的连续的教师培养体系，培养了一大批高水平的专业人员——教师，不仅对学生进行知识教育，而且能够激发学生创造性，培养学生个人良好品德，为苏联教育的发展做出重大贡献。提高教育质量是当前俄罗斯中小学教育面临的主要问题，教育质量在很大程度上取决于教师质量。现存的教师培养体系与实际需求不适应，教师培养体系几十年来没有明显变化，传统的教师培养方式与新的社会需求不相适应。俄罗斯通过研制教师专业标准，建立独立的教师职业资格证书体系；建设中学—大学合作网，加强师范生的实践能力培养；设立学术性学士学位，吸引非师范专业学生加入教师队伍；设立研究型硕士培养计划，培养研究型教师教育的研究者等措施，力图为中小学培养更多受过良好教育且充满激情的教师。此外，重建教学实践培养体系也是教师教育现代化的重要环节。以2006—2008年“俄罗斯创新学校竞赛”优胜学校为基地，组织教师和学校领导进修，组织师范专业的大学生的开展教学实习是创新教师实践培养的途径之一。

---

〔1〕 李雅君.俄罗斯基础教育信息化最新进展述评[J].中国电化教育,2006(12):92-93.

第七章

俄罗斯道德与法律教育

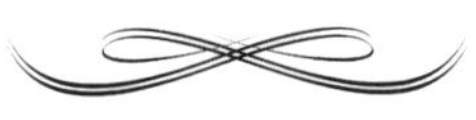

第一节　以“基本国家价值观”为核心构建德育体系

苏联时期,经过长期的德育理论与实践探索,形成了以“培养全面发展的共产主义的积极和自觉的建设者”为教育目标,以共产主义品德教育、人道主义教育、集体主义教育、自觉纪律教育、精神美学教育为主要内容的完备的思想道德教育体系。但从苏联解体前的20世纪70年代中期开始,苏联道德教育一度呈现教条化和僵化态势,德育理论和实践严重脱离社会现实,德育几乎失去了其应有的效果。20世纪80年代中期,戈尔巴乔夫以“公开性和民主性”为原则的“新思维”改革,使苏联思想文化领域长期以来“一个声音”“一种标准”的德育模式受到挑战。

1991年12月25日,随着镰刀斧头旗在克里姆林宫降下,俄罗斯联邦三色旗升起,苏联最高苏维埃联盟院宣布苏联正式解体。俄罗斯转型初期,社会政治经济的全面混乱诱发了整个社会的全面失衡。在思想意识形态领域,俄罗斯国内对苏联时期的一切均持否定态度,全盘否定苏联历史,彻底否定苏联官方的意识形态,最终导致苏共时期形成的意识形态体系不复存在,西方“精神价值”长驱直入。1993年,《俄罗斯联邦宪法》第13条关于“俄罗斯联邦主张意识形态多元化”“任何思想体系都不能被确立为国家的、每一个公民都必须接受的意识形态”的规定为新思潮的大量涌进提供了法律依据,自由主义、大西洋主义等社会思潮接踵而至,转型初期的俄罗斯遭受了不断的“意识形态轰炸”。

一、社会转型初期学校德育缺失

1991年俄罗斯苏维埃社会主义共和国教育部通过的《关于普通教育机构德育活动民主化》决议中指出“教育机构应完全摆脱党的影响,不允许带有政治色彩强迫儿童和青少年的社会化”。与“政党”和“政治”有关的一切都被从学校德育中排除出去。1992 年,首部《俄罗斯联邦教育法》更明确规定:“在国家和地方教育机构及教育管理机关中,不得建立政党、社会政治和宗教团体的组织机构,不允许它们在教育机关中进行活动。”[1] 此规定则从法律角度否定了少先队组织、共青团组织的存在。而教育的“去集权化”促使俄罗斯教育部和地方教育行政不再制定统一的德育大纲,也不对学校德育制定具体的标准,这一切对中小学校德育造成了巨大的影响。学校开始被视为提供教育服务的机构,道德教育也不再被视为学校教育的目的。

在所有教育机构的政治性组织(党、团、少先队、十月儿童等)均被解散的同时。苏联时期服务于儿童和青少年的社会基层机构——少年宫、文化中心、剧院、体育场等也由于缺少科学的方法保障和必要的资金支持,对儿童的道德教育功能日渐弱化。

与此同时,俄罗斯社会民主化和自由化思潮在打破几十年社会政治的沉闷局面的同时,也带来了意识形态的混乱。缺少监管措施的大众传媒将良莠不齐的电视、电影以及网络信息不加选择地传达给青少年。学校,尤其是中小学阶段的学生德育状况堪忧。结果是,青少年的身心发展与道德素养水平遭遇重创,未成年人犯罪比例提高,学龄人口的斗殴、吸毒、卖淫现象越来越严重,俄罗斯社会出现了整体性的道德滑坡。

二、寻找“国家思想”与社会组织的德育探索

社会转型初期急剧的西方化不但没有给俄罗斯人民带来希望中的幸福,却带来政治、经济及信仰危机。经济下滑、社会分化和精神价值的贬值,动摇了长期以来形成的民族自豪感,导致俄罗斯社会道德退化。对社会意识造成了不良影响,继而使很多俄罗斯人丧失了理想,失去安全感和对国家未来的希望,以及对祖国的历史责任感。在最艰难的时刻,俄罗斯国家的独立性甚至都受到威胁。

经受了巨变的俄罗斯社会深刻地认识到,俄罗斯国家的复兴需要精神支持。正如俄罗斯的学者所阐释的那样:“意识形态的理论与价值是有序的社会生活的基础。

---

[1] 肖甦,王义高.俄罗斯转型时期重要教育法规文献汇编[M].北京:人民教育出版社,2009:143.

1991年'八一九'事变之后,俄罗斯社会陷入极端的无序之中。没人知道应该建立一个什么样的社会,应该追求什么。失去发展前景的社会使人们变得冷漠,感觉沮丧和绝望……一个主权国家不能没有自己的意识形态,否则,他只能机械模仿别国社会组织的建构模式,追随他国的政策……只有强大的意识形态才能缔造出俄罗斯的光明前景,发挥俄罗斯在世界上的重要作用,摆脱国家的混乱状态。"[1]全国各界开始探讨凝聚整个社会的"国家思想"。在认识到"国家思想"的社会凝聚作用的同时,德育对解决青少年道德精神危机的作用也得到关注。1999年10月,俄罗斯出台了《俄罗斯教育体系1999—2001年德育发展规划》,[2]该规划提出要提高学校德育在社会中地位,以国家传统和现代经验更新德育的内容和结构。

在这一期间,儿童社会组织的德育在进行德育探索。1995年,俄罗斯有24家儿童社会团体注册。这些团体均为自主性的、非政治性自我管理机构。儿童社会组织主要分为两类:一是服务于儿童的社会联合体;二是儿童自己的组织。前者以共同的兴趣为基础,在成年人倡导下成立,并在成年人指导下开展活动:后者是在自愿、独立原则基础上形成的自我管理的联合组织。两种形式互为补充,共同特点是将选择权力交给组织成员,并使所有成员,不论是儿童还是成人都能够在有组织的、创造性活动中展示自己的领导才能。每个儿童和青少年都可以根据自己的兴趣选择适合于自己的组织。儿童社会组织中儿童和成人权利平等,并按照已制定的规章制度开展合作性活动,实现并保护所有成员的利益。

儿童社会组织通过开展社会性活动进行爱国主义教育、道德和伦理教育、音乐艺术教育、审美教育、生态教育,使青少年具有公民素养。据俄罗斯的相关研究显示:儿童社会组织的影响不大,而且,受多方因素的影响,儿童社会组织的生命力非常有限,多数儿童社会组织在成立后不久就自我消亡。

三、"俄罗斯思想"与爱国主义教育

从20世纪90年代末开始,俄罗斯社会各领域开始了由乱到治、人心思定的

---

[1] 王春英.建构中的俄罗斯新意识形态[J].俄罗斯中亚东欧研究,2010(5).

[2] Программа развития воспитания в системе образования России на 1999—2001 годы[EB/OL].[2015-04-18]. http://iam.duma.gov.ru/node/8/4532/15418.

过程。面对“俄罗斯近 200～300 年来首次真正面临沦为世界二流国家抑或三流国家的危险”形势，普京对过去的政策作了大幅度调整和修正，提出争当独立的强国、不做附庸的大国的治国策略。

在安邦强国的战略之下，普京多次强调思想意识和精神价值在当代俄罗斯国家和社会发展中的重要作用。上台伊始，普京发表了《千年之交的俄罗斯》一文，在这篇被称为普京施政纲领的文件中，普京提出“俄罗斯思想、强有力的国家和有效的经济”是俄罗斯未来的三个机遇。基于上述论述，普京提出了由“爱国主义、强国意识、国家作用、社会团结”四要素组成的“俄罗斯思想”。这四个要素是相辅相成的，其中，爱国主义是整个思想体系的基础，只有爱国才能努力强国，而有效的国家权力和社会的团结也是国家强盛的必要条件。爱国主义和强国意识是团结俄罗斯社会、振奋民族精神、重塑国家价值，根本解决俄罗斯人的意识形态定位问题。随后的几年中普京通过发表的一系列讲话和具体措施，使“俄罗斯思想”发展成为完整的思想体系。“俄罗斯新思想”既蕴涵着俄罗斯民族精神，也是俄罗斯德育的深厚的理论基础。

“俄罗斯思想”是全人类价值与俄罗斯自古以来经历了时间考验的价值的有机结合，而爱国主义则是俄罗斯千百年来文化传统的精髓所在。以此为基础，21 世纪初始，俄罗斯政府先后三次颁行《公民爱国主义教育纲要》，制定爱国主义教育纲要已成为俄罗斯联邦政府的一项持续的政策。《公民爱国主义教育纲要》，详细地重新定义了爱国主义教育的概念，提出了爱国主义教育的目的、任务和原则。在提出保证落实爱国主义教育机制的同时，也提出了评价纲要执行效果的具体措施，并明确“爱国主义成为俄罗斯社会精神道德统一的最重要的基础性价值观之一”。

在俄罗斯政权机构、新闻媒体、教育体系的共同参与下，爱国主义教育重返俄罗斯学校，学校中重新开设了爱国主义教育课程，恢复或重建了爱国主义教育博物馆。儿童社会组织开展一系列以爱国主义教育为主题的活动，培养爱国主义意识也成为俄中小学教育标准的重要内容，国家对于爱国主义教育的特别关注使学术界对爱国主义教育的方法论和理论问题的研究兴趣增长。

四、“基础国家价值观”与当代德育

随着“俄罗斯思想”的确立，俄罗斯人民精神的统一和团结愈加受到关注。

2007 年普京在其国情咨文中强调说,"2007—2008 年,俄罗斯联邦总统的国情咨文中都有提及:人民精神的统一,以及将我们团结在一起的道德价值,这是同政治和经济稳定同样重要的发展的因素……只有在具有共同的道德导向,保持对母语的和对独特的文化及独特的文化价值、对自己的前辈以及对历史的每一篇章的尊重的条件下,社会才能够提出并解决重大的民族问题。这一民族财富是巩固国家统一和主权的基础,也是我们日常生活的基础,是经济和政治的基础"。[1]

2007 年修订的《俄罗斯联邦教育法》则指出,"基础普通教育大纲的主要任务是保障学生的精神道德发展、教育和培养质量"。[2] 2009 年 6 月 1 日俄罗斯公布了《俄罗斯联邦国家第二代普通教育标准》(以下简称《标准》)提出俄罗斯学校道德教育的目的,是使学生在学习俄罗斯民族价值、本民族价值、宗教和(或)文化群体的价值以及全人类价值基础上,发展其精神道德,形成俄罗斯公民认同感。作为《标准》的理论和方法论基础,同年,俄罗斯教科院以《俄罗斯俄联邦宪法》《俄罗斯联邦教育法》和历年联邦总国情咨文为基础,制定了并出台了《俄罗斯公民精神道德发展与公民道德教育构想》(以下简称《构想》)。该《构想》确定了俄罗斯现代教育最重要目标是培养道德高尚、有责任感、具有创造力和首创精神的有技能的俄罗斯公民。《构想》系统提出了"基础国家价值观",明确了道德教育的目的、原则及实施途径,试图将精神道德文化、精神道德发展以及道德教育结合在一起。它的出台意味着,以基本国家价值观为基础构建道德教育体系,开展精神道德教育成为当前俄罗斯德育的主要内容。

1. 以培养"国家德育典范"为目的

《构想》提出:道德教育是作为个体和公民的学生有组织的、有目的教育发展过程,也是学生掌握社会价值观、道德原则和道德标准的过程。道德教育的目的是培养在一定的社会历史条件下对社会具有重要意义的"国家德育典范"(национальный воспитательный идеал)。培养"国家德育典范"是教育的最高目

[1] Концепция духовно_нравственного развития и воспитаниияличности гражданина России[EB/OL].[2014-08-19]. http://standart.edu.ru/catalog.aspx? CatalogId=985.

[2] Закон РФ"Об Образовании"[EB/OL]. http://www.edu.ru/abitur/act.34/index.php.

标，是对国民生活的基本主体，如国家、家庭、中小学校、政党、宗教组织和社会组织致力于教育和发展的、(理想的)、有道德人的总的认识。

《构想》提出现阶段俄罗斯国家"国家德育典范"是"道德高尚的、有创造力的、有专门知识的俄罗斯公民，他将祖国的命运当作自己个人的命运，认识到自己对于祖国的现在和未来的责任，并且深深扎根于俄罗斯人民精神和文化传统中"。"国家道德教育典范"是俄罗斯德育活动的基础和最高目标。

2. 以"基本国家价值观"为核心

"基本国家价值观"(базовые национальные ценности)指的是存在于俄罗斯联邦多民族的文化、家庭、社会历史、宗教传统中的基本道德价值和优先的道德原则，这些道德价值和原则代代相传，保证国家在现代条件下得以顺利发展，构成了俄罗斯精神道德发展、道德教育以及社会化的主要内容。在俄罗斯，道德传统来源于俄罗斯国家、多民族人民、公民社会、家庭、劳动、艺术、科学、宗教、大自然及人类。传统道德来源决定了俄罗斯"基本国家价值观"的组成，包括爱国主义、社会团结、公民性、家庭、劳动与创造、科学、传统的俄罗斯宗教、艺术和文学、大自然、人类，如表 7-1 所示。

表 7-1 俄罗斯"基本国家价值观"的组成

组成	具体内容
爱国主义	对祖国、本民族、对家乡的爱，为祖国服务
社会团结	个人和民族的自由，对人、国家制度和公民社会制度的信任，公正、仁慈、诚实和自尊
公民性	为祖国服务，法制国家，公民社会，法律和法制，多元文化世界，信仰自由
家庭	爱与忠诚，健康，富足，尊重父母，关心长幼，关心家族延续
劳动与创造	尊重劳动，创造，决心和毅力
科学	知识的价值，追求真理，世界的科学图景
传统的俄罗斯宗教	对于信仰、精神和人的宗教生活的认识，宗教世界观的价值，以跨宗教对话为基础形成的宽容
艺术和文学	美、和谐，人的精神世界，道德选择，生命的意义，审美的发展，伦理发展
大自然	进化，故土，受保护的大自然，地球，生态意识
人类	全世界的和平，文化和民族多样性，人类进步，国际合作

上述内容显示:“基本国家价值观”十大组成内容涵盖了家庭、社会团体、民族、国家、以及世界共同体的价值,贯穿个体发展的全过程。“基本国家价值观”的确立为中小学校开展德育工作奠定了核心和依据,学校德育的首要任务就是使学生在有组织的教学过程中,有意识地理解和接受上述价值。按照社会教育合作原则,在开展道德教育的过程中,家庭、青少年组织、补充教育机构、文化体育机构、媒体和宗教组织等其他社会教育主体将与学校紧密合作,共同保障学生完整、统一的德育空间。

3. 以独立课程为主要实施手段

俄罗斯在重建道德教育体系的过程中,中小学是否设置单独的德育课程,设置什么课程一直是一个备受关注的问题,俄罗斯社会就这一问题进行了长达十多年的争论。2007 年,普京总统在与东正教主教们见面时谈到:现在,在中学需要以不同形式教授宗教(这里所说的宗教不只是某一种宗教)知识,在制定教育标准时要考虑将精神道德教育纳入其中的必要性。2009 年 7 月 1 日,各宗教派别领导人与梅德韦杰夫总统就教学计划中出现俄罗斯传统宗教和世俗伦理方面内容的必要性进行讨论,之后,梅德韦杰夫总统在宗教界代表会上发布了支持在中小学校教授宗教文化基础知识和世俗伦理的决定。2010 年 1 月 1 日起生效的新一代《俄联邦基础普通教育标准》中将“俄民族精神道德文化基础”科目列为中小学生的必修课,在四年级的最后一个季度,五年级的第一个季度开设这一课程。

“宗教文化和世俗伦理基础”共由六个模块组成:东正教文化基础、伊斯兰教文化基础、犹太教文化基础、佛教文化基础、世界宗教文化基础和世俗伦理学基础。六个教学模块在教育目标、基本任务、基本的民族价值、教学大纲结构和对教学内容掌握的要求方面相互协调一致,学生依据自愿的原则选择其中的一门进行学习。

2010 年,“宗教文化和世俗伦理基础”课程已在俄罗斯 21 个地区以实验性质展开。2012 年起在所有俄联邦主体开设此课程。目前,以莫斯科为例,该城市大多数学生选择世俗伦理学基础,占 55.9%;28.8% 选择世界宗教文化基础;14.9%选择东正教文化基础;0.2%选择伊斯兰教文化基础;0.1% 选择佛教犹太教文化基础。[1] 课程紧紧围绕“祖国、家庭和宗教”三个俄民族基本的传统价值展开，集中体现了“道德教育应以俄罗斯多民族国家的历史和文化以及基本的民族价值为基础”的思想原则。[2] 除了专设课程以外，中小学开设的其他文化课程也都渗透了思想道德教育。

4. 德育形式和内容灵活多样

除了专设课程以外，德育贯穿于其他社会学科教学中，在历史、地理、自然、文学等基础课程的教学过程中，通过介绍祖国辽阔的疆城和丰富的物产，分析文学作品中鲜明的典型形象，使学生在获得各种知识的同时，唤起学生爱憎、荣辱等多方面的情感。组织丰富多彩的课外、校外活动也被视为道德教育的最有效途径之一，中小学校一般专设一名副校长负责学校道德教育工作，学校常组织开展多种形式的活动。如举行读书会，读报会等活动。每逢国家性的传统节日，如十月革命节、建国纪念日、卫国战争胜利纪念日。学校都举行不同形式的纪念活动，发挥重要节日的教育意义。

为了庆祝二战胜利 70 周年，2014 年，俄罗斯教育科学部发文要求全国各中小学在 2014—2015 学年开设纪念卫国战争胜利 70 周年的主题课，旨在培养学生形成重要的个性品质，包括俄罗斯公民认同感，公民意识、责任感和使命感，以及对历史传统的尊重。建议组织的主题课包括：

- 卫国战争 70 周年纪念日
- 战胜日本军国主义 70 周年纪念
- 柏林战争 70 周年纪念
- 克里米亚和塞瓦斯托波尔并入俄罗斯联邦
- 俄罗斯联邦文学年
- 别斯兰事件 10 周年

---

〔1〕 Главная проблема преподавания школьникам религиозной культуры и светской этики-незнание предмета самими учителями[EB/OL]. [2014-08-19]. http://www.gazeta.ru/social/2013/05/08/5316501.shtml.

〔2〕 А. Я. Данилюк, А. М. Кондаков, В. А. Тишков. Учебный предмет《Основы духовно-нравственной культуры народов России》[J]. Педагогика. 2009,(9).

- 俄罗斯文化年
- 艾尔米塔什博物馆创建 250 周年
- 第一次世界大战开始 100 周年
- 谢尔盖·拉多涅日斯基神父诞辰 700 周年[1]

同时建议学前教育机构和中小学校开展题为“我的故乡”主题课,邀请著名人士共同参加。

课程形式灵活多样,举办专题展览,校组织参观二战战场,拜访老战士,举办作品展、体育竞技,举办主题为“苏联和俄罗斯英雄”“孩子—英雄”图书或照片展。邀请老战士参加这类课程。俄教科部要求,主题课应关照学生年龄特点。小学阶段多以游艺形式开展,1—4 年级学生可以开设“勇气课程”,主题竞赛和问答比赛,初中阶段可结合卫国战争历史课让学生更多地在认知和实践中掌握相应的知识。这类课程要求将教育形式与德育活动相结合。

第二节 俄罗斯中小学的法制教育

法制教育在俄罗斯并非新生事物。从 20 世纪 80 年代开始,苏联学校就设有“苏联国家和法律基础”课,高年级学生开设了“列宁的国家说”“列宁的社会主义法制说”“国家与法的起源”“法与道德”“我们的苏联法律”等讲习班,此外还经常性组织道德法制问题的讲座、晚会、讨论、小组活动,组织学生与司法机关工作人员进行座谈等活动,以此来增强青少年的法律知识,形成法制观,养成遵纪

---

〔1〕 Министерство образования и науки Российской Федерации. Письмо от 26 июня 2014 г. №НТ-694/08《О ПРОВЕДЕНИИ ТЕМАТИЧЕСКИХ УРОКОВ В 2014/2015 УЧЕБНОМ ГОДУ》[EB/OL]. [2015-04-18]. http://mosmetod.ru/metodicheskoe-prostranstvo/klassnyj-chas/o-provedenii-tematicheskikh-urokov-v-2014-2015-uchebnom-godu.html.

守法习惯以及对自己行为负责的意识。法律意识由法律在国家社会生活中的作用所决定的,在权力大于法律的情况下,人们只有在发生冲突时才认识到法律的意义。对俄罗斯人而言,法律在经济和社会关系方面的基础性作用长期没有得到足够的重视。

一、法治国家建设要求公民具备基本法律素养

从20世纪90年代开始,俄罗斯社会发生了根本性的变革,出现了与其相伴的社会转型时期的危机。这一阶段,也是俄罗斯建设公民社会和法治国家的阶段,法律教育的意义凸显。俄罗斯人开始理解,除了法律,不可能有任何其他手段来维护自身的权利。与其他年龄阶段的人口不同,在经济改革期间成长起来的俄罗斯年青一代,已经认识到法律在社会生活中的意义,并将其视为维护自身权利的工具。俄罗斯社会对法律教育的态度也有所改变,俄罗斯迎来了非常明显的"法律教育的繁荣时期",国立法律院校的招生人数和比例明显增加,法律专业在中等专业教育发展迅速,甚至是私立的法律院校也发展很快。

法律素养是合格公民应具备的基本素养。法律素养表现为对反映法律事实的法律知识的掌握,对法律现象的认识和态度及与守法行为的统一。形成法律素养需要了解法律的价值,掌握法制环境中能够采取有益于社会行为的经验。个人的法律素养的形成通常有两种形成途径,一种是在是在法律事实的影响下自然形成;另一种途径就是法律教育。

法律教育是形成公民法律素养的条件,它有助于公民认识法律的社会价值,理解现行法律的意义。法律意识是法律素养的核心,它提醒人们行为和举动要遵纪守法。因此,形成正面的、完整的法律意识是法律教育的主要目标,当前在俄罗斯,公民的法律教育在城市、农村,在地区和整个国家层面都是一个重要的问题。

二、中小学法律教育的探索

社会转型初期,俄罗斯社会的犯罪率一度陡升,按照社会学家的研究,1994年,俄罗斯有一半犯罪是14—30岁的青年所为,而且多数都是直接参与有组织

的犯罪。16—17 岁青少年犯罪率最高，并且所犯罪行最重。1995 年，俄罗斯内务部破获的案件中，20.81 万未成年犯罪分子中有一半既不学习，也不工作。为预防未成年人犯罪，俄罗斯很多地区和学校制定了《未成年人犯罪预防计划》，其主要内容是强调法律教育的预防意义。在建设法治国家和公民社会的进程中，培养负责任的公民成为中小学教育的重要任务。完成这一任务要求改革中小学公民-法律教育的内容、形式和目的。

1. 俄罗斯中小学法律教育处于起步阶段

在 20 世纪 90 年代以前，当时的苏联出现了一些不同于传统学校的创意型学校，这些学校产生了世界性影响，这类学校自己编写数学—自然科学教材，促进了数学—自然科学类课程的教材编写质量的提升，人文类课程教科书编写相对滞后。90 年代初俄罗斯社会新的政治和经济现实的出现，使得发展人文教育，人文类课程新教科书编写受到特别关注。1992 年之前出版的《国家与法律基础》教科书被取消，能够替代它的教科书编写成为迫切需要解决的问题。同年，俄罗斯联邦教育部和俄罗斯联邦司法部计划开展法律教育教科书编写竞赛，竞赛结果是没有一个创意被最终采纳。目前，鉴于俄罗斯法治国家建设尚处于起步阶段，法律教育与中小学法律教育建设也处于起步阶段。相关教科书的完善工作仍在继续。在课程设置方面，因为受课时数量的限制，以综合性课程组成模块的形式开展法律教育被认为是可行的教学形式。

2. 法律教育以地区课程形式纳入到部分中小学课程体系

俄罗斯中小学法律教育的实践是在法律改革的背景下展开的。1996 年 2 月，为了保证俄罗斯社会法律改革的落实，由联邦政府下令组建“俄罗斯法律改革基金会”。开展中小学法律教育是推进法制社会建设的重要内容，俄罗斯法律改革基金会制定了《俄罗斯法律改革基金会背景下的法律教育构想》(*Концепция правового образования в контексте российского фонда правовых реформ*)。该构想提出的法律教育的方案从 1997 年 7 月开始以教育试验的形式投入实施，构想提出在市场经济条件下，法律作用日渐凸显，要对中学高年级学生开展更为广泛的法律教育。构想的目标是为 7—11 年级学生制定法律教育计划，并为该教育计划的广泛实施创造条件。在方案的框架内要制定、出台并且调整针对七、八、九年级学生的"法学知识基础"教育教学法体系,对法学教师进行培训,并研制相应的教学法用书。这是俄罗斯首次尝试构建这样的法律教育教学体系。

《俄罗斯法律改革基金会背景下的法律教育构想》提出的法律教育方案的特点主要在于:法律教育第一次不是以讲故事或者其他不连续的形式出现,而是要作为完整的中小学课程出现在中小学校。法律教育教学材料主要是要解释法律的一般原则,以及法律机制职能的发挥,让学生理解自己生活在法治社会,促进学生法律意识的形成。相关研究显示,越早开始培养法律意识,就越有可能杜绝违法行为。构想的最终目标是要将普通学校学生引入到法律空间,使中小学生积极地学习法律知识,使中小学生明白法律在社会中的意义,尊重其他社会成员的权利,培养运用法律信息的习惯,以及寻找专业的法律援助的能力。俄罗斯法律改革基金会提出的开展法律教育的倡议得到许多地区中小学校的支持,并将这一课程纳入为教育标准的地区部分。

3. 法律教科书编写及教学方式探索

中小学法律教育的最终目标不是培养律师,而是培养公民,培养中小学生对学习法律的热情和需求。为此,在编写中小学法律教材时需要找到法律术语、法律原则以及法学内容掌握间的平衡,将教育学、教学法以及法学有机结合起来。多样化的法律教科书向教师提供了广泛地选择法学知识的教学法方式以及呈现形式,以及组织教学掌握这些知识的方式可能。实验证明,在开展法学基础课程学校的学生对于法律学习的兴趣提升,对法律知识的需求增强。在实验区教师已有的经验基础上,将法律教育纳入中小学教育计划中,对于培养学生的价值观、文化观以及社会习性非常有益。在教学方式上,尝试从以讲座方式陈述内容转变为生动的讨论方式。

4. 多种途径开展法律教育

现在没有准确的数据说明法律教育在俄罗斯地区的分布。但是,据间接数据显示,50%以上的普通学校以各种形式、不同的课时容量开展法律教育。通常在八年级以前,主要通过课外活动形式开展法律教育,10—11 年级则通过开始"法律""社会知识"等专设课程开展,通过学习这些课程,提升学生的法律素养,规范学生行为,而且可以预防犯罪。除了专设课程以外,在文学课、历史、社会学、经济学课程中也开展法律教育。

丰富多彩的课外活动也是开展法制教育的重要途径，特别是在低年级阶段。在5—8年级这一阶段，可组织小组讨论等活动。9—11年级，可组织学生参观了解法院、警察局等机构的活动，通过这些活动培养学生的法律意识，以及要为自己行为负责的责任感。

举办法律知识竞赛是推进法律教育的重要途径。俄罗斯定期举办全俄罗斯法律知识奥林匹克竞赛，竞赛情况表明，随着法律教育在中小学阶段的推广，在法律知识掌握方面取得好成绩的中小学生数量逐年增加。竞赛同时显示，奥林匹克竞赛的优胜者中在侧重法律学习的学校——法律实科学校、法律文科学校的学生居多，这说明此类学校和普通中小学校学生在法律知识方面有着巨大的差距。竞赛的情况也显示：中小学生最熟悉的是宪法，人法，刑法，相对而言，对于财产的法律调节知识掌握不足，这和学校开设课程的内容有关，学校主要开设"法学基础""政治与法律""法律与政治""公民学"等课程，较少关注财产和经济方面的内容，导致中小学生对于经济领域的法律问题的重要性认识不足。这一中小学法律教育组织方面的问题在最为明显，也是中小学法律教育最为迫切需要解决的问题。

三、法律教育的圣彼得堡模式

在俄罗斯中小学法律教育领域，圣彼得堡模式是认可度较高的模式。圣彼得堡模式开创至今，已经有20年历史。早在苏联解体初期的1994年，圣彼得堡教师技能大学人道主义教学理论与教学法教研室制定了《中小学伦理与法律教育构想》(*Концепция этико-правового образования в школе*)，并在圣彼得堡市24所中小学校开展法律教育试验。1995年5月，构想被提交至圣彼得堡市教育委员会，建议在全市中小学校推广。1998年，由圣彼得堡教师技能大学人道主义教学理论与教学法教研室创建的俄罗斯伦理—法律教育与公民教育科学教学法综合支持体系的工作完成，该项工作得到了肯定，《中小学伦理与法律教育构想》以及系列教科书的倡导者艾里阿思贝格(Н. И. Элиасберг)获得了俄罗斯联邦政府奖。从1998年开始，按照圣彼得堡市教育委员会的建议，开始在广泛的教学实践中开展伦理—法律教育。2000 年,圣彼得堡市有 1/4 的中小学校参与开展“伦理—法律教育”课程。

从 21 世纪初,在已研制完成伦理法律课程的基础上,又增加一系列培养学生公民爱国主义积极性的中小学生课外活动,这一体系获得了“公民法律教育体系”名称。由于该体系在教育实践中得到认可,以及其特有的教学内容及组织形式,2003 年,该体系开始被称为“公民法律教育的彼得堡模式”,这名称突出该体系的独特性。《2005—2010 圣彼得堡中小学发展构想》强调要全面支持该体系在中小学教学实践中的推广。

1. “公民法律教育的彼得堡模式”的特点及“思想基础”

注重发展学生的社会公民素养和公民立场需要选择教育内容，以确保教育内容在认知、价值观以及实践活动的统一。“公民法律教育的彼得堡模式”的明显特征在于:

① 1—11 年级整个中小学教学阶段公民法律教育具有整体性和系统性,可以保证不同阶段法律教育的连续性,以及教学过程和课外活动的有机联系。

② 法律教育方向表达明确,其目的就是要培养学生的道德、法律及政治素养,以及宽容心、爱国情和公民性。

③ 将伦理、法律问题作为系统整合的内容从其他知识领域(经济、政治、文学)剥离出来纳入为公民教育内容。

④ 在教学过程中,建立 1—11 年级纵向的伦理法律专设课程。

⑤ 通过独特的教学心理学技术,保证教学过程中口头表述和活动教学的统一,保证逻辑与感觉的统一,促进学生交往素养的发展,使学生具有宽容心、自我组织能力和创造力。

中小学法律教育的纵向联系表现为教学内容选择的统一和连续性,以及教学方法的统一性与连续性。这种统一与连续由共同的“思想基础”来保证。共同的“思想基础”包括人道主义思想,即法律的民主原则,人道主义伦理价值观,以及人道主义教育学思想,以此来保证对个体的尊重,实现对人的培养。

伦理、法律和教育学意义的人道主义思想成为了三块基石,以此为基础,构建起伦理法律教育体系,也决定了该体系的人道主义倾向,以及其内容和教学活动的特点。人与公民的权利和自由,以及权利与自由的落实和保障,是法律人道主义思想的重要组成部分,并决定了学生法律教育的内容以及其思想内容。

人道主义伦理和法律的结合能够保证将人视为地球上最有价值存在,互动式的教学方式的应用使学生不仅掌握与人积极交往的经验,而且有助于学生规避冲突,在冲突发生时找到文明的处理方式。

2. "公民法律教育的彼得堡模式"的阶段划分

"公民法律教育的彼得堡模式"分为四个阶段:

第一阶段——小学阶段,1—4 年级;

第二阶段——基础教育阶段,5—7 年级;

第三阶段——基础教育完成阶段,8—9 年级;

第四阶段——完全中等教育阶段,10—11 年级。

每一阶段的学习内容的核心是伦理法律的垂直联系,这种垂直联系通过专设课程来体现:

第一阶段——"我与世界",1—4 年级;

第二阶段——"社会学知识""社会实践",5—7 年级;

第三阶段——"自由国家中的人权",8—9 年级;

第四阶段——"社会学"课程以及"法律"课程。

每一阶段课程设置及学习要求不同,在 1—4 年级,学习课程为"我与世界",每周 1 课时,每学年 34 学时。此外,学生从入学开始,要学习"学生守则",通过学习"学生守则"来辨别什么是良善行为,应该杜绝什么行为。在 5—7 年级,甚至 8 年级,主要通过开设"社会实践"课程开展法制教育,每周 1 课时,每学年 34 小时。在 8—9 年级,开设法学课程——"自由国家中的人权",每周 1 课时,每学年共 68 学时;此外,学生可选修"欧美国家中的法律发展",每学年 34 小时。在 10—11 年级,开设历史哲学(社会学)课程——"欧洲人文价值和现代世界问题"及"法律"课,每周 2 课时,11 年级每学年共计 68 学时,10—11 年级共计 136 学时。设选修课程,包括"法律历史",共计 68 学时;法学原理,共计 136 学时。另设学生选修课程——"欧美国家中的法律发展",每学年 34 学时。详见表 7-2。

表 7-2 “公民法律教育的彼得堡模式”的中小学法律教育体系[1]

法律教育阶段	教育体系	
	教师参考资料	针对学生
第一阶段(小学):学习《我与世界》,1—3 年级每年 34 学时,甚至 4 年级	1.《中小学生法制教育内容》 2.《小学生法制教育》 3.《学习思考自身思考他人》读本 4. 帮助“我与世界”课程教师规划教学,教授经验 5. 帮助“我与世界”课程教师组织 1—3(4)年级游戏	1.《学习思考自身思考他人》读本 2.《儿童的权利——你们的权利》
第二阶段 5—7(8)年级:“社会实践”课程,5—7 年级每年 34 学时,甚至 8 年级	1. 以《中小学生法制教育内容》作为构想 2.“社会实践”课程计划 3.“社会实践”教学法建议 4.《关于人权的国际文件》文选读本 5.《俄罗斯法律中的未成年人人权保护》文选读本 6.《学习思考自身思考他人》读本(5—6 年级) 7.《思考最重要的》(7—8 年级) 8. 帮助“社会实践”课程教师(5—7(8)年级)进行诊断,心理学故事 9. 帮助“社会实践”课程教师进行规划,分享经验	1.《学习思考自身思考他人》读本(5—6 年级) 2.“思考最重要的”(7—8 年级) 3.《俄罗斯法律中的未成年人人权保护》 4.《关于人权的国际文件》
第三阶段(九年级,8—9 年级): 1. 法学课程“自由国家中的人权”共 68 学时 2. 学生选修“欧美国家中的法律发展”,34 学时	1. 以《中小学生法制教育内容》作为构想 2.“欧美国家中的法律发展” 3.《关于人权的国际文件》 4.《俄罗斯法律中的未成年人人权保护》 5.“思考最重要的”	1.“自由国家中的人权” 2.“思考最重要的” 3.“欧美国家中的法律发展” 4.《俄罗斯法律中的未成年人人权保护》 5.《俄罗斯联邦宪法原理——表格和图表》

[1] Система правового образования в школе и воспита-ние гражданина России: Книга для руководителя школы/ Под ред. Н. И. Элиасберг. -СПб. : СпецЛит, 2001.-443 с. 23-26.

续表

第四阶段——10—11 年级： 1. 历史哲学(社会学课程)“欧洲人文价值和现代世界问题”，68 学时（11 年级），(10—11 年级) 136 学时 2. 选修课程：“法律历史”(68 学时)；“法学原理”(136 学时) 3. 学生选修“欧美国家中的法律发展”(34 学时)	1. 以《中小学生法制教育内容》作为构想 2. “欧洲人文价值和现代世界问题” 3. 法律历史 4. 法学原理 5. “欧美国家中的法律发展” 6. “法学原理”教学建议 7. “关于人权的国际文件”	1. “欧洲人文价值和现代世界问题”(10—11 年级) 2. 法律历史 3. “欧美国家中的法律发展” 4.《关于人权的国际文件》

每一教育阶段的任务不同。在第一和第二阶段特别注意伦理教育，揭示道德教育的内容和意义，培养人道主义的价值观。正是因为在第一阶段和第二阶段形成了人道主义的价值观，这为学生在第三阶段对法律现象做出有益于社会的评价，形成正面的法律情感和定位奠定了基础。第三阶段，也就是基础教育阶段结束阶段，是学生法律知识体系的形成阶段，法律知识的核心是俄罗斯公民的权力、自由和责任。第四阶段，学生的法律素养持续形成阶段。这一阶段的法律教育要考虑中学毕业后，学生要扮演的社会角色，包括中学毕业生的角色，大学生的角色，义务兵、军人、雇员、企业家以及选民的角色。因此，在 10—11 年级，学生要掌握必要的法律知识、技能和定位。

第三节　学校德育实践

莫斯科国立第一中学创建于 1956 年，距离莫斯科大学不远，附近有很多文化中心。在该校工作计划中，思想道德教育工作都有详细的规定。每个学年都有不同的教育任务和内容。2011—2012 学年思想道德教育主要任务将培养学生的集体主义精神，集体放在首位，继续培养学生良好的精神面貌和审美观。主要的道德培养工作中包括劳动教育、社会活动、艺术审美教育、道德—法律教育等。

一、学校德育工作的主要方向

1. 知识认知活动

这一部分的德育工作的主要任务是通过德育工作努力创造条件，形成、发展和完善学生的认知水平；为学生创造机会表现其在学校及其他方面的认知水平；探索和影响学生的视野、认知兴趣和兴趣；等等，如表 7-3 所示。

表 7-3 莫斯科国立第一中学各年级德育活动计划[1]

№	年级	活 动	进行活动的时间
1	5—9	智力马拉松	12 月
2	5	测试“它是在哪里生长?”	11 月
3	5	自然中的行为文化	4 月
4	5—9	“保护自然—保护生命”	4 月
5	8—9	快乐智谋俱乐部活动	12 月
6	5—6	认知游戏“最美好时光”	12 月
7	9—11	“谁想成为百万富翁?”	4 月
8	10	游戏“什么? 在哪里? 什么时候?”	3 月
9	5—10	“爱书吧!”	12 月

2. 体育健康活动

创造条件让孩子保持健康身体；培养学生像需求生活价值一样需求健康，有意识地渴求健康的生活方式，培养学生积极对待体育课和运动课；培养对待自己健康和周围人健康的责任感；等等，如表 7-4 所示。

表 7-4 莫斯科国立第一中学各年级体育活动计划[2]

№	年级	活 动	活动时间
1	5—7	卫国纪念日体育节	2 月
2	1—11	健康课	11 月
3	5—6	快乐智谋俱乐部“健康”	11 月

〔1〕〔2〕 [2013-03-06] http://sch001.ru/home/activities/educational/.

续表

4	5—11	旅游者的足迹	9 月
5	5—8	卫生防尘	11 月

3. 艺术审美活动

增加学生审美文化基础，培养学生区分好发现美好事物的能力；发展学生艺术才华；培养对美好事物的喜欢之情；等等，如表 7-5 所示。

表 7-5 莫斯科国立第一中学各年级艺术活动计划[1]

№	年级	活　动	活动时间
1		绘画展览“幸福的童年——有我，有你”	按照学校计划表
2	5—6	静物素描秋天的树叶	9 月
3	5—7	妈妈的节日	3 月
4	6—9	游戏—竞赛“我要成为一名士兵”	2 月
5	1—4	“把我们的问候献给妈妈”节日演出	3 月
6	1—6	“金色秋天”	10 月
7	1—6	写生秋叶	10 月
8	6—8	“来吧，小伙子们！”	2 月
9	6—8	“来吧，姑娘们！”	3 月
10	6—7	测试“向前冲，小伙子们！”	2 月
11	1—6	“妈妈，我们的幸福”献给妈妈的祝福	3 月
12	1—6	年轻艺术家的节日“我们描绘秋天”	10 月

4. 劳动教育和社会活动

让每一个孩子都理解，平日里的工作日也能都变成节日；吸引学生们参与社会活动，培养学生对待个人责任的自觉态度，培养学生劳动生活方式的形成；等等，如表 7-6 所示。

表 7-6 莫斯科国立第一中学劳动教育和社会活动计划[2]

№	活　动	活动时间
1	学校的轮流值日	按学校计划
2	“培育室内植物”——移植、照看鲜花	9 月和 5 月

〔1〕〔2〕 [2013-03-06] http://sch001.ru/home/activities/educational/.

续表

3	“周围美景—与垃圾做斗争”打扫校园	每个季度末
4	采摘花朵	10 月和 5 月
5	与特别需要关注的孩子进行交流，谈论对个人责任的自觉态度	一年中必要的时候
6	“劳动让人魅力”谈辛勤工作	10 月

5. 道德与法律活动

创造条件让学生展示其道德知识、技能，完善其道德行为；让学生了解道德法规和前辈的道德行为；让学生了解主要法律，形成内在和外在的法律文化，让基本道德素质(公正、尊重、怜悯、恩悲、责任感)成为学生们生活中不可或缺的一部分；培养学生的意志，以及对自己的强弱都能进行自我批评的能力；等等，如表 7-7 所示。

表 7-7 莫斯科国立第一中学各年级道德法律活动计划〔1〕

№	年级	活 动	活动时间
1	1—5	课程“什么是善良和丑恶”	11 月
2	5—7	“友谊从微笑开始”	10 月
3	1—5	“火柴不是玩具”	3 月
4	1—5	课程“老师在微笑”	11 月
5	1—11	我们的责任	12 月
6	1—10	“许下诺言，就要守信”	3 月
7	1—11	学校的纪律是什么?	12 月
8	1—11	关注周围人	3 月
9	1—9	你们的行为和其他人的行为	12 月
10	1—11	公正与诚实	3 月

6. 自由交流、父母工作

家长工作主要是了解学生家庭生活的物质条件，其心理状况以及孩子在家庭中的特殊行为；通过家庭研究学生；通过家长会议、主题或个人咨询交流等体系对家长进行心理-教育辅导；共同度过休闲时间。自由交流主要包括研究每个孩子在集体中的状态，在与同龄人交流过程中出现的问题；在班级创造有利于交流的情景、气氛；等等，如表 7-8 所示。

〔1〕［2013-03-06］http://sch001.ru/home/activities/educational/.

表 7-8　莫斯科国立第一中学各年级自由交流活动计划[1]

№	活动名称	活动时间
1	选举家长委员会	9 月
2	与学校心理教师交流	按计划
3	家长参与创新小组	一年内
4	家访	一年中的必要时间
5	与问题孩子及其家长进行会谈	一年
6	家长与学校行政干部、教师会谈(学校开放日)	按学校计划表
7	家长参与课内外活动	按学校计划表
8	主题家长会议的调查问卷	在家长会议前
9	家长会议	一年内

二、德育课程安排

从该学校 2011—2012 学年基础普通教育阶段和完全普通教育阶段的课程安排可以看出,学校进行道德思想教育的具体情况,如表 7-9 所示。

表 7-9　莫斯科国立第一中学 2011—2012 学年 5—11 年级道德思想教育课程表[2]

	五年级(a 班)	六年级(a 班)	七年级(a 班)	八年级(a 班)	九年级(a 班)	十年级(a 班)	十一年级(a 班)
星期一	世界艺术文化课(1 学时)	劳动课(1 学时)					
星期二	劳动课(1 学时)	世界艺术文化课(1 学时)	世界艺术文化课(1 学时)				社会课(2 学时)
星期三	劳动课(0.5 学时)	劳动课(1 学时)					
星期四	劳动课(0.5 学时)			世界艺术文化课(1 学时)	世界艺术文化课(1 学时)		
星期五			社会课(1 学时)		社会课(1 学时)	社会课(2 学时)	社会课(1 学时)

[1][2] [2013-03-06] http://sch001.ru/home/activities/educational/.

三、课外活动和学校文化

除了设置专门的课程之外，该校还通过各种课外活动进行思想道德教育和良好品质的培养。学校有很多传统，这些传统的学校活动反映了丰富的学校生活，形成了独特的校园文化，很好地展现学生、教师的风采。比如：知识节、旅游聚会、秋天的节日，教师节，航空与宇航员之日等。在旅游聚会中，这些活动不仅锻炼学生们的自理能力，锻炼他们的意志，培养他们集体协作的能力，增加集体的凝聚力。在航空与宇航员之日中，大家了解宇航知识，了解苏联宇航员为苏联乃至世界所作出的杰出贡献，了解加加林（А. Гагарин）的成长经历和光荣事迹。培养孩子们崇敬民族英雄的情结。祖国保卫日活动是培养孩子们爱国情操的"重头戏"，学生们从中了解卫国战争期间，俄罗斯人们如何保卫国家，英勇战斗的事迹。

在爱国主义教育实践活动中，学校的军人荣誉博物馆有着不可替代的作用。学校博物馆创建于 1977 年，2004 年进行了较大的修缮。每周一、周二、周三和周五上午八点到下午四点开馆。该馆主要展示苏联装甲兵团的创建和战斗历史。博物馆中陈列着苏联第九装甲兵团曾经战斗的历史资料。有战斗事迹介绍，也有英雄战士的照片，还有战士们曾经使用过的一些武器和物品。这些资料真实再现了当年苏联第九装甲兵团浴血奋战，保卫祖国，保卫家乡，保卫人民的英雄事迹。学生们在这里可以接受到广泛的爱国主义教育，在胜利日（День победы）或者一些传统节日中，学校组织特殊的活动，加强学生的道德思想教育。

除此之外，学校还组织一些课外活动来贯彻爱国主义和公民教育。2012 年 2 月，学校组织八年级一班同学召开辩论会，讨论如何在学习、劳动和运动中做个意志坚强的人。2012 年 4 月，同学又召开名为"我是莫斯科人——我自豪"的专题活动。学校每个班级在每个学期都有类似的专题活动。

在社会转型后新的历史条件下，俄罗斯道德教育内容及形式发生了很大变化。《俄罗斯公民精神道德发展与公民道德教育构想》明确了道德教育的目的、原则及实施途径，试图将精神道德文化、精神道德发展以及道德教育结合在一起。同时，在俄罗斯建设法治国家和公民社会背景下，以培养遵纪守法的公民为目标，俄罗斯开始了中小学法律教育的探索，并形成了“法律教育的圣彼得堡模式”，该模式影响广泛，并在推广和实践中不断完善。

俄罗斯中小学道德教育内容和发生改变的同时，也保留传统的道德教育内容，如劳动教育和审美教育，学校设立劳动课，通过劳动学习和实践，发展学生的社会积极性，形成其劳动技能和能力，为学生为有意识地进行职业选择，开展积极的劳动做好准备。审美教育是俄罗斯德育的特色，苏联教育学认为，审美教育，是培养他们审美概念、兴趣和标准，并发展他们在艺术方面的创造性素质和能力。〔1〕 审美教育的实质是培养学生对于美在艺术和生活中的充分知觉能力和正确理解的能力，对于学生性格养成具有积极意义。2001 年，俄罗斯联邦文化部和教育部联邦颁布了《艺术教育构想》，艺术审美教育被纳入到俄罗斯中小学课程中。在德育实现方式方面，也继承了历史以来形成的德育传统，充分利用校内外资源，通过组织丰富多样的课内外活动仍然是俄罗斯道德教育的一大特点。

〔1〕［俄］И. Ф. 哈尔拉莫夫. 教育学教程［M］. 丁酉年，等译. 北京：教育科学出版社，1983：410.

第八章

基础教育信息化

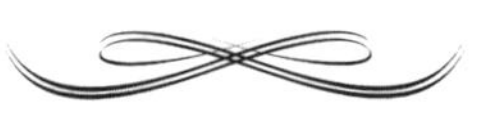

第一节　薄弱的教育信息化基础亟待发展

俄罗斯教育信息化起步比较晚，在20世纪90年代，俄罗斯学校的信息化状况不能令人满意，而基础教育机构的教育信息化状况尤其令人堪忧。进入21世纪之后，俄罗斯政府也开始着手颁布教育信息化纲要，规划教育领域未来信息化的发展。

20世纪90年代，俄罗斯基础教育机构的大部分计算机房是由1985—1992年所规定的第一代计算机构成的，它们无法安装Windows 95/98标准操作体系，而当时俄罗斯绝大多数个人电脑用户已经应用Windows 95/98标准操作体系。在随后的7～8年里，俄罗斯基础教育机构也未能集中购置大量的电脑设备。俄罗斯是世界上唯一一个计算机数目正在缩减的国家(据IEA 1999年的研究资料)。一台具备现代异地连接点的计算机须供500多名学生共用，而在许多欧洲国家则只有10～15名学生共有一台这样的电脑。在俄罗斯不到2%的基础教育机构已联入互联网，只有1.5%的基础教育机构拥有全球网登陆端。[1]

在建立教育信息统一空间的过程中，农村学校占有特殊地位，就读于其中的学生大约为全俄中小学生的三分之一。全俄教育系统有3.148万所农村基础普通学校和大约1.5万所农村复式初等教育学校。在农村学校中，极其缺乏教学用书和教法书籍，缺乏直观和演示教具以及实验设备。甚至按现行标准看，总共只有5%的农村学校于2000年底装备了电脑工艺技术。由于许多农村学校缺乏电话联系网，导致学校无法实现电子邮件的正常往来，电子邮件不能成为最广

〔1〕 肖甦，王义高. 转型时期重要教育法规文献汇编[M]. 北京：人民教育出版社，2009：495.

泛、最简单的远程交际手段。[1]

当时俄罗斯基础教育学校中,教育信息化技术并没有得到广泛的使用,其中受很多条件的制约。例如:中小学校内的教学设备老化严重;互联网上缺乏俄语教育信息;很多教师没有掌握信息技术;全国基础教育机构加之实施补充教育的机构实施教育信息技术,接入互联网所需的相应资金、人力和设备都是一个很大的工程量,也是个很艰巨的任务。

第二节 国家宏观部署教育信息化战略

为改变俄罗斯教育信息化基础薄弱的困境,实现信息技术在教育领域的广泛应用,21世纪初,俄罗斯开始颁布多项教育信息化政策,指导、规范教育信息化发展。

一、2001—2005年发展统一的教育信息环境规划

俄罗斯教育信息化规划的主要目的是在俄罗斯联邦建立和发展统一的教育信息环境,以保证构建国家统一的教育空间,促进俄罗斯境内各地区的教育质量,挖掘、发展和有效利用国家科学和教育潜力。在信息教育技术发展的基础上,分批次地提高教育水平,为侨居在俄罗斯的外籍人员提供优质的教育服务等。

教育信息化规划的主要任务是构建教育系统的信息工艺技术基础设施,其中包括:建立教育发展的联邦信息保障和科学-方法保障体系;给教育机构提供计算技术手段、获取全球信息资源的手段、一般系统程序手段和应用程序手段、以及技术服务;将新的信息技术和远程交际工艺运用于教学过程,主要体现在以

---

〔1〕 肖甦,王义高.转型时期重要教育法规文献汇编[M].北京:人民教育出版社,2009:495.

下方面:在教学过程中自制和运用电子教材,研制和利用电子信息技术在教学过程中运用。逐步培养培训师资队伍和技术人才,使之在教学过程中,熟练运用最新的信息技术,提高教育质量。

1. 教育信息化规划的主要内容

为促进教育信息化发展,2001 年 8 月,俄罗斯颁布了《2001—2005 年发展统一的教育信息环境规划》。发展俄罗斯统一的教育信息环境主要从以下几个方面入手。

(1) 发展教育领域的信息工艺技术

规划指出,联邦政府须为教育发展构建统一信息保障和科学—方法保障体系。为满足各层次教育的教学过程的需要,着手编制电子教材和信息技术手段清单,开发教学电子设施及其软件,组织建立电子教材图书馆,确保更多的人能免费登陆获得所需信息。组织建立开放的远程教育系统,开发各级学校学生的互动远程教学技术。为确保安全顺畅享受网络教育资源,组织制定信息安全计划,构建国家资源中心网络。为规范开放教育和远程教学,国家着手制定包括远程教学技术、信息技术、教育信息支持、远程互动网络、开放体系、信息数据传达、保存和加工体系在内的多项开放教育规范性和标准型文件。

基础教育机构信息化是中小学校由原来的传统教育向使用信息技术新教育的过渡,也是基础教育培养内容及其方法和组织形式的变革过程。在教育现代化及教育内容、教学方法、教学过程组织形式不断更新的背景下,应研制出一些必要的电子教学手段,并注意与传统载体的教学手段进行整合。在最新技术的基础上开发电子教材,解决传统方法无法完成的教育任务。有效地利用为学校配置的电脑技术和遥控交际技术,将这些电子教材投入到基础教育的教学过程中。该规划还指出要为身体有缺陷的学生创建电子教材和电子支持手段,以便其接受超值的教育及必要的特殊(矫正)帮助。规划还强调要发展各种用于孩童补充教育体系的网络资源,充实教育机构的物质基础,支持开展农村学校学生的课外学习。

为建立有效的教育信息环境,将开发包含电子载体的教科书、习题集、方法材料、咨询文献、发展性游戏、加深学习外语的材料、测验资料、诊断材料、高等师范教育的模块等多种材料,以备教师和学生访问教育端口。首先将研制或编完现有的教学用书,其中包括电子教学参考书、学校多媒体百科全书或其他信息咨询材料、电子实验室实习课材料、用于独立作业的练习材料以及供教师使用的教法材料等，以能保证完成基础教育学校的基本教学计划，在创建电子教材及教学过程的电子支持手段时，也须关注地区民族特点。

(2) 师资人员、行政人员和工程技术人员的业务进修和职业再培训

国家组织师资、行政、工程技术人员在新兴信息工艺技术领域的业务进修和职业再培训，并为其编写进行培训的教学大纲，研制信息技术领域的教学方法手段。具体包含地方(市)教育管理机关领导人员和专家、教法服务机构领导人员、教育机构领导人员在内的行政管理人员的培训大纲；基础教育机构和其他教育机构的老师、教员、工程技术人员的培训大纲；特殊(矫正)机构的领导人员、低年级老师、实践型心理学家的培训大纲等。为确保各类人员业务进修的组织和实施，依据教育机构在新兴信息技术领域现有的业务进修经验、物质技术基础状况及其地域分布，将挑选出高等学校、补充职业教育机构、地区计算机中心和校际电脑中心来完成该项任务。为完成教师的业务进修计划，须首先挑选培训教师——多媒体专家。教师的业务进修和职业再培训，不仅包括培训教师利用电脑开展工作，而且还应掌握具有实践性质的各科教学的新工作方法，运用实际操作信息和遥控通讯技术经验，以及设计本校教育信息环境的经验。实施培养计划的协调工作者，将采用强化训练方式和专门的讲习班形式来有效实施培训，为教学过程的管理机制及师资人才教法支持机制的构建起到很重要作用。

(3) 教育机构充分利用信息化手段

在联邦境内组织竞赛，精选基础教育机构信息化的最佳方案，在教育机构中充分利用计算机技术和远程交际手段。教育机构使用的程序必须具有许可证和上市证明，并为学校提供相应的配套设施，教育机构中使用的仪器也必须是教学专用室和计算机专用的仪器。优先装备学校侧重的专业科目的实验室和专用室。依据各级学校的未来发展需要，国家将为各级学校提供信息化基础设施和通讯技术。将在市里建立专门的校级计算机中心，保障学生和教师获取教育效果好的网络资源，以及计算机人员的培训需要。还将为学校提供计算机以及配套用具，用具的使用则应符合国家标准，并适合于不同年龄的学生。考虑到教育机构信息化任务的复杂，且在时间上具有延续性，因此，规划规定，首先应考虑联

邦教育成分的课程和科目,对其进行必要的信息化。给教育机构提供的物品具体包括:教师、学生、行政人员的电脑操作桌椅;必要的且能扩大电脑技术运用范围和效果的教学技术设备(印刷机、扫描器、传感器、图解板、音乐键盘等);教育过程中各个方面的程序—教法材料;网络设备。还拟在该纲要框架内建立统一的遥控交际教育环境。

(4) 组建技术服务体系

技术服务的组织水平对保证整个规划的实施质量和效率具有重大意义。这主要取决于遥控交际手段、计算机技术和程序保障的高度复杂性,取决于巨大的消费群体(几万所学校)以及潜在的供应商和技术服务机构。国家须制定信息技术规范和方法保障,并为各部门、各区域、各地方等各级技术服务制定组织方式和管理原则,为部门、区域、地方三级技术服务中心创办物质技术基础以及培养专门人才。在纲要的实施进程中,可以拓展区域服务中心,包括在所建资源中心的基础上的拓展工作。技术服务体系包括售后维修保障、提供资料—程序综合服务、现代化的、适应教学过程的教学方法支持。

2. 教育信息化规划的实施

信息化规划中对俄罗斯基础教育机构信息化进行部署,并且在财政上给予保障,使该规划得以有效的实施。

(1) 实施阶段

《发展统一的教育信息环境(2001—2005 年)》纲要的实施主要包括以下三个阶段:

第一阶段——2001 年:为农村中小学提供程序设备保障,挑选应用性的程序为过渡时期农村中小学使用,组织培养农村教师在教育领域使用信息工艺技术进行工作。

第二阶段——2002—2003 年:研制实施纲要策略和方法,组建发展教育的联邦信息保障和科学-方法保证体系,为学校保证以信息化手段和获取教育信息资源的手段,研制现代电子教材并将其加以实验性验证,研制教学大纲、教学计划和教学材料,为师资干部、行政干部、工程技术干部开设业务进修和职业再培训的课程。

第三阶段——2004—2005年:向中小学提供信息化手段,组建技术服务体系,研制并发行电子教材,组织师资干部、行政干部、工程技术干部的业务进修和职业再培训,在远程工艺教学的基础上建立开放教学体系。[1]

(2) 财政保障

《发展统一的教育信息环境(2001—2005年)》纲要的资金保障:2002—2005年总计560亿卢布,其中联邦预算资金160亿卢布,俄联邦各主体预算资金224亿卢布,预算外资金176亿卢布。用于科研和试验设计工作的款项2.25亿卢布,其中联邦预算资金1.5亿卢布,联邦各主体预算资金4 500万卢布,预算外资金3 000万卢布。用于投资的款项14.5亿卢布,其中联邦各主体预算资金11亿卢布,预算外资金3.5亿卢布。用于其他需要的款项543.25亿卢布,其中联邦预算资金158.5亿卢布,联邦各主体预算资金212.55亿卢布,预算外资金172.2亿卢布。2001年,纲要的财政拨款靠下列来源实现:划拨落实联邦教育发展纲要的资金为11.04亿卢布,联邦各主体的预算资金为10亿卢布,预算外资金为1.2亿卢布。[2]

二、《电子俄罗斯》联邦专项纲要

俄罗斯联邦政府2002年2月批准颁行《电子俄罗斯》联邦专项纲要,该纲要的颁行旨在通过推广和普及信息和交际技术,保证自由搜索、获取、转达、生产、传播信息的权利,扩大培养信息和交际领域的专家和熟练操作人员,提高经济运转、国家管理、地方自治效率。该纲要的主要任务是:完善信息和通讯工艺技术领域的法规及国家调节体制;保证国家政权机关活动的公开性和国家信息资源的大众化,创造条件以利于国家政权机关与公民之间在利用信息和通讯工艺技术进行互动;利用信息和通讯工艺技术完善国家政权机关与地方自治机关的活动;完成国家政权机关和地方自治机关与各经营主体之间的互动,并将信息和通讯工艺技术运用于现实的经济部门;发展信息和通讯工艺技术专家及其熟练操

[1][2] 肖甦,王义高.俄罗斯转型时期重要教育法规文献汇编[M].北京:人民教育出版社,2009:493-494.

作人员的培训体系;通过运用信息和通讯工艺技术来促进独立的大众信息手段的发展;发展远程通讯基础设施,建立联通开放信息系统的联接点;研制并建立电子商贸体系;形成对完成纲要措施的社会支持。〔1〕

该纲要完成时限为2002—2010年,分为三个阶段:2002年;2003—2004年;2005—2010年。纲要预计总拨款771.791亿卢布,其中联邦预算为393.83亿卢布,联邦预算中用于科学研究和试验设计工作的为31.93亿卢布,投资为214.18亿卢布,其他支出为147.72亿卢布;俄联邦各主体预算和地方预算为226.101亿卢布(推测数据);预算外资金为151.86亿卢布。〔2〕

三、教育信息化的重要举措

1. 组建基础教育与初等职业教育信息化联邦委员会

为协调基础教育与初等职业教育领域国家联邦纲要和地区纲要、非国立与国家—社会项目以及俄罗斯项目、外国和国际组织项目,确保基础和初等职业教育信息化发展,2003年4月俄罗斯联邦教育部通过《关于创建基础与初等职业教育信息化联邦委员会的命令》和《基础与初等职业教育信息化联邦委员会条例》,基础与初等职业教育信息化联邦委员会正式成立。委员会负责协调完成基础教育信息化项目,其中包括联邦、地区纲要、俄罗斯、国外、国际组织的非国立或国家—社会性质的项目。该委员会的主要任务是分析项目的内容和进展,研究、总结经验;制定项目内容的统一要求,并检查其完成情况;组织监察项目,以及项目各阶段完成目标、任务情况;分析教学大纲,制定对教学大纲的统一要求,监察是否完成这些要求;收集、分析和总结隶属于委员会权限范畴内的信息;协商基础教育信息化的年度计划;在项目完成的有效性和基础教育信息化的有效指标方面向教育部提供建议;向教育部有关部门咨询、获得完成项目所必须的信息资料;听取项目完成进展的信息报告。

委员会成员由教育部代表、国立和非国立教育机构代表、参与基础教育信息

〔1〕〔2〕 肖甦,王义高.俄罗斯转型时期重要教育法规文献汇编[M].北京:人民教育出版社,2009:521-522.

化项目的国外和国际组织代表组成，其中非国立组织代表不能少于委员会成员一半人数。教育部部长直接担任委员会主席，委员会成员的补充和变化由教育部决定。

该委员会的设立直接担负起基础教育和初等职业教育信息化的重任，不但在基础教育信息化方面起到组织、监察的作用，还在各项目的完成中起到协调督促的作用。委员会成员的组成和委员会主席的任命也体现了国家对基础教育信息化的重视以及基础教育管理的民主参与。因此，可以看出，该机构的设置从组织、管理人员和监察等方面保障基础教育信息化正规有序发展。

2. 远程教育系统的建立和发展

1992年俄罗斯开始构建远程教育系统，作为国家政策的一部分，连同其详细的法律标准、方法和信息技术保障一并构建起来，远程教育在俄罗斯开始实施。1993年联邦科学、高校和技术政策部高校委员会决定将“远距离形式的教育机构网络”集中纳入教育系统。1995年5月，为提高教学大纲质量及远程教育在全国的普及性，联邦高等教育国家委员会确定了创建和发展统一远程教育系统的构想。1997年基础教育和职业教育部确定“进行远程教育试验的决议”。进入21世纪俄罗斯教育信息化规划颁布之后，2003年教育部进一步规划远程教育发展，确定了远程学习者的人数标准，并要求远程教育大纲必须经过联邦相关部分认证。2005年6月，教育科学部确定了使用远程教育技术的程序，并规定教学方法和教材的开发必须遵循国家教育标准，人文、社会经济和普通数学等科目可以进行远程教学。

俄罗斯的远程教育像很多函授学习一样，包含很多学生自学工作。但与函授教育的区别是，对于学习、检查和评价获得的知识来讲，远程教育拥有巨大的交互式功能。例如，从2008年开始为莫斯科小学生制定电子书包，允许家长访问。其中包括学生电子日记、教师电子杂志等。全俄教师会议执行主席瓦列金说过，远程教育不可能取代函授教学，但会成为函授教学最好的帮手。[1] 毋庸

〔1〕 Перспективы дистанционного обучения в России[EB/OL]. [2013-06-09]. http://www.memoid.ru/node/Perspektivy_distancionnogo_obucheniya_v_Rossii.

置疑,在线培训无论如何也不能替代传统教学,不能替代与人交往。计算机不能代替人与人之间的交流,网络学习在适用性方面有一定的局限。例如,远程教育不适合发展团队工作能力,不适合培养信心和积极性。

《前景》杂志指出,IT基础设施和通讯设计不发达以及居民计算机普及水平低下是俄罗斯远程教育发展的主要障碍。为解决计算机业不能充分发展的问题,2010—2013年投入500万美元用于"微软俄罗斯"计划。[1] 2009年前在实践中进行网络学习的工作人员只占17%,公民占11%。[2]在未来发展中,俄罗斯远程教育计划覆盖所有需要远程教育的所有俄罗斯人,包括大学生、毕业生、农村学生、残疾儿童以及其他一些行动不便的群体。

3. 建立国家电子图书馆

2003年1月俄罗斯国家图书馆(Российская государственная библиотека)向俄罗斯联邦文化部(Министерство культуры РФ)倡议创建国家电子图书馆(НЭБ-Национальная электронная библиотека),建议在图书馆设立电子文件资源库,这个资源库可以储存所有其他图书馆、组织和私人的作品的电子副本,并能永久保存、更新和组织读者登录资源库。2004年国家电子图书馆方案正式通过。国家电子图书馆旨在收集、储存、登记电子文件,促进国家科学文化事业的发展,服务于社会。因此,电子图书馆是构建一个电子文件的国家统一集合,通过国家电子图书馆的互联网门户,可以自由登录网站,享受资源,为国家发展和俄罗斯统一社会文化空间的建立奠定基础。国家电子图书馆的主要任务是将俄罗斯图书馆联合到统一的互联网上;绘制图书馆之间的互动示意图;发展技术基地,保障创建高质量和形式统一的电子副本;编写标准的图书说明,按照各种目录编写统一索引;可以永久保存电子文件方便查询。

国家电子图书馆构建起俄罗斯国家最大的电子数据库,存储的内容丰富博大,更多的人可以方便登录国家电子图书馆获得学习资料。国家电子图书馆的资源不但可以为在校的中小学生及大学生提供丰富的学习资源,也可以为更多

---

[1][2] Перспективы дистанционного обучения в России[EB/OL]. [2013-06-09]. http://www.memoid.ru/node/Perspektivy_distancionnogo_obucheniya_v_Rossii.

的社会公民提供精神营养。国家电子图书馆的建立不但有利于国家文化教育事业的发展,对于俄罗斯国民素养的提高也具有重要作用。

4. 教育信息化绩效及未来发展趋势

(1) 教育信息化成果

教育信息化规划实施之后,学校信息技术建设的硬件配置主要由中央政府以直接投资的方式完成,在 2005 年底已经使基础教育机构中的生机比例达到 80∶1。另外,中央联邦政府还为中小学提供网络设备,让教师和学生能够利用网络上的信息资源。[1] 据有关统计数字表明,2000—2001 学年配有信息技术和计算机实验室的国立和市属基础教育机构达到 27 787 个,占全俄普通教育机构总数的 74.5%。截至 2011—2012 学年,配有信息技术和计算机实验室的国立和市属基础教育机构达到 42 302 个,占全俄基础教育机构总数的 83%。[2]

实现农村地区信息化,这是一项国家给予高度重视的工作。2001 年和 2002 年在农村地区分别启动了《发展统一的教育信息环境(2001—2005 年)》和《电子俄罗斯》联邦专项计划,全面支持农村和市镇的学校,保证农村地区教学设施的优先信息化,完善农村地区的教育过程和物质技术基础。截至 2004 年,20 000 多所农村学校安置了卫星通讯设备,并从 2004 年 3 月起每周接收电子教育节目。2004 年,教育部与外交部合作选择了十几个地区大规模接入互联网。而且,2004 年在所有农村中学的图书馆安装了成套的计算机设备,使用 30 多种先进的现代电子教育产品,其内容覆盖教学大纲的所有科目。[3] 可以看出,在实施教育信息化规划之后,俄罗斯联邦政府在信息技术设施的投入与建设收到很好的效果。

(2) 教育信息化未来发展趋势

教育信息化是未来教育发展的主要趋向,俄罗斯在教育现代化和教育创新思想的引领下,在基础教育信息化进程中不断推出新举措。继《发展统一的教育

---

〔1〕 章雪梅. 俄罗斯基础教育信息化考察报告[J]. 中国电化教育, 2009(3):30.

〔2〕 Российский статистический ежегодник[EB/OL]. [2013-03-09]. http://www.elstb.ru/other/files/RSE2012.pdf.

〔3〕 В. М. Филиппов. Докладна Коллегии Минстерствао бразования РФ25 Февраля 2004г[EB/OL]. [2004-09-18]. http://modern.ed.gov.ru/Themes/basic/.

信息环境(2001—2005 年)》和《电子俄罗斯》联邦专项计划之后,在《国民教育优先发展》(*Приоритетный национальный проект “Образование”*)、联邦国家纲要《教育与创新经济的发展:2009—2012 年推进现代教育模式》(*Образование и развитие инновационной экономики: внедрение современной модели образования в 2009—2012 годы*)、国家创新计划《我们的新学校》(*Наша новая школа*)等多个文件中,对基础教育信息化进行进一步的完善和指导。2011 年年底,俄罗斯国家杜马已通过有关扩大使用电子教学及远程教育技术的法律草案。该草案首次引入“电子教学”“信息教育环境”等新概念。根据草案解释,电子教学指部分或全部使用信息系统和包括互联网在内的信息通讯网络实现教育计划的过程。远程教育是一种教育技术,其实现有赖于受教育者和教育工作者在信息通讯技术的帮助下间接交流。国家杜马教育委员会主席格里高利·巴雷辛(Григорий Балыхин)认为,应该确立教育机构具有使用电子教学包括远程教育技术的权利,以实现所有教学形式的教育计划。联邦标准框架内的该法律草案包括创造确保使用电子教学实施的条件要求。为全面实现学校电子教学需要教育机构构建信息教育环境,保证受教育者在住所内能够接受教育。该草案的通过有利于保障公民不受居住地区的局限接受继续教育的权利。

随着教育信息化的不断发展,教育信息化的规范也逐渐纳入法律议程。2013 年 9 月新修订的《俄罗斯联邦教育法》正式开始实施,该法进一步规范了未来教育信息化的发展。该法在“教育体系”一章的第 15 和 16 条明确了教育大纲实施的网络形式和利用电子教学手段实施教育大纲问题。《俄罗斯联邦教育法》指出,教育大纲实施的网络形式就是教育机构在实施教育大纲时,需同时与其他教育机构(其中包括与外国教育机构)通过网络相互交流影响。在网络中实施教育大纲的不仅有教育机构的参与,还有科学、文化、健康、体育组织,地区和其他拥有培训、教学、生产实践、培训及其他教学活动必要资源的组织。教育机构在网路形式下实施教育大纲的程序必须由教育领域制定国家政策和进行法律调节的联邦权力机构确定。

该法在第 16 条中进一步明确了电子教学的概念,电子教学是指实施教育大纲部分或全部利用信息系统和信息通讯网络,其中包括互联网、远程教育技术,是学生与教师之间间接或不完全间接地应用信息和通讯技术的教育技术。该法还指出，在实施各级教育大纲和各类教育形式中，有权使用电子教学手段（其中包括远程教育技术）的教育机构由教育领域制定国家政策和进行法律调节的联邦权力机构确定。通过教师和学生间接作用实施主要教育大纲，利用电子教学手段（包括远程教育技术）的课程内容比例由相应的教育大纲确定。部分和全部使用电子教学手段的教育机构应当构建信息教育环境，包括综合信息教育资源，其中包括数据教育信息、保障教育大纲实施的信息技术和通讯技术等。保障学生无论在何地都能顺利获得掌握相应教育大纲所必须的教育资源。利用电子教学手段实施教育大纲时，无论学生身在何处，教育机构的所在地就是教学活动的实施之地。

除此之外，《俄罗斯联邦教育法》还在第 3 章第 29 条中规范了教育机构信息公开化问题，指出教育机构形成公开普及的信息资源，包含其活动的信息，保障通过信息—交际网络直接可以获得信息资源，其中包括教育机构的官方网站。学校的相关文件和信息如果符合俄罗斯联邦法律，又不涉及国家机密，那将被放置在教育机构官方网站上，并发布到信息—通讯网络“互联网”上。从获得新消息或出现相应变化之后的 10 个工作之后应更新消息，发布和更新消息的内容和形式具体程序需依据联邦政府相关法律。

可以看出，俄罗斯将“电子教学”和“教育大纲实施的网络形式”写入了国家教育领域基础大法中。这也说明，网络教学和电子教学为代表的教育信息化在未来教育发展中将扮演重要的角色，并将成为普及的教育教学形式和手段。

第三节　地区中观引领基础教育信息化发展

俄罗斯联邦政府从宏观上部署了教育信息化发展规划之后，各地区联邦主体依据联邦中央的政策，考虑本地区的实际状况，分别制定本地区基础教育信息化发展纲要，引领本地区基础教育信息化发展。本节以新西伯利亚州(Новосибирская область)为例，阐述地区基础教育信息化的发展情况。

依据联邦教育法令，为保障新西伯利亚州基础教育机构参与实施联邦目标纲要《发展统一教育信息环境》，2002 年 2 月新西伯利亚州决定创建本地区基础教育统一信息环境，并颁布《新西伯利亚州基础教育信息化条例》。该地区主要从发展新西伯利亚开放教育网络、制作新西伯利亚开放教育网络信息内容、竞赛、电话会议、远程课程、多媒体教材、网络出版物、远程奥林匹克竞赛、区域媒体库、培训提高信息技术能力等十个方面采取措施，建设该地区基础教育信息化基础设施，提高教师教育信息技术能力，实现地区基础教育统一信息环境。

一、组织机构及其实施项目

新西伯利亚地区在国家教育信息化的总体部署下，启动本地区教育信息化工作。新西伯利亚地区教育信息化是国家教育信息化政策在该地区的具体体现，同时也为学校的教育信息化工作做出指示。该地区信息化工作主要包括组织机构的建立、具体项目的实施以及针对基础教育机构教师的信息技术培训等部分。

1. 组织机构的建立

为发展新西伯利亚州基础教育信息化，在新西伯利亚州政府参与下，该州教育行政管理部门创办了“新西伯利亚州信息技术中心”，承担该州基础教育信息化的重任。该中心的成立旨在发展地区信息和通讯技术，改变教学大纲落后于时代要求的落后面貌。州信息技术中心成为州教育领域现代化过程的参与者，首要发展方向是培训教育工作者，首先是培训教师和领导。州信息技术中心下设教学—方法部、远程教育部、教育资源技术部、教育项目和纲要追踪总部、信息部、网络项目部、数据中心追踪部、信息技术部、经济财政部和行政事务部。

2. 具体实施项目

1998 年新西伯利亚州开始出现州公开教育网络，新西伯利亚互联网教育门户成为最常访问的网站之一，每月有 30 多万人访问。1999 年末至 2000 年初，开始运作非商业项目“一代人”,该项目的开发旨在促进俄罗斯教育信息化。2000年,信息技术中心开办联邦地区中心教育互联网。在21世纪之初,中心参与实施联邦目标纲要《发展统一教育信息环境》和《农村教育计算机化2001》(*Компьютеризация сельских школ*—2001)。所有农村学校每个学校都获得1～4台的计算机和及其相应程序。2002年“城市农村学校计算机化”项目实施后,计算机教室和多媒体投影机安装到州所属的93个农村和城市学校中。

2003年在州所有区域内创建32个培训中心,教师们来到信息技术中心接受培训。这些中心成为州内各区教师培训的基本设施。除此之外,还建立区域信息系统的地区分部,选择软件和硬件,解决州教育出版问题,还以该中心为基础创建地区教学教育出版中心。“互联网——为未来而学习”项目开始于2003年,旨在帮助中学教师掌握信息技术,并在日常生活中使用。2005年7月信息技术中心赢得了英特尔技术公司的奖金,实施试点项目“我们与因特尔一起学习”。该项目的主要任务是帮助接受过微软办公软件培训的教师,推动地区纲要实施,吸引更多的参加者和伙伴加入。在IT学院计划中,有50名来自新西伯利亚州的中小学信息教师参加培训,其中47名顺利通过考试,获得微软办公专家等级。现在,这些教师在各自学校中都开辟了微软IT学院平台。

2007年开始该中心实施新西伯利亚州教育现代化综合项目。该项目的主要任务是制定基础教育教师工资系统,提高教师收入;采用教育机构标准人均财政拨款机制;发展地区教育质量评价系统;扩大社会对教育管理的参与;发展州基础教育机构网络,无论居住何地,保障其获得高质量的基础教育等方面。2009年12月州信息技术中心创办了数据中心。该中心的服务器里存放信息技术中心工作人员、州教育厅和1 200个教育机构同行们创建的教育内容。州所有的教育机构都能免费访问所有内容。除此之外,在基础教育机构还可以享用一些服务,例如托管网站、内容过滤,访问教育机构邮箱,建立区域互联网社区,开展校际视频会议的邮政系统等。2010年开始,访问新西伯利亚州教育机构产生的所有流量都通过数据中心,并以此为基础,实现地区中心内容过滤的功能。信息技术中心还限制了基础教育机构访问那些不适合学生的网络。

信息技术中心2008年完成新西伯利亚州德尔菲游戏的技术支持,2009年举办了全俄中小学生信息学奥林匹克竞赛。2009年在州教育、科学和创新政策部的支持下，州信息技术中心的工作人员们制定项目“我的学校就是整个世界”。该项目通过各种监察，并于2011年9月开始启动。该项目旨在保障平等接受教育。“我的学校就是整个世界”项目的实施促进了学生和教师获得更多的现代化学习方法。创建的远程学校为实施初等教育国家教育标准创造条件。信息技术中心为骨干力量承担起成为创建新西伯利亚州统一教育信息环境的骨干力量。

目前，在新西伯利亚州1 200个教育机构中，安装了现代计算机设备，保障畅通登录互联网。1 000名教师和4 000名学生参与专业化项目“我的学校就是整个世界”。新西伯利亚州实施很多其他项目，例如“新西伯利亚州远程网络学校”“创造条件实施初等教育国家教育标准”“创建新西伯利亚州统一教育信息环境”。州信息技术中心的所有项目旨在提高州教育机构中教师和领导的职业能力。

新西伯利亚州从20世纪90年代组建了教育信息化发展的组织部门——州信息技术中心，专门负责该州的基础教育信息化发展。该中心20年来组织并参与了国家、地区等多个项目，在教育信息基础设施、教师信息技术培训和地区教育信息统一空间方面做了很多工作，也收到了非常好的效果。

3. 基础教育机构教师信息技术培训

俄罗斯教师的信息技术培训及技能再提高的任务主要由高等院校的教师进修学院、各地区的教师进修学院及地区计算机中心承担完成。下文以新西伯利亚州为例，阐述该州基础教育机构教师的信息技术培训情况。

新西伯利亚州教育信息化发展纲要指出，以各区和市的教学方法研究室为基础，联合西伯利亚州所辖行政区和城市组织教学中心，构建基础教育机构信息教师职业培训体系，组织进行信息技术教师培训，提高教师和教育机构行政人员互联网技术。纲要中还指出，制定提高教师技能和教师再培训的方法保障系统，复制、传递教师技能提高和技能再培训的方法保障。教师培训的主要目的在于：让参加培训人员储备基础知识，以备在通讯—信息技术方面完善职业—教学综合素质，积累理论知识和实践技能，这些知识和技能对于教育领域、学生学业成绩及非学业领域内追踪研究是必需的。

信息技术中心还开办一些补习班、讨论会和圆桌会议，专门讨论实践中出现的问题。中心还编制和出版方法参考书，从事数据库的设计，这些数据库主要用于信息学课程，其他学校科目以及州教师方法工作方面。信息技术中心开办各种短期教师培训班，就教育质量评估问题、在教育领域利用信息技术问题、学校信息课程的讲授等问题进行专门培训和研讨。

二、建立网络远程教育学校推广远程教育

2001 年新西伯利亚州教育信息化发展纲要中就规划建立地区的远程学校，建设远程课程规划，推广远程教育。纲要中指出，重点建设的课程包括教师教授信息学课程的“信息学教授方法论”，10—11 年级学生的“俄罗斯文学”远程课程；5—11 年级的主要远程课程“艺术世界”；基础教育机构和职业教育机构学习的“经济与企业管理的教学方法体系”；7—11 年级的“信息技术奥林匹克赛”等课程和资料。

2011 年在实施基础教育系统现代化具体措施框架下，新西伯利亚州通过地区纲要“网络远程学校”，并建立了“网络远程学校”网站。新西伯利亚州 48 个教育机构参与了网站建设。该网站主要是利用现代教育信息环境的主要因素——信息教育技术，创建新西伯利亚州学生远程教育地区系统，构建统一的新西伯利亚州教育空间，保证各类学生都能平等接受教育，各级各类教育机构的教师都能利用远程技术参与到教学过程中，为学生提供各类教学信息。在该网站中投放了很多教育资源，储备了经济与权利、地理、物理、数学、俄语、生物信息学、补充教程等 11 类 50 多种课程，以备在基础和补充教育系统中组织教学过程。

新西伯利亚州的远程教学过程包括：学生自主活动与各种信息资源、教学资料灵活地结合（这些信息和资料都是根据这个教程专门制定）；有序、系统地与导师、馆长以及课程教师进行互动；开办培训班，与该课程的参与者进行合作。远程教学关系如图 8-1 所示。

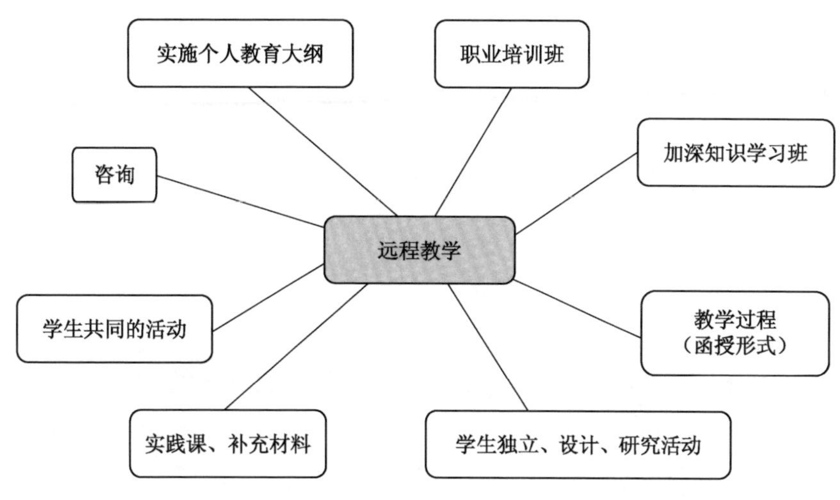

图 8-1 新西伯利亚州信息教学关系图[1]

新西伯利亚州是远程教育地区体系运作比较好的典型地区，目前已有 4 733 名 1—11 年级的学生通过信息教育技术参与到远程教学中，其中包括身体有残疾的学生以及正准备参加结业考核的学生和国家统一考试的学生。[2] 2013—2014 年，新西伯利亚州规划远程教育的发展主要集中于三个方面：第一，通过在基础教育机构创建远程教学中心实现基础教育地区现代化。在实现地区基础教育现代化框架下，新西伯利亚州将利用信息教育平台的远程教育资源，完善 1—11 年级所有科目的远程教学，安装“互联网教育学校”软件以及地区网络设备，在地区学校中制定远程教学系统发展纲要，开发地区组织管理法律法规文件包。第二，利用网络技术，在远程教学信息教育平台上培训新西伯利亚州教师。以远程方式组织教师进行培训，其中包括基础教育机构的教师、教学法专家和领导。培训结束后，将颁发统一制式的远程教育技术证书。第三，在社会大学中，培训补充职业教育系统的工作人员，培训结束之后，将颁发统一制式的短期技能提高证书。

---

〔1〕 [2013-10-09]. http://cioko.ru/content/about/work/Remote-training-of-schoolboys.

〔2〕 Новосибирская область[EB/OL]. [2011-09-09]. http://internet-school.ru/for_teachers/region_projects/region_projects405/.

第四节 基础教育机构微观具体实施信息化活动

基础教育机构是贯彻联邦教育信息规划的微观具体机构,基础教育机构通过开展一系列信息化活动贯彻地区教育信息化发展纲要,实现联邦教育信息化的总体部署。新西伯利亚第二中学是新西伯利亚市属财政拨款的普通教育机构,位于新西伯利亚洲首府新西伯利亚市,创建于 1981 年。该校在教育信息化的过程中,做了大量的工作,也收到颇丰的效果。下文从该校的信息化发展纲要、信息技术中心的建立及运行、远程学校的创办、信息技术课程的开设以及学校信息化物质技术基础等五个方面来详细解读该校具体实施的信息化活动。

一、《新西伯利亚第二中学信息化纲要》的制定

为配合地区教育信息化纲要的实施,2009 年新西伯利亚第二中学制定 2009—2012 年该校信息化纲要。该纲要以《俄罗斯联邦教育法》、2008 年颁布的《创建电子教学环境的实施方案》《2002—2010 年电子俄罗斯》联邦纲要等文献为基础。该纲要的主要任务是构建教育信息化的法律基础,利用现代信息技术为实现高质量的教育创造物质—技术乃至信息条件,创建教育电子技术资源银行,完善学校网站功能,满足广大学生对信息资源的现代要求。信息化纲要实现的方向有以下几个方面:教育活动的重点是培养新一代人,满足自身的发展需求,遵循信息社会的生活方式;安装学校的计算机设备和办公设备;使教学主体具有高水平的信息文化;使教育者掌握现代信息通讯技术以及使用的方法;信息管理学校的发展。纲要实施中所开展的主要活动包括:教育过程信息化;管理过程信息化;物质信息技术的发展;信息技术应用领域技术人才的培养。

2011 年该校颁布《2011—2014 年学校教育信息化纲要》,该纲要规定了学校近

三年的信息化任务:编写“教育信息化”电子法律法规文件;持续形成教育过程主体的信息化权限;创建学校功能网站,以适应信息化产品所提出的现代化要求;利用现代信息技术,创建物质-技术和信息条件实现向新型教育的转变;提高教师的信息技术和电脑应用水平;创办教育资源电子银行;编制个人学习资源;在教育管理中贯彻现代信息技术;在实施学校教育信息化过程中,总结信息技术实验室的工作经验。近三年教育信息化的活动方向主要集中于三个方面:第一,管理过程信息化。确保教育过程中主体之间须有积极的互动,利用信息技术检测教育成果(绘制统计表格、学生测试成绩平均水平等)。第二,发展物质技术基础、基础设施维护,扩大技术园区,升级和扩大现有软件程序,合理分配现有技术资源。第三,培训信息化领域技术人才。组织相应的员工培训班,研发管理决策程序的业务信息软件。

该校定期颁布学校的信息化发展纲要,规划本校教育信息化工作,并依此推出现相关举措以及开展相关活动,可以看出学校一直将教育信息化作为一个持续的工作常抓不懈。

二、新西伯利亚第二中学远程学校的运营

该校创办远程学校,将数学、俄语、文学、英语等课程内容制成视频,家长和学生以及其他网友登录学校的相关网站就可以观看学习上述课程。远程学校的教师共有 13 位,分别为英语、数学、俄语、历史和社会学科目教师。远程学校为学习者准备了数学、文学、俄语、英语、社会知识、信息学、历史和经济学 8 个科目的课程,每门课程中都有课后练习、阅读参考书目、自测题以及参加国家统一考试的准备资料。在远程学校的网站中,除了能学习普通教育大纲规定的文化课之外,学校还设置了其他多项信息可供师生浏览。例如学校各部门简介、任课教师简介以及开设的家长课堂、电子杂志的出版等。

远程学校不但为广大师生和家长提供了大量的学习资源,并且还提供了一个交流讨论的平台。该校的远程学校开设了远程教程“在课堂上如何使用辩论技巧”,该课程充分体现远程教学的优越性,即突破时间、空间的限制,年龄和身份的限制,人与人交流不受空间物理特性的约束。该课程参加的学员有学生、教师、学校行政人员、大学教师、研究生、补充教育机构教师和社会上所有资源参加

的人。课程采用远程讨论会的形式,时间一般持续 2～3 天。开发该课程的作者努力推广辩论技巧,希望辩论能在教育活动的各领域得到应用。辩论能够培养孩子和成年人的批评性思维,为将来解决各种职业活动和现实生活中出现的问题打下基础。希望该课程能巩固旧知识,掌握新知识。作者认为,系统地应用辩论技巧能够在学生批判思维的形成、保障教学活动个性化、学生形成总结性批判能力等方面收到良好效果。

该远程课程按照以下四个程序进行:选择进行讨论的主题;分配角色进行课堂讨论;以邮件列表和交流论坛的方式交流意见;总结反馈。该课程还设计了四个教学模块,分别为:远程课程学员指令;什么是辩论;远程辩论的学员们挑选角色;在课堂上如何辩论。课堂教学进行采用组织活动方式进行。参与者在活动中掌握这一课程的主题,这一课程要求学员每天需要 2～3 小时登录电子邮箱学习。课程结束之后,学员将拥有辩论的实战经验,学会对个人活动进行反思,在课程上和课外活动中具有辩论的能力,具有与同学进行远距离互动和交流的能力,学会看待历史现象和批判性地对待事实。

该远程课程的开设吸引了很多学生和教师参与其中,大家在远程课堂上尽情发挥自己的辩论才能,充分交流互动,打破了传统教学中学生听、老师教的固有方式,学生可以随时请教教师、专家、或者任何一个参与者,平等接受教育。

三、新西伯利亚第二中学信息技术中心的创办与运行

在学校信息教育空间的进一步发展条件下,学校组建信息技术中心,其工作重心是创建数字学校。信息技术中心的主要活动有:在教育过程中广泛利用信息技术 提高学生学习质量和成效;学校管理程序自动化;提高教学过程的技术支持,发展学校统一信息教育环境。

学校信息技术中心负责四个计算机动画教室、信息学教师方法论协会、技术服务、信息——出版服务,出版影像制品等五个方面的工作。信息学教师方法论协会的基本活动是在中学教授信息学课程,并且对教师进行培训。这里的主要活动由该校的三位信息学教师负责,三位老师都具有高级技术职称;信息出版服务的主要工作是准备和编辑出版的材料,出版文凭,印刷文件和出版报纸。有两

位操作员从事信息出版服务工作；技术服务的主要任务是保障学校计算机局域网络的正常工作，为计算机、外围设备和电视多媒体等提供技术支持；视频工作室主要工作是制作视频、制作一些专门的娱乐和教育片。

四、新西伯利亚第二中学信息学课程的开设

2004 年 1 月颁布的《普通教育国家标准之联邦成分》中，对信息学与信息的课程标准进行规范。普通教育标准联邦成分规定，在中小学开设信息学和信息课程，旨在普及电脑知识，作为教学模块从三年级开始设立，作为独立学科从八年级开设。在基础教育的基准教学计划中，信息学与信息交集技术课程在八年级为 35 学时，每周 1 学时。九年级为 70 学时，每周 2 学时。在中等教育基准教学计划(10—11 年级)中，信息学与信息交集技术作为基本课程为每年 35 学时，作为侧重性学习的课程，每年为 140 学时。

新西伯利亚第二中学，基础教育阶段(4—9 年级)2011—2012 学年教学计划中，4—8 年级为每周 1 学时，九年级为每周 2 学时。在初等教育阶段，根据教育标准联邦成分，除了开设俄语、外语、数学等课程外，还设置一些地区和学校课程。其中学校的课程中，信息学课程在 2—4 年级每周开设 1 学时。

五、新西伯利亚第二中学信息化物质技术保障

目前，学校拥有 2 间计算机教室，2 间移动多媒体教室，所有的办公室都安装了远程教学用的互动教学设备和摄像机。所有教师和班主任的办公地点都配备了电脑。计算机网络连接 215 台计算机，每台计算机都可以登录互联网。学校的局域网连接教学地点、行政办公地点、技术服务、医疗卫生服务、实践中心、校长办公室等校园内的所有计算机。学校还与“学生时代”公司一起创办了电子杂志。电子杂志中，学校每个学生的个人页面上都有学生的成绩、心理特征、健康状况和家庭作业等信息。每个学生的家长都可以在线了解自己孩子的信息，也可以收到孩子达到和离开学校的短信通知。学校组织教学的全部信息都发布在学校的官方网站和学校大厅的互动展台上。

俄罗斯各地区各市县的很多基础教育机构都像新西伯利亚第二中学一样，

在联邦中央和地区的教育信息化发展的统一规划下，通过教育信息化纲要的颁布和实施来规划本校的教育信息化发展，在组织机构上分配专门的人力资源分管和组织信息化工作。在国家和地区的支持下，投放资金建设信息化基础设施。依据国家基础教育课程标准，开设信息学课程，培养学生信息化素养和技能。很多学校都创建了自己的官方网站和远程学校，在远程学校和网站上，分享独具特色的校本开发课程。上述种种具体活动的开展，保障国家基础教育信息化在基层学校扎实地开展和落实。

俄罗斯中小学教育信息化基础薄弱，起步较晚。进入21世纪初，俄罗斯联邦政府颁布多项教育信息化政策，指导俄罗斯教育信息化的发展，加大教育信息化步伐。首先，俄罗斯政府在教育信息化规划的目的和任务的设计上做到高瞻远瞩，符合当今世界教育信息化发展的趋向。其次，在规划的实施过程中，有资金作为保障，每个阶段的具体金额、由哪个部门负担都有明确的规定。再次，在规划实施过程中，教育科学部责成部级委员会对实施的活动和效果进行科学管理和监督。因此，在实施信息化规划之后，俄罗斯中小学教育信息化程度有了明显地提高。与此同时，俄罗斯联邦主体各地区以及相应地区的教育机构通过建立专门机构、实施具体项目、建立远程学校等途径落实联邦中央的教育信息化政策，实现教育信息化的地区和学校特色。可以看出，俄罗斯中小学教育信息化过程基本已经构成了良好运作的体制，这一体制的构建不仅需要政府重视，各教育管理部门和学校的贯彻，更需要社会各方面的鼎力支持，任何一种体制的构建都需要软环境的支持和烘托。

第九章

普通教育领域的社会资源整合

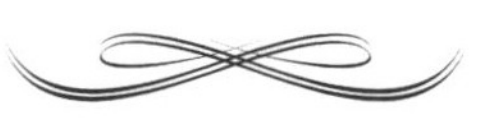

第一节 俄罗斯教育的瑰宝——补充教育

校外教育在俄罗斯被称作补充教育，是俄罗斯教育领域的一大特色。在俄罗斯，补充教育与学前教育、中小学学校教育同为国民教育体系的有机组成部分，是学校教育的补充和拓展，与学校教育共同构成了俄罗斯统一、完整的教育空间。

一、补充教育历史悠久

俄罗斯的补充教育历史悠久，到 2014 年，已经历经 95 年。在不同的时期，以不同的形式存在。19 世纪末期，最早的补充教育机构是由俄罗斯进步的教师创办的个别的校外机构，这些机构以小组、俱乐部，作坊、儿童日间收容所等形式存在，创建目的不一。著名教育家沙茨基(С. Т. Шацкий)开创了俄罗斯补充教育发展的先河。早在 1905 年沙茨基与人合作创办了第一批儿童俱乐部，1906 年，在莫斯科创办名为“村落”(Сетлемент)的团体，这是一个包括了各种儿童机构在内的完整体系，主要目的是满足低收入家庭的儿童和青少年的文化需要。此后，于 1909 年建立了“儿童劳动和休息”社团，于 1911 年在卡卢加省创建了第一个儿童夏季保健院——“旺盛的生命”。

在国家层面决定建立校外教育机构是在十月革命以后。1917 年 11 月，俄罗斯苏维埃人民委员会成立了专门的校外教育管理部门，1918 年建立了第一个国家级的校外教育机构“热爱大自然青年站”(Станция юных любителей природы)。[1] 1919 年，召开了第一届校外教育代表大会，并通过了《俄罗斯苏

[1] История развития дополнительного образования в России[EB/OL]. [2014-10-24]. http://gov. cap. ru/HOME/71/obrazov/dush/DswMedia/istoriyarazvitiyado. doc.

维埃联邦社会主义共和国校外教育事业组织条例》,该“条例”提出校外教育的基本任务是促进儿童与成年人德、智、体、美的综合发展。珀鲁恩斯基、马卡连柯等著名教育家从理论与实践两个方面积极推动校外教育,很快形成了完整的少年宫网络,并陆续创建了各种校外机构,如自然爱好者活动站、农业实验者中心、技术能手活动站、儿童体育之家、儿童公园及文化宫等。这些校外机构具有多项使命,包括充实青少年的业余时间;培养其参与社会工作的实践能力;帮助青少年选择未来的职业并获得相关知识;拓宽儿童青少年的交往范围;发展他们的创造与认知兴趣,促进其健康成长。〔1〕

20 世纪 30 年代,校外教育获得很大发展,到 1940 年,苏联教育部,文化,铁路,海运和内河部,工会等部门共有 1 846 个校外教育机构。二战结束后,校外教育体系迅速恢复并发展,各类校外组织数量骤增,到 20 世纪 60 年代国家积极支持校外教育的发展,俄罗斯的校外教育体系初步建立起来。20 世纪 70—80 年代成为俄罗斯校外教育发展的黄金时期。校外机构的普及范围更广、更专业化,如兴趣小组(技术创造小组、美术小组、自然小组等)、学生科学协会、少先队剧院、艺术团及各种特长俱乐部。在这里经常进行实践训练、参观、远足、考察、竞赛、查阅科普文献与社会政治文献、准备专题报告等活动。校外机构重视儿童兴趣、帮助他们获得学校教学计划没有涉及的各种补充知识、确保他们发挥自身创造才能的同时还承载了德育职能,为苏联时期青少年的德育工作做出重要贡献。〔2〕

二、补充教育的发展现状

1992 年前,补充教育被称作校外教育。1992 年,《俄罗斯联邦教育法》颁布,从法律层面第一次使用了“补充教育”这一表述形式,而从事补充教育的机构则被称之为“补充教育机构”。该法第 26 条对补充教育做了明确规定,指出:“补充教育服务于个人自修的教育教学需求……”属于该成分的有:大学、图书阅览室、校外教育机构——少年宫、体育运动小组、俱乐部、少年技术站、自然科学活

〔1〕〔2〕 张立岩,姜君.俄罗斯补充教育的发展和特色探析.外国中小学教育,2011(1):52-56.

动站,以及其他机构,补充教育机构与家庭、普通教育学校、中等职业学校和高等学校协同工作。

补充教育在俄罗斯儿童和青少年道德教育方面发挥着积极作用。20 世纪 90 年代中期,由于学校德育功能淡化,当时的俄罗斯政府非常重视补充教育体系的德育功能。俄罗斯联邦教育部委员会 1994 年 11 月 23 日的决议将补充教育描述为把教育、教学和发展客观的结合为一个统一过程的范畴,其优越性体现为:增强儿童利用课余时间的主动性,丰富教育领域和教育活动类型的多样性,其活动适用于不同年龄的,不同专业群体(图 9-1)。

图 9-1 多彩的青少年补充教育〔1〕

三、补充教育的特点

俄罗斯业已形成的儿童补充教育体系具有学校教育不具备的优越性。学校教育必须严格执行国家的教育标准,而补充教育体系具有开放性,机动性和灵活性等特点,能够准确对家庭的教育需求做出反应,可拥有多样性的、灵活的教学大纲、教学形式与方法,能够为为儿童和青少年个性化发展,发掘儿童和青少年的创造潜能,帮助儿童和青少年进行职业自我定位,保证儿童和青少年身心的健

〔1〕 http://kinderlibrary.3dn.ru/blog/rss/.

康发展提供无限可能,是探索教育模式创新和创新教学方法的“试验田”。补充教育活动内容多样,包括艺术美学类、旅游地方志类、科学技术类、军事爱国主义类、运动技术类、社会教育类、生态生物类、文化类、体育健康类和经济法律等类活动内容。

补充教育在天才儿童的识别和培养方面具有明显优势。俄罗斯教育部制定了新的《青少年补充教育机构类型条例》,其中规定补充教育机构的主要任务之一就是发掘和发展天才儿童的创造性潜能。补充教育机构是儿童创造性的家园,是青年技术人员的实验站和俱乐部。补充教育体系在天才儿童发展过程中发挥重要作用。在俄罗斯补充教育系统中有 17 600 所市立和国立青少年补充教育机构和 24 万个补充教育机构与其他教育组织的联合体。现在,有 1 090 万青少年在补充教育体系接受教育,从事艺术、科技创造、不同领域科学研究、体育文化与运动等方面的活动,其中 49.1%的儿童青少年年龄在 5—18 岁之间。在不同教育体系中实施 500 多种不同水平的补充教育大纲,这些补充教育大纲包括教学类、综合类、研究类及其他各种不同的种类。

在补充教育体系内,俄罗斯联邦各州创办了各种不同类型的学校,包括函授学校、奥林匹克竞赛学校、高等教育预备学校、专门课程班等,保证深化学校课程,为天才儿童发展提供特殊条件。补充教育体系还涵盖了艺术创作、智力科研和体育运动等发掘与培养各类才能的机构。

当前,当学校教育已开始按照既定的节奏发展时,补充教育受到很大关注。2012 年,俄罗斯教育科学部批准了《儿童补充教育机构示范性条例》,该条例主要用于调节各类国立和市一级儿童补充教育教育的活动。补充教育机构是指落实补充教育计划的机构,其中包括补充职业前普通教育计划的机构保证对儿童进行精神道德、公民爱国主义和劳动教育;发现并发展天才儿童的创造能力;对儿童进行职业定位。

儿童青少年补充教育主要为 6—18 岁儿童和青少年个性发展、健康巩固、职业自决,以及开展创造性劳动创造并保证必要条件。按照联邦标准体育训练进行体育人才储备,以及高水平运动员储备;使儿童适应社会生活;培养儿童的一般素养;组织内容丰富的儿童闲暇教育;满足儿童的艺术审美、智力、体育和体育发展需求。

四、补充教育的发展趋势

2014 年 5 月普京总统提出要保障补充教育的国家投入,“免费的补充教育是俄罗斯教育体系的最重要的成就,在政府计划中不仅仅要保留这一社会保障的规模,而且要进一步扩展”。[1] 俄罗斯建立了由俄罗斯联邦文化部、体育部和教育科学部共同组建的补充教育委员会。这也显示出补充教育对于发展整体教育的重要意义。2014 年初,俄罗斯讨论了《补充教育发展构想》(*Концепция развития дополнительного образования*),该“构想”由三部委共同制定,交由联邦政府审批。主要目的就是扩展补充教育机会,促进青少年的全面发展,促进青少年的社会适应性和自我发展。每个孩子,每个少年都应该有获得活跃思想的可能性。艺术中心,科技馆和音乐学校——这是个人和谐发展必不可少的重要资源。

受乌克兰危机影响,俄罗斯经济陷入危机。2014 年 12 月,普京在其国情咨文中特别强调不能因此允许削弱校外课外教育系统。提出要让“每个孩子,每个青少年都应该有可能找到自己喜欢的事情”,因此不允许压缩校外课外教育系统。“艺术中心,科技馆和音乐中心——这是个人和谐发展必不可少的重要资源。我请求联邦政府和地方政府把自己的注意力放在这个问题上,建议划拨资金,并建立专门组织机制以解决这个问题。重要的是,让小孩子们和他们家长有选择的权利,能在在学校、地方创意中心,或是非国有的教育机构获得补充教育,要让这些选择都成为可能,并且要由训练有素的教育专家们来与孩子们一起工作”(图 9-2)。[2]

2015—2016 年俄罗斯将会增加补充教育预算投入,更新补充教育资源,使补充教育发生实质性变化。以后,补充教育也将实行钱随人走的投资机制,根据参与补充教育的青少年人数进行投资,这笔钱可以用于奖励教师,鼓励大学教师参与青少年补充教育工作。俄罗斯政府希望通过增加补充教育投入,使现有补

---

〔1〕 Дополнительное образование детей профинансирует госбюджет[EB/OL]. [2014-12-17]. http://www.eduhelp.info/page/dopolnitelnoe-obrazovanie-detej-profinansiruet-gosbjudzhet.

〔2〕 Послание Президента Федеральному Собранию[EB/OL]. [2015-04-22]. http://www.kremlin.ru/events/president/news/47173.

充教育体系实现现代化，通过更新教育内容，更新基础设施，增加补充教育对儿童具有吸引力；通过消除部门间壁垒，使儿童加入到补充教育中，能够自由地发展自己的才能。并提出要是补充教育体系与国家面临的任务，与国家的发展道路相匹配，加强国家的经济社会发展。将补充教育的覆盖率从50%提高到75%。鉴于目前从事补充教育的教师工资只是一般教师的50%，俄罗斯政府计划在2015年前提高补充教育机构教师工资。

图9-2 普京提出要扩大青少年补充教育的覆盖率〔1〕

与其他国家相比，俄罗斯的补充教育更加内容丰富，师资力量更强，但是，设备和技术却不如西方国家。因此，向补充教育机构提供现代化设备和技术支持是当前俄罗斯补充教育领域所关注的。俄罗斯在尝试创新补充教育体系，创办了32个开展补充教育的高新技术中心，其中还教青少年3D模拟技术。

五、学校补充教育案例

圣彼得堡305中学(图9-3)创建于1969年。从1991开始，该校开设多层次教学活动。自2000年学校成为赫尔岑国立师范大学数学系的教学实验基地。

〔1〕 http://www.asi.ru/news/15260/? PAGEN_1=11&sphrase_id=8463.

图 9-3 圣彼得堡 305 中学[1]

1. 学校简介

圣彼得堡 305 中学目前有 670 名学生,29 个班级。教师中有 11 名优秀人民教师,6 名人民教育的荣誉工作人员,26 名教师具有高级技术资格,17 人具有一级技术资格,90%的教师具有高等学历,4 名教师在赫尔岑国立师范大学学习。

对于孩子和未成年人来说,该校已成为该地区文化休闲中心。众多的艺术、实践及课程学习小组、运动队让学生都能够找到自己感兴趣的活动,学生能够积极地参与到奥林匹克竞赛和其他比赛中。1986 年学校剧院建成,在剧院表演的曲目中有普希金的所有作品,也有俄罗斯及国内外的经典剧本。学校与高等职业教育机构、补充教育机构以及博物馆、俱乐部、图书馆、社会组织积极合作,学生可以顺利地发展创新性潜能,成为区域、城市和国际竞赛的获胜者。2006 年学校体育馆建成,2011 年进行重建。现在,附带游泳馆的健康运动综合体育设施已建成。学校与校外体育学校和运动俱乐部保持密切的联系,因此,学生们对体育和运动的兴趣一直比较高。

该校还创建平台,开展有意义的补充教育实践活动。从 2007 年开始,学校成为"为培养学生的宽容创造环境"活动的实验平台,从 2010 年开始,又成为"在

[1] http://v.ifeng.com/documentary/special/docchina/index.shtml#_v_www8.

多民族环境中宣传爱国主义"活动的实验平台。

2. 305中学的补充教育活动

305中学补充教育活动主要包括健康和健身活动、审美教育和课外活动小组的活动,等等。

(1) 健康和健身活动

该学校有足球队、田径队,运动场、设备齐全的健身房。由各领域的高素质专家来担任运动队的教练。足球队教练谢尔盖·尼古拉耶维奇是高级教练、国家级裁判。田径队由田径运动健将巴纳索夫担任,竞技舞蹈队和芭蕾舞舞蹈队由奥尔洛娃、玛丽娜等老师负责。

除了在设备齐全的运动场上进行系统训练之外,教练还带领自己的运动员参加各级比赛。该学校是"杰尼特"足球俱乐部"学校足球"项目的参与者。前不久,作为"杰尼特"中最著名的足球运动员之一亚历山大与学校的足球运动员见面,学校里到处都是足球爱好者。学校从来不去班级里专门挑选运动员,而是让每个学生都可以根据自己的意愿选择运动队,这样就可以在运动队中教孩子各种体育运动,健壮身体。

(2) 审美教育

该学校在艺术审美方向确定四个方面的活动:美术和实用创作、舞蹈团"明克斯"、民间团体"库巴乌什卡"、戏剧创作。

在学校,教师和绘画小组组长柳德米拉指导进行美术和实用创作,并在小组活动期间为演出准备背景和道具。小组成员一般都是学校、市区、城市里多数展览会的参与者和优胜者。芭蕾舞蹈专家奥尔洛娃、玛丽亚负责带领舞蹈队,奥尔洛娃是多项芭蕾舞奖项得主、俄罗斯及波罗的海国家舞蹈冠军。在这个团队中有许多不同民族的孩子。所有的学校节日里,这个舞蹈队都会有演出。舞蹈艺术让孩子与孩子之间相互影响,建立相互友好的关系。舞蹈课程培养孩子们的品位、伙伴关系以及团队协作的责任心。除此之外,孩子们通过接触学习领会和理解对方。最后,不同民族的孩子们学习到不同民族、不同地区的韵律。

民间团体"库巴乌什卡"由具有高级资格的教师安东诺娃负责。团体创作的主要目的是——传统的复兴,民族文化的保存,传播获得经验,培养孩子们对民间创作的兴趣和尊重。

优秀导演卡琳切娃·拉丽萨一直负责学校的剧院。剧院是学生精神文化生活中心,也是创作环境的基础。学校剧院是学校创作教育环境的一个重要组成部分。每个班级都受到过剧院的培养熏陶,每个孩子都会参与学校的戏剧演出,这已经成为其生活的一部分。戏剧表演的主题由年度节日内容来确定,将使用高质量艺术文献作为其剧团的工作准则。学校戏剧不只局限于学校的舞台,剧团不止一次在城市的各种舞台上进行表演,其中有莫尼卡 12 号普希金故居,小区幼儿园,博物馆、皇村学园博物馆。

305 中学在审美教育中已经形成自己的特色,其中很鲜明的一点就是该学校的审美教育善于挖掘其中的教育因素,创建了进行创作的教育环境。利于创作的教育环境是构建在一定的原则基础上。这些原则包括:

第一,具有创作师资队伍,这些教师具有自身传统、经验和热情,同时又具有进一步发展的意愿。

第二,在该学校中已经不断形成传统,借助该传统,学校在 25 年内计划按照三个方面组织工作,即彼得堡线路、普希金线路、民间线路。

第三,让各年龄段的孩子参与戏剧节日的演出中,并将他们团结在一起。初级、中级和高年级的学生与老师一起在同一个舞台上表演,一起参与各种戏剧演出。

第四,群众性。学校的节日演出通常持续一年,有很多人成为积极的参与者。按照传统,所有小学的学生都要参与出演新年戏剧,每个学生都有自己的角色,在大厅中没有消极观看的人。因此,学生们认为,他们应该穿最好的服装进行竞赛,因为好服装都成为戏剧中的一部分。在这些节日里,有"彼得堡大会""学园纪念日""俄罗斯博物馆一百周年纪念日""俄罗斯海军建军 300 年""回忆过去的传统"以及其他很多节日,每个学年都以所有的学生参与这些节日而结束。"骑士比武"是传统节日之一,每年在 2 月与 3 月间,培养男孩子与女孩子之间的尊敬和友好关系,群众性的活动让每个孩子有可能展现自己的个性。

第五,成年人和孩子关系平等。这个原则可推理出两个结果,首先,成年人距离孩子不会那么遥远;其次,老师成为学生的伙伴。在戏剧表演中不仅有教师参加,还有学校的工作人员(电工、副校长等),甚至还有学生家长。

第六,以此为基础的教育活动能够形成创作经验和对创作的情感态度。一方面是利用在教育环境中多年形成的各种可能性;另一方面,学校为解决现代教育问题创造条件及前提。

(3) 课外活动小组

该学校有16个课外小组和5个运动队。除了上述提及的运动小组之外,还有一些其他的课外小组都非常普及。例如,该校低年级和中年级的合唱团,团长为费达朵娃,合唱团的成员都积极参与所有的音乐会和学校组织的各类竞赛。合唱团的活动给孩子们带来很大的快乐。孩子们了解了很多著名音乐家的音乐作品之后,越来越坚信自己的力量,拥有更多的机会接触美好的事物。卡萨特金负责领导生物小组,该教师是一位合格的专家、有才华、有创意。他领导的小组活动让学生一方面扩大自己对生活界的认识,另一方面让学生展示自己在生物和生态领域的知识和技能。教师和小组的其他成员一起参加很多课外的活动。生物小组开设的课程包括生态、微生物、植物学、动物学理论课和实践课。小组活动的时候还组织参观植物园、动物学博物馆等。这些活动给予孩子们生物知识,并且让他们在区奥林匹克竞赛中获得胜利。新创办的小组"脉动",一成立就显示了其强大的魅力,其活动内容吸引了5—11年级的学生。最受学生欢迎的小组是"南方信息",这个小组的负责人是谢礼威尔斯托娃。在小组活动中,孩子们很高兴搜集和处理文本图片,通过互联网学习在线沟通。

2009—2010学年,在城市节日周里,各年龄段的学生、怀有各种兴趣的孩子们参加各种区、城市以及全俄罗斯和国际上举办的创作、审美、文化以及体育竞赛。在这些比赛中,孩子们不仅收获知识技能,收获比赛经验,收获友谊,更获得了比赛中取得的荣誉。

该学校的课外小组活动基本每天都有,学生科根据自己的兴趣、爱好和时间,选择适当的课外小组进行活动。学校提前拟定课外活动时间表,并将之挂在学校官网上,供学生挑选。学校为学生提供了15种课外小组活动,涉及范围非常广泛,照顾到所有学生的兴趣爱好。课外小组活动涉及到1—11年级所有的班级学生,能够保障所有年级的学生都有时间参与到课外活动中,并且时间安排比较合理,每天都有一些课外活动,时间基本都在下午,与上课时间不冲突,如表9-1所示。

表 9-1 305 中学课外活动时间表[1]

序号	课外小组名称	班级	星期	时间
1	合唱团	一年级 1 班	周一	13:55—14:40
		1 班	周三	13:55—14:40
		2 班	周二	15:45—16:30
		3—4 班	周一	14:50—15:35
		5—7 班	周四	15:45—16:30
2	信息学	五年级 1 班	周一	15:00—15:45
		五年级 2 班	周四	15:00—15:45
		七年级 1 班	周三	15:00—15:45
		七年级 2 班	周二	15:00—15:45
		八年级 1、2 班	周五	16:00—16:45
3	青年爱国者	5—7 年级	周二	15:00—18:00
4	灵巧的双手	5—6 年级	周一	15:00—16:30
		7—8 年级	周二	15:00—16:30
5	有趣的解剖	八年级 1、2 班	周一 周五	15:00—15:45
6	了解、热爱自己的家乡和祖国	十一年级	周五	15:00—19:00
7	知识产权和有创意的游戏	6—8 年级	周四	15:00—16:30
8	民谣小组	二年级 5 班	周三	14:00—14:45
		三年级 1 班		15:00—15:45
		三年级 2 班		16:00—16:45
9	“明克斯”舞蹈室	一年级第 1 学年 二年级第 1 学年	周二和四	15:00—16:00
			周二和四	16:00—17:00
			周二和四	17:00—18:00
			周二和四	17:00—18:00
				18:00—20:00
10	快乐铅笔	一年级 1 班	周二	15:00—15:45
		二年级 1、2 班	周一	14:00—14:45
		二年级 2 班	周一	15:00—15:45
		二年级 2、3、4 班	周二	16:20—17:05
		三年级 1、2、3 班	周三	15:45—16:30
		四年级 5 班	周四	15:45—16:30
		五年级 5 班、六年级 5 班	周五	15:45—16:30

[1] [2011-09-16]. http://www.school305.ru/cont.asp? pid=46.

续表

11	生物小组	6—11 年级	周二 周三	15:00—17:00
12	女工部	7—8 年级	周一	15:30—17:30
13	戏剧团	1—11 年级	周二、四 六	14:00—15:30
14	足球	1 班 2—4 班 5—6 班 7—8 班	周二、四 周日 周一、周三 周五、周日 周一、三、五、 周日 周二、四 周日	15:30—17:00 10:00—12:00 17:00—19:00 13:30—15:00 16:00—17:30 12:00—13:30 17:30—18:30 15:00—16:00
15	田径队	4—6 年级 7—11 年级	周一、二、四 周五、六 周一、二、四 周五、六	16:30—18:00 18:30—20:00

第二节 俄罗斯的家长委员会和家长学校

俄罗斯中小学校重视家长的作用。一方面家长有权利参与学校的管理;另一方面,家长的素质决定家庭教育的水平,而家庭教育也是学校教育中的重要基础。因此,现在很多基础教育机构都创建家长委员会和家长学校。基础教育机构组建家长委员会的目的主要是组织家长代表,参与学校的日常管理活动、制定学校的法律法规,通过家长委员会申诉和维护家长和学生的权利和利益。家长学校的构建的目的有两个方面，一方面，将学校的章程制度乃至日常教育教学活动，告知家长，家长可以通过一定的途径参与学校教育管理；另一方面，通过开设家长学校和家长课堂等途径对家长进行教育，教会他们如何做好家长，教育孩子，基础教育机构或通过这个途径参与到家庭教育当中。

俄罗斯在基础教育领域创办家长学校和家长委员会从苏联时期就有着优良的传统。早在苏联时期，著名的帕夫雷什中学（Павлыш）就创建了家长学校，为后来俄罗斯基础教育机构家长学校的创办奠定了基础。苏联解体之后，伴随着《俄罗斯联邦教育法》（*Закон по образовании Российской Федерации*）及其他教育文件的颁布，俄罗斯政府赋予家长参与学校管理的权利，进而为家长学校和家长委员会的创办提供法律保障。

一、苏联时期的家长学校

创办家长学校是苏联传统。苏霍姆林斯基（B. A. Сухомлинский）是苏联著名的教育家，他所领导的学校——帕夫雷什中学创建了家长学校，收到很好的教育效果。当时很多苏联学校都效仿之，帕夫雷什中学也成为全世界的“教育圣地”，至今仍有世界上来自各国的教育代表团体去该校参观访问。

1. 帕夫雷什中学的家长学校

苏霍姆林斯基在做家长工作的过程中发现，仅仅通过家访和开家长会的形式来和家长沟通，解决孩子的教育问题远远不够，学校和学生家长都认为有必要创建一个专门的机构。当时，在帕夫雷什中学创办了三种类型的家长学校，第一种是为即将做父母的年轻夫妇开办；第二种是为即将入学的学生家长开办；第三类是按照年级分班，为各年级的学生家长准备。家长学校要求父母双方同时参加学习，安排固定时间，每次学习 1～1.5 小时。每次学习的内容都由校长和优秀教师确定，主要讲授家庭问题的重要性，教育孩子的技巧和方法，如何和孩子沟通，提高家长们教育孩子的理论水平和实践经验。

2. 家长学校活动的意义

帕夫雷什中学创办的家长学校受到学生家长的拥护和欢迎，家长们能够积极参与到家长学校的活动中。学校、家长和孩子都从中受益。

(1) 给家长提供理论基础和教育资料

在家长学校中,学校给家长讲授教育孩子的基本理论知识,其中既有青少年身心发展的规律及其教育理论,也包括帮助孩子养成良好学习习惯和提高学习效率的方法。同时,给家长准备了丰富的资料,以供家长在教育孩子的实践中参考。其中既有课本学习参考资料,也包括有其他课外知识。比如,学校针对孩子们感性认识的问题,为家长准备了数百个问题的答案,以此来激发孩子的求知欲,满足学生的兴趣。

(2) 为家长提供教育实践机会

只有理论基础是远远不够的,还需要有教育孩子的实践经验。很多即将成为父母的年轻夫妇没有丝毫的教育孩子的经验。因此,家长学校给这样的人提供教育实践机会。让他们与刚入学的孩子接触,交流,一起活动,让他们尽快地了解低年级儿童的学习特点和成长特点,及时掌握与孩子沟通和教育孩子的方法。

(3) 学校与家长密切合作,形成教育合力

学校是家庭教育的指挥棒,学校教育效果的取得也离不开家庭教育的配合。家长学校开办之后,家长更加清晰地了解学校的教育目的和任务,更加信赖学校教育,在家庭教育中更好地配合老师,把学校教育贯彻好。学校和家长形成合力,在教育孩子方面收到更好的效果。家长学校不但给家长讲授教育知识,而且还要对家长所学内容进行检查考试,对于没有尽到责任的家长进行重点帮助,争取不让一个孩子掉队。

苏联时期的家长学校的建立为现代俄罗斯基础教育机构中家长学校的建立奠定了理论和实践基础,积累了实践经验。苏联解体之后,虽然俄罗斯教育进行了多方面的改革,但家长在教育中的作用没有被否定,开办家长学校的良好传统保持了下来。

二、家长委员会和家长学校设立的法律依据

1992 年《俄罗斯联邦教育法》颁布,该法规定,俄罗斯教育管理原则为国家—民主管理原则,教育主体包括教师、学生和学生家长都有权利参加学校的教

育活动的管理。从法律高度保证家长具有参与学校管理的权利。

2000年俄罗斯政府批准的《俄罗斯联邦国民教育要义》(*Нацирнальная доктрина образование в Российской Федерации*)规定应"扩大社会对教育管理的参与",国家应为"教育职业团体参与制定联邦级和地区级的教育政策"提供保障。2002年俄罗斯联邦政府通过的《2010年前俄罗斯实现教育现代化构想》(*Концепция модернизации российского образования на период до 2010 года*)最后一部分以"在划分教育政策主体之间的责任关系的基础上加强对教育发展的管理"为题,论述了俄罗斯教育现代化进程除应保障教育系统的开放性外,还应强化所有教育政策主体在教育领域的作用及其之间的互相促进关系。这个过程应当既由相应的法规文件来保证,也由社会积极参与发展教育的切实机制来保证。这所指的教育系统的开放,主要是指教育系统之外的人参与教育管理,即社会中立机构、社会组织、家长等等。这些文件的颁布,确定了国家—社会管理教育的基本原则。家长作为利益相关者有权利参与国家教育行政管理。未成年人的家长作为监护人或法人代表有权利参与基础教育机构的教育管理。

2013年9月新修订的《俄罗斯联邦教育法》开始实施,其中第44条和45条明确规定,未成年人家长在教育领域的基本权利、义务和责任:家长在所有其他人面前有绝对权利教育自己的孩子,他们有责任为孩子身体、道德和智力的发展打好基础;国家权力机构、地方自治机构和教育组织有责任帮助家长们教育未成年人,保持和增强孩子的身体心理健康,发展其个人才能,对破坏其发展的方面进行及时纠正;未成年学生的家长有权利在家庭中,给予孩子学前、初等、基础和中等完全教育。按照家长的决定,在家获得教育的孩子有权在任何一个教育层级的教育机构中继续接受教育;家长有权利了解教育机构章程、教育许可和国家认证的证明,以及教学大纲文件和调节教育过程的文件;有权利了解教学过程的进展和内容,并有权利评价自己孩子的学习成绩;有权保护学生的权利和利益;有权利获得对学生进行调查的各类信息(医疗、心理和教学等),有权赞同进行这些方面的调查,也有权利拒绝;有权按照教育机构章程规定的形式参与教育机构的管理;在心理方法教学委员会对孩子进行调查的时候,家长有权出席,并有权就调查结果和做出结论时参与讨论,表达个人意见,在教学和教育孩子方面提出建议。家长的义务主要有：未成年人家长（法人代表）有义务确保孩子获得基础教育；有义务遵守教育机构章程和学校法规；有义务尊敬教育机构教师和学生的荣誉和尊严；未成年人家长的其他权利和义务由俄罗斯联邦法律、教育机构章程以及学校法规确定；如果没有完成本法和其他联邦法规意义及教育机构法规所规定的义务，未成年人家长须承担联邦法律规定的责任。

按照《俄罗斯联邦教育法》及其他教育文件的规定，基础教育机构的工作人员、家长、社会代表都有权利参与学校的管理。学校的管理体系中一般都设有家长委员会和家长学校。上述《俄罗斯联邦教育法》中提到的未成年人家长的各种权利主要是通过家长委员会来实现，学校的家长学校通过教育方法的引导保障家长更好地实现《俄罗斯联邦教育法》所规定的义务和责任。

三、联邦社会组织——家长委员会

俄罗斯的家长委员会属于非营利的社会组织机构。为实施国家—社会管理教育的原则，俄罗斯设立了不同层级的家长委员会。在联邦层面创办的家长委员会，组织全俄的家长代表实现家长和学生的权利，构建全俄家长委员会网络组织，参与全俄的教育管理工作。

在俄罗斯当前社会中，一个家长很难去独立应对各方面因素对孩子负面的影响，很难独立地保护家庭的利益和孩子的权利，而多个家长团结在一起，不但壮大力量，能更好维护孩子们的权利，同时也能交流和传播优秀高校的教育方法，这是家长委员会的创建以及开展活动的主要原因。更主要的原因还在于，每个家长都有责任关心自己的孩子，都有责任去做可能对培养孩子和关心孩子有益的一切事情。2000 年在俄罗斯教育部、全俄教师协会及基础教育机构校长联盟的倡议下，在家长和教师自愿的情况下，俄罗斯创办了全俄家长委员会，该机构为非营利性质的组织形式。

创建家长委员会的目的为：保持和稳固家庭精神道德基础，复兴最好的家庭传统；促进孩子和家长维护自己在教育领域、大众媒体、卫生、广告领域的权利，保障学生和家长的知情权；保障俄罗斯宪法所保障的个人权利和个人自由；促进家长自治组织建设，促进保护家庭和儿童的家长社会活动。家长委员会像其他社会组织一样，活动自由。其中最重要的一个任务就是与国立和非国立机构、与权威和行政机构之间就创建公民协会方面进行合作；该组织还吸引全社会重视家庭和儿童领域的重要问题。

该组织组建之后做了很多有意义的工作。在教学、社会科学、法理学、医学和心理学等很多领域引入专家进行合作。该组织还列举了很多有普遍意义的、保护家庭和孩子的法律诉讼程序，回复家长的咨询，对公共利益的行动进行法律支持，为家长出版很多参考书以及信息通报，参与法律法规的制定工作，对教科书进行鉴定，开办讨论会和国际研讨会，参与不同的大小活动，参与家长活动，与俄罗斯和国外友好组织保持联系和合作。

该机构还创办网站，在网站上设立了“学校与家庭”“法律法规”“法律咨询”“家长活动”等多个栏目，对家长感兴趣的教育问题和权力保护问题进行详细讲解，并设有管理员，与家长和学生进行互动交流。该组织普及面广，涉及问题范围大，有力地弥补了学校创办的“家长委员会”的不足。实际上，这些举措使家长委员会不仅具有保护家长儿童的权利、参与管理教育的职能，也增添了家长学校所承担的教育家长的责任。全俄罗斯所有的家长都是家长委员会工作的主要支撑。

四、市属家长委员会和家长学校

在地方层面，很多城市创办家长委员会以及家长学校，组织本地市家长参与地方教育管理工作，维护家长和学生的利益。各市教育管理部门还组织创办家长学校，对家长进行教育方法方面的培训，引导家长做好家庭教育。

1. 市属家长委员

市属家长委员会是地区社会组织。圣彼得堡市家长委员会是一个家长集体，家长们聚集在一起共同解决孩子培养问题，相互支持和交流教育经验，在与管理机构与社会服务机构打交道的过程中捍卫自己家庭的利益，组织开展娱乐、教育和培养活动。

(1) 性质与创办目的

家长委员会的活动都在家长和孩子们自愿的基础上开展。家长委员会这个社会组织，聚集了圣彼得堡市教育机构中的家长代表、倡议团体代表以及家长俱乐部代表。委员会不会从国家或地方预算中得到资金，一些项目的实施所需资金主要来源参与者自身的财政支出，或者一些具体活动的赞助商。家长委员会依据本组织的章程开展活动，委员会的组建原则和创办思想将家长们团结在一起。

家长委员会没有政治或商业目的，家长委员会创办的最主要目标，就是要用家庭来维系其存在。这一点正是培养优秀、有知识、健康的孩子的基础。家长委员会尊重和保持传统，提高社会道德精神，最终保障俄罗斯的未来。现代家庭需要育儿的科学知识，家庭教育有利于俄罗斯社会的进步。依据教育学科研究成就和社会要求，在家长和教师责任的监督之下，学前教育和学校教育保障孩子全面发展，并给予他们的优质的基础教育。家长委员会探索教育、家庭研究，并在此方面向社会提供建议，这种研究旨在培养俄罗斯新一代公民，能够保护好国家、家庭和传统。

有一个共同的愿望将家长们团结在一起，那就是要培养孩子成为一个道德良好、身体健康、聪明。有知识、勤劳、勇敢的人，并善于确立目标和实现目标，能够与周围的人和世界和睦相处。为实现家长委员会的既定目标，家长们组织开展"家长小组"活动，发表家庭教育方面的文章，与教育机构合作开展家长教育和家长自我管理活动，帮助家庭保护自身利益。

(2) 家长委员会组织原则

圣彼得堡市家长委员会的构建依据网络项目原则，即委员会没有任何严格的层次和官场指示。每个人为自己选择一个项目，尽可能做好这个项目。通常，有的家长会感兴趣和自己的孩子们做事情，于是便参加家长小组，这样就会出现一些新的项目。家长们和孩子们共同参与项目活动，这才是家长委员会创建的关键初衷。

家长委员会行事的依据是，任何一个积极的倡议，只要是有益于形成健康的家庭价值观，都不应该拒绝，而是要支持。家长委员会也是秉持这种思想开展项目活动，项目的宗旨是：在俄罗斯传统价值观背景下，发展孩子的个性；支持家长努力培养具有新思想的、健康的一代人；帮助家长们完善其教育培养能力；在家庭受到攻击的任何情况下，保护家庭的利益；在法律、法庭和行政权力面前，代表圣彼得堡家庭的利益。总之，家长们没有企图给委员会人为地确定这样或那样的方向，而是让其自然发展。

(3) 家长委员会组织的项目

在家长委员会网站中设置了“我们的项目”专栏，其中介绍了家长委员会组织过的各类项目及其实施情况，还有录像和照片等资料。如果读者对现有项目有建议或组织形式有新想法，可以和项目管理员进行沟通，如果读者想获得项目的相关新消息，那就参与到项目中。该委员会近两年开展的比较受欢迎的项目如表 9-2 所示。

表 9-2 圣彼得堡市家长委员会组织的各类项目一览表[1]

序号	项目名称	实施时间	版主或管理员	简　　介
1	睡前故事	2012.05.16	玛利亚・斯米尔诺娃(国家戏剧艺术研究院副教授)	经常更新、推荐世界著名的儿童故事与童话故事，并设有讨论专栏，鼓励家长和孩子参与讨论。该项目还提供很多故事视频
2	积极家长学校	2013.12.27	圣彼得堡市家长委员会领导机构	该项目组织讲座，让家长了解其权利，教会家长如何参与学校管理，还有一些著名学者和官方帮助学生解决学习和考试中出现的问题等
3	自己动手	2012.06	圣彼得堡市家长委员会领导机构	组织家长和孩子们对课外活动内容展开讨论，并教孩子们做各种手工，分享课外活动的经验和乐趣
4	家庭活动俱乐部	2012.04	圣彼得堡市家长委员会领导机构	组织圣彼得堡市家庭聚会，包括音乐聚会，野外远足以及共同开展有意义的纪念活动等
5	学校教科书	2012.05	圣彼得堡市家长委员会领导机构	为家长和孩子们及时公布国家各级教育标准和教育大纲，并为孩子们推荐各类教科书和教学参考用书

除此之外，2011 年 10 月 10 日起，圣彼得堡市开通了家庭与童年问题热线电话“家长热线”，这是圣彼得堡市家长委员会和地区社会组织“家庭权益”联合

〔1〕[2012-09-08]. http://spbroditeli.ru/blogs/.

开展的服务。“家长热线”是友好的、自愿参与的一种服务，给每个关注家庭委员会的人以帮助。该服务不能也不打算开个“万能药方”，而是建议探索一个正确的解决方法。“家长热线”不但是家长们、教师们和教育者们永远的咨询家和助手，“家长热线”对于扩大家长们的社交圈子也十分有益。

2. 市属家长学校

家长学校的创办者不仅仅是各中小学，很多市属教育管理部门也纷纷开办家长学校，共同分担中小学生的教育问题。

莫斯科市教育局创办咨询中心，专门开设家长学校。在家长学校中，根据专家的专门要求和孩子所拥有的条件，中心专家会与家庭合作共同商议，保障孩子发展和教育，让孩子适应、融入社会。家长学校在家庭内部的互助方面给予家长指导，在家庭教育、组织孩子活动中构建相互信任的态度。家长学校的活动主要有上课、会见、座谈、中心工作人员给家长们提供个别咨询，开展家长们的培训活动，开展节日活动，开办家长技能班等。

下诺夫哥罗德地区（Нижегородская область）沃洛达尔斯克市（Володарск）教育局也开办家长学校。家长学校让有经验的和准父母们获得全方面帮助。家长学校的课程安排在每周四下午 14 点至 17 点，所有想听课的家长都可以来听课。家长学校让听课的家长学会很多，例如，在与孩子有关的各种生活场景中，家长学会应对孩子，解决发生的一些问题，并能够建立起相互相信的关系。家长学校的课程结束之后，每个听课的家长都会得到相应的教学资料和出席课堂的听课证书，这个证书可以成为日后做监护的重要参考文件。

市属家长委员会和家长学校的建立对于本市学生家长参与地方教育管理有着积极的意义，同时也促进了地方家长自身教育素养的提高。在俄罗斯几乎所有的地方教育管理机构都倡议或亲自组织建立家长委员会和家长学校。有的城市的家长委员会和家长学校隶属于教育行政管理部门，有的则以社会组织的形式独立存在，有的甚至采用其他的名字（例如“家长联盟”“家长互助会”）通过网络或其他形式也在发挥着家长委员会和家长学校的作用。无论是何种性质、何种形式或何种名称，这些市属家长委员会和家长学校为地方教育的发展、地方教育管理水平的提高都做出了积极的贡献。

五、中小学家长委员会和家长学校

发挥具体作用和高频率开展活动的家长委员会和家长学校首当其冲是在各地基础教育机构中。下文以圣彼得堡市305学校为例,详细介绍该校家长委员会和家长学校情况。

1. 学校网站的“致家长”专栏

学校的官方网站上专门开设了“致家长”专栏,该专栏将学校的一些重要信息告之家长,让家长及时了解学校状况。在这个栏目里,包括以下几个方面的内容:

(1) 入学和开除的程序

介绍学校招收学生和开除学生的相关规定。对于一年新生入学条件和程序,学校做出详细的介绍,家长们在带领孩子入学的时候,大家会有秩序地报名入学。该栏目还详细列举了学校开除学生的理由,告诫学生遵守规则的同时,也让家长有知情权。

(2) 教科书目

校园网上及时挂出每个学期每个年级所使用的教科书和参考书,及时征求家长意见,让家长充分了解各年级的教学用书和参考资料,可以正确快速地帮助孩子选择参考书目。

(3) 有偿补充教育服务

在这个栏目中详细规定了学校对学前、小学儿童有偿补充教育规范,提供有偿教育服务的各种条例以及需要签署的合同样本。做到有偿服务规范、公开透明。

(4) 国家结业考核和国家统一考试

这个栏目公布了学校每年国家终结性考评和国家统一考试的相关资料,包括国家结业考核的基本注意事项、国家的相关规定,以及九年级各个班级的结业考核成绩。在国家统一考试的包括国家统一考试的规则和程序、展示资料、法律文件、考试的提成安排以及咨询和投诉问题等,并且及时地公布十一年级的国家统一考试成绩。家长通过这些资料可以了解国家结业考核和国家统一考试的相关规定,可以做到心中有数,辅导孩子的时候,可以有的放矢。同时也可以对照规定,实施自己的权利,如果有异议,可以提出申诉。

(5) 学校发展

这个栏目是介绍学校的发展情况,这里分别以图片的形式介绍了学校的发展历程以及学校取得的成就。这个栏目不但培养孩子热爱学校,同时也让学校更加了解学校的历史,及时洞悉学校的未来发展。

(6) 班级

在这个栏目中,随便点击某个班级,都会自动弹出这个班级的页面,介绍这个班级的具体情况,如:班主任和班级情况介绍,以及班主任的寄语。这个栏目有利于家长快捷了解班级情况和老师的情况,方便与班主任沟通。

这些内容的公开,让广大家长更好了解学校的教育教学活动,更好地参与到学校的具体管理事务中,同时家长也可以有的放矢地与学校及教师沟通。

2. 圣彼得堡市305中学家长学校

该校也开办家长学校。在家长学校里,学校给家长提出建议,这些建议里面包括:指导家长如何培养孩子? 告诉家长,应该把孩子培养成什么样的人? 如何对待孩子? 应该用什么态度对待孩子? 怎样才能创造性地促进孩子发展?

为了让孩子更好、更快地适应学校生活,家长学校对一年级学生及其家长进行学前的心理教育。家长学校还经常为家长提供教育孩子的指导办法。为了让孩子的成长有一个良好的环境,学校还帮助家长分析了学校和家庭之间的关系。同时学校还阐述了很多有意义的话题,例如,家长如何和老师处理好关系? 老师和家庭之间建立何种关系,才能够培养好孩子,让其在身心个方面得到完善? 学校还告诫老师不要因为学生的一点错误就把家长叫到学校,家长也该更耐心地了解孩子心理、头脑里甚至是日记里的东西,让孩子愿意更多地与父母有精神层次的交流。还指出,家庭的氛围对于孩子个性的成长有着至关重要的作用。

家长学校还特意为低年级的学生父母讲授一些课程,教会家长指导低年级学生掌握学习方法,例如,在二年级以书写方法、愉快阅读、有效记忆的学习方法、阅读技巧等专题介绍。三年级包括:小学的评价标准、三年级的学生应该会什么?

3. 圣彼得堡市305中学家长委员会

(1) 校家长委员会

校家长委员会是学校的自治机构之一，校家长委员会由校长直接管理；其创建的目的主要在于学校和家庭共同协作，促进学生接受初等、基础和中等教育，促进学生社会化，使之成为一个具有高尚道德品质和良好素质及个性的公民。校家长委员会依据《俄罗斯联邦宪法》(*Конституция России*)和《俄罗斯联邦教育法》开展活动，同时也遵循其他联邦法律和地区法律以及学校章程和本条例。为了确保对学生施加统一的教育影响，提高教育成效，巩固家庭、学校、社会组织之间的关系，校家长委员会利用家长潜在社会资源帮助学校保护学生和教师的法律权利和利益，组织家长学习和了解其权利和义务，以及在家庭对学生进行全面教育的意义，巩固学校的物质基础，完善实施教育过程的条件，保护学生的生活健康。

校家长委员会的工作内容有：协调和管理班级家长委员会；在学生家长中间，就其权利和义务问题进行解答和解释；帮助学校行政部门组织课外活动；在学生、教师和教职工作人员中间全面提高威信；吸引家长积极参与学校活动，按照学生的居住地分别对学生进行教育，促进学生自我管理发展；以及与其功能相适应的其他工作。

校家长委员会的权力：在其职权范围内，为学校行政部门提供建议；涉及其职权范围的各组织机构的问题，有权进行解释；听取和收集来自教育机构领导、其他学校自治机构的信息；参与部门法律的讨论工作；邀请学生家长商讨班级家长委员会的决定；在家庭教育中偏离的家长，委员会有权力进行公开的社会谴责；奖励在委员会作出积极贡献的学生家长，帮助实施社会活动；确定普通学校家长会议召开的必要性；其职权范围内相适应的其他权利。

每年开学初，在班级家长会议上，选举学校家长委员会的代表。学校家长委员会从中选举主席和秘书，校长和其他学校自治机构的代表可以出席委员会的工作会议。校家长委员会的代表可以出席教师委员会、其他自治组织的个别会议。委员会的工作按照计划实施，但计划要征得校长同意。学校家长委员会的主席及其他成员一年至少两次在家长共同会议上做工作报告。在会议成员出席超过一半的时候，校家长委员会有权利做出决定。以多数票赞成才能做出决定。

学校家长委员会会议按照协议定期召开。委员会会议的纪要中确定讨论问题的程序，以及委员会成员的建议和意见。纪要由秘书书写整理，秘书和主席要进行签字。委员会会议纪要的编码在开学期初确定。校家长委员会会议纪要转交学校保存五年。校家长委员会主席及其他成员履行职务所赋予的责任。校家长委员会主席的责任主要有：完成学期工作计划；执行委员会和其他自治机构的决议；在家庭教育方面确定学校领导和学生家长之间的合作关系。

校家长委员会在工作中与学校自治机构及校长就学生之间的权利冲突问题、轻视和遗弃问题相互交换意见，与城市其他组织、机构、企业等就其职权范围内问题交涉。

(2) 班级家长委员会

班级家长委员会是家长自治的执行机构，在家长会上通过公开投票选举产生，期限为一年。成员为3～5人。该委员会依据班级家长委员会条例、家长会确定的计划和班主任的建议开展活动。班级家长委员会的主要目的是为组建全班家长和孩子集体创造条件。其主要任务是组织家长和孩子们共同的事业，协调家长和教师们之间的活动；保持儿童—成年协会的传统；在组织家长孩子共同活动的过程中，创建家长资料数据库。班级家长委员会的主要工作包括组织早场游戏、运动会、竞赛、旅游、远足、茶炊、晚间集会、修缮教室、篝火晚会、音乐会、星期六义务劳动、“我们的兴趣世界”展览等活动；家长和孩子们之间的活动通过调查问卷和家长的个人访谈等形式实现，家长委员会确定每个家庭对班级可能提供的实际帮助，包括组织上、法律上、信息上、知识以及财务上的资源。这些资料也会记录到家长资源卡片上，形成一个鼓励学生、家长和教师的特殊机制；筹备家长会。

班级家长委员会的工作形式是工作会议，家长委员会每个季度至少要召开一次，班级的积极分子利用家长资源库，创建筹委会，在组织具体活动中提出建议。协助筹备和开展活动，奖励优秀组织者，与班主任一起筹备和组织家长会。班级家长委员会与班主任协商开展活动，在教师会议、学校代表大会上代表家长和孩子们的利益。班级家长委员会工作会议首先要检查之前家长会和积极分子家长会议决议的完成情况，委员会的工作都记录在会议纪要上。班级委员会将其工作情况通过教室角、图片和报告等形式告之班级儿童—成人协会。班级家长委员会每年一次在班级家长会上报告工作情况，如果家长和孩子们不满意其工作，委员会可以重选。

圣彼得堡305中学的家长委员会层次分明，学校的家长委员会由班级家长会选择产生，代表全校家长的利益诉求，参与学校的日常管理工作。班级家长委员会履行班级家长应尽的责任和义务，行使其权利。该机构的学校家长委员会和班级家长委员会都设立了章程，该组织按照章程开展活动，同时该章程对家长委员会的权利、责任和工作形式等都做出了详细的规定，是活动有法可依，有计划有步骤地进行。该校还通过家长学校和家长专栏等形式及时通报学校教育教学状况，让家长在孩子成长、孩子心理、孩子学习及考试等多方面得到全方位的教育。可以看出，学校的很多措施都非常具体细微，甚至直接涉及每个年级孩子的阅读技巧和课外活动的开展。正是这些具体细微的工作才能保障孩子们在学校在家庭快乐健康地成长为有知识、品质优秀、勇敢勤劳的新一代俄罗斯公民。

多方协作，有效利用社会资源是俄罗斯教育的传统，也是俄罗斯教育的特色与亮点。俄罗斯拥有世界上少有的免费而普及的补充教育，它是俄罗斯教育体系的传统组成部分，也是俄罗斯教育的瑰宝，有着近100年的发展历史。与学校教育不同，补充教育通过提供大量自由选择的可能，保证儿童和青少年有充分空间自由思考和行动，促进他们的自我发展、自我完善，是开展教育创新的平台。苏联时期，补充教育利用其自身的优势通过培养小技师、小宇航员、小农艺师为完成国家工业、宇航业、农业等领域的重要任务提供了人力支持。当前，在俄罗斯选择国家创新发展战略背景下，补充教育作为积极探索创新的教育领域，再次受到联邦政府的高度重视，保证补充教育的投入，提高补充教育的覆盖率，充分发挥补充教育的优势，为儿童和青少年全面发展创造条件。

家校合作也是苏联时期就已形成的教育的传统，在苏联解体以后，这一传统不仅得到继承，而且从法律的角度得到保障。1992年《俄罗斯联邦教育法》的颁布从法律高度保证家长具有参与学校管理的权利，一方面可以吸引家长参与学校管理，另一方面，也可以使教育机构参与到家庭教育中来，形成教育合力。

第十章

俄罗斯中小学生的安全教育

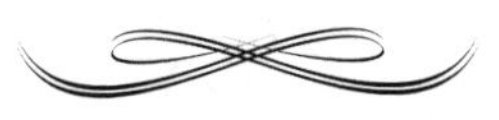

第一节 安全教育的理念及法律基础

安全教育一直都是俄罗斯中小学教育的重要内容。1991 年 9 月俄罗斯联邦社会主义共和国教育部规定,在各中小学开设"生命安全基础知识"课程(Основы безопасности жизнедеятельности)。此课程一直是俄罗斯中小学生接受安全教育最重要的途径。2003 年国家基础教育标准联邦成分中规定,"生命安全基础知识"课程成为必修课程,作为毕业考评的内容之一。[1] 这一决定将中小学生的安全教育置于更重要的位置。

一、安全教育理念

安全教育是社会文化的一部分,也是学生社会化的一个重要内容。安全教育的目的就是培养安全的人,也就是个人不能伤害任何人、不能损害自然,甚至自己本人都不能伤害。"安全人"的概念在《人的安全一书》中得到阐述。作者班达列夫斯卡娅和库里耶维奇指出:"社会的目标、教育教学体系的目标是安全人格的形成。首先是对自己安全,对周围生存环境安全,着重于善良的安全,创造和发展自我保护能力以及社会和自然,免受外部威胁。"[2]

学生的安全教育主要目的是让学生们形成一种对个人安全和周围人安全的、有意识的、有责任的态度。在不顺利的时候、在生命受到威胁的情况下,在援助受害者的时候,让学生们获得一种保持生命和健康的能力。教会学生在危急条件下采取行动,以最小的损失选择正确的途径来解决极端情况;学生获得知

---

[1] 俄罗斯基础教育标准分为联邦、地区(联邦主体)和学校三个层次。

[2] Мошкин Владимир Николаевич. Цели воспитания культуры безопасности. [EB/OL]. [2013-11-09]. http://www.oim.ru/reader@whichpage=1&mytip=1&word=&pagesize=15&Nomer=436.asp.

识、技能、能力、身体健康和心理素质，这些是尽快适应环境的必须条件。培养学生的责任感，形成其有意识和有责任的对待个人安全和环境安全的态度。

二、安全教育的法律基础

1991 年俄罗斯联邦社会主义共和国教育部颁发 253 号决议，自 1991 年 9 月 1 日起在基础教育机构的二、三、六、七、十和十一年级开设生命安全基础知识课程，自此俄罗斯中小学通过专门的课程开展正规的安全教育。1994 年俄罗斯教育部建议在基础教育机构 1—11 年级开设生命安全基础知识课程。2003 年新修订的俄罗斯基础教育国家标准中，把“生命安全基础知识”课程作为必修课程。基础普通教育必修课程包括：俄语、文学、外语、数学、信息和信息通讯技术、历史、通识（包括经济和法律）、地理、自然、物理、化学、生物、艺术（雕刻艺术和音乐）、工艺、生命安全基础知识、体育。[1] 除此之外，联邦标准中还规定，在中小学的八年级开设生命安全基础知识课程，每周 1 次。各地区和学校的教育标准规定除八年级之外的其他年级开设该课程，每周 1 学时。

第二节 安全教育构成

一、校内——理论与实践相结合

学校教育是俄罗斯对中小学生进行安全教育的主力军。俄罗斯在基础教育机构开展安全教育，本着理论与实践相结合的原则，开始生命安全基础知识课程的同时，学校还组织各种安全教育实践活动。

---

〔1〕 肖甦，王义高. 俄罗斯转型期重要教育法规文献汇编[M]. 北京：人民教育出版社，2009：610，612.

1．理论——生命安全基础知识课程

生命安全基础知识是一个知识领域，其中主要研究威胁人类的各种危险及其发生的规律，以及防范的正确方法。生命安全基础知识课程主要是在各种生活情景下，为学生提供安全行为的建议。课程的内容主要包括三个部分：在危险和极端情况下，人的安全和保护；健康生活方式和医疗基础知识；兵役的基础知识。

依据《俄罗斯基础教育国家标准》（*Федеральный государственный стандарт общего образования*）联邦成分的规定，生命安全基础知识课程的教育大纲最低内容限度为：日常生活中个人的安全；健康的生活方式、坏习惯及预防杜绝；道路危险情景、交通规则、交通危险；社会交通中乘客行为；发生火灾的可能原因，防火安全措施，发生火灾时的行为规则，使用灭火器；在水中的危险情况和处理规则，救助溺水者。使用日常设备和仪器，掌握日用化工和个人电脑等基本规则；掌握个人的自卫方法，家用急救药箱和呼吸面罩；在大自然条件下，人的安全行为，地形方向、灾难报警、获取火种、水和食物；建造临时庇护站。

依据循序渐进的原则，1—11年级学生学习生命安全基础知识课程的内容。如1—4年级讲授潜伏于住所中的危险，学校中的安全措施，城市中的危险因素，自然环境与安全；5—8年级讲授周围环境与日常生活中的危险，自然灾害事故与人的安全，社会政治冲突与人的安全；九年级讲授人与环境，现代高技术环境下的危险因素，国防知识，自然灾害、事故及其预防；10—12年级讲授极端异常情况，交通事故异常情况，犯罪性极端异常情况，无外援情况下的生存。

从以上的课程安排可以看出，生命安全基础知识课程的内容根据年龄和认知水平的增长来增加安全意识和安全责任的程度，知识的传授沿着模仿体验、掌握知识要领、探求理性反思这样的轨迹进行。

2．学校组织的安全教育实践活动

俄罗斯各中小学除开设生命安全基础知识课程外，还特别组织学生进行专门的安全教育实践活动。为保障孩子们在学校的安全，教育机构的领导要求学校工作人员按照安全教学大纲进行防火安全培训，这个教学大纲由教育科学部依照一定程序与联邦执行机关一致通过。教育机构的领导建议学校心理学家采取纠正性的措施,教会学生在发生火灾或非常状况下采取正确的行为。全俄自愿防火协会定期教授学生安全防火知识,并在学校组建青年消防员队伍。除此之外,一些小学经常组织家长、教师和小学生进行交通安全演示、模拟活动。一些学校还利用学生春游活动机会,在户外野营,在大自然条件进行辨别地形、方向,野外救助和灾难报警等实践活动。

可见俄罗斯中小学生的安全教育不仅仅局限于理论形式,实践活动的开展增加学生对危险情况的感性认识,使学生真正获得应对危险的技能。

二、校外——多种渠道实施安全教育

1. 媒体宣传

俄罗斯政府通过多种媒介渠道对公民、特别是中小学生进行安全教育,培养中小学生的安全意识。俄罗斯联邦紧急情况部(МЧС)组织创办的"生命安全联邦教育""生命安全文化"以及"生命安全基础知识"等教育网站。这些网站都刊登大量的有关生命安全保障的理论知识和实践技能。除此之外,在俄罗斯还通过出版大量的书籍杂志以及广播电视节目等途径,介绍安全教育相关知识,为广大公民特别是中小学生提供大量生命安全保障的相关信息。

在此详细介绍其中发挥重要作用的"生命安全联邦教育"网站。该网站是一个信息教育网站,旨在宣传安全基础知识,教授中小学生、大学生、居民和教师们生命安全基础知识。网站的创立得到了教育科学部、联邦紧急情况部、联邦教育发展研究所、第三罗马出版社、全俄联合会"加油孩子们"、全俄联合会"健康教育""安全教育学"杂志和俄罗斯青年驾驶学校全俄联合会的支持。该网站是俄罗斯对中小学生接受安全教育最大最普及的网站。网站中设有多个栏目,如安全教育新闻、教学用书、安全教育课程、安全教育文章、生命安全基础知识词典等。通过生命安全教育新闻栏目,读者可以随时了解到俄罗斯境内安全宣传和安全教育活动及项目的最新进展和取得最新成果。在教学用书栏目为读者提供了大量的生命安全教育教材和参考书,其中包括很多电子图书。读者还可以通过救援手册、心理健康、医疗急救等书籍和指南参考书掌握急救方法以及日常的身体、心理健康维护知识。安全教育课程栏目为读者详细介绍了生命安全基础知识课程的教学大纲和教学内容,其中还包括录制好的视频课程和一些专家的演讲。在生命安全基础知识词典中,读者可以查询到安全教育所有相关的名词和专业术语的解释。

2. 专门社会机构进行安全教育

除各种大众媒体外,俄罗斯政府还开设多种安全教育专门社会机构,对公民、特别是中小学生进行安全教育。

(1) 防火宣传中心与社会关系中心

在俄罗斯,学校和家长经常组织学龄前教育机构儿童、中小学生和大学生以及其他职业的人们,参观俄罗斯防火灾宣传与紧急情况部国家管理社会关系中心(Центр противопожарной пропаганды и общественных связей ГУ МЧС России)。此类中心的工作重点就是和孩子们打交道,为中小学生和公民讲解火灾的预防以及安全防火等知识。

在社会机构进行的安全教育中,比较有特色的是各地区的防火灾宣传与社会关系中心。北奥赛梯共和国(Республика Северная Осетия)的防火灾宣传与社会关系中心位于阿拉尼亚(Алания),1990 年 10 月公开向参观者开放。展览材料陈列于五个大厅内,按照历史、组织服务、培训人才、消防战术、防火的工业设施和住房、防火宣传、火灾原因及后果等主题顺序进行排列。据有关数据显示,发生在该地区境内二十分之一的火灾就是源自孩子们玩火。[1] 玩火对孩子有特别的吸引力,禁止他们玩火,但是通常效果不佳。用简单的形式向孩子讲解如何避免火灾和如何用火,这是非常重要的。由孩子引起的火灾的罪过应该归咎在成年人身上,因为,成年人没能把一些引起恶作剧的危险玩具藏起来,如打火机等。最好的办法就是教会中小学生预防火灾,让孩子远离火灾。中心的研究人员指出:一定要改善防火设施。最大限度让孩子们忙于一些有意义和有趣的事情。这样,他们不会再沉迷于那些有火灾危险的游戏。

每年 4—5 月,中心的工作人员与紧急情况部国家管理部门以及教育科学部

[1] О роли огранов управления образованием в обеспечении безопасности школьников [EB/OL]. [2010-08-06]. http://4bx.ru/nd/s03s3sec.htm.

就开展预防儿童玩火引起火灾的宣传月活动。这些活动的目的就是教会孩子们在发生火灾时该如何行事,在烧伤和燃烧产物中毒的时候如何实施帮助。对于孩子们来说,火灾安全规则不是个很吸引人的主题。为吸引孩子们的注意力,组织者利用游戏和认知学习等方法,如:小测试、猜谜语和折叠明亮的图像等。中心的工作人员不仅接待参观者,还创建学校里的消防安全角,并给予学校消防员以方法上的支持,帮助宣传队制定假期脚本,与中小学生和学龄前儿童进行对话。

坚持培养孩子小心、认真对待火源,只有家长、教师和火灾案件专家紧密地合作和相互作用才能达到既定的目的,即培养孩子对待火源有较高的文化修养。同时,一定要改善防火救火的基础设施。最大限度地吸引孩子,空闲时间让他们忙于一些有意义和有趣的事情,他们不会再沉迷那些有火灾危险的游戏。为了保障孩子在学校的安全,教育机构的领导必须执行国家防火监督机构的防火措施,改善与国家火灾监督地方机构的相互关系,做好学校的安全防火工作。图10-1为俄罗斯的中小学消防安全比赛。

图 10-1 中小学消防安全比赛〔1〕

〔1〕 http://khabtime.info/news/?punkt=9&queryStr=%F4%E5%E4%E5%F0%E0%EB%FC%ED%EE%EC.

(2) 交通安全问题研究中心

在安全教育中,小学生的交通安全问题格外受到关注。俄罗斯学校和社会研究机构也特别重视这个问题,很多学者提出了小学生交通安全教育的一些建议和积极的措施。交通安全问题研究中心的首席科研人员 E. A. 卡兹洛夫斯卡娅曾经公开表示:学校应该为小学生开设交通规则安全教育必修课程。在小学,这个工作应在孩子家长紧密联系的情况下进行。如果小学的教育者们在"周围环境课程"或者课外活动时专门给学生教授交通安全基础知识,那么对小学生进行道路安全行为教育是很有效的。卡兹洛夫斯卡娅对小学生的交通安全行为教育问题进行系统的阐述。她认为,按照三个主要活动项目而组织的教育过程才可能解决这个任务。这三个主要活动包括:第一,在现代教育理论知识、技术基础上教授孩子们遵守交通规则和正确的道路安全行为;第二,组织学生进行独立创作工作(主题插图、海报、能够发展他们认知能力的幻灯片和创造性执行任务、必要的道路环境安全和正确的方向);第三,在实践中锻炼学生在道路上和交通运输中的运动能力和协调能力等,为达到这一目的要利用一些游戏和专门的管理。

学习交通安全基础知识的目的不是交通规则的机械记忆,而是要形成和发展有意识的行动,这种行动能够理解危险和安全。为了解安全行动的内在逻辑,一方面,必须了解构成交通安全规则的行人和乘客的责任,另一方面,要创造性地搜索来自各种复杂交通情况。教育的过程是不间断的、系统的和定期的,并在考虑学生心理和体质发展水平的情况下建立起来。为方便各学校开展交通安全教育,有关部门提供了交通安全基础课程的专题计划示范样本。教学应面向发展孩子们的完整地感知交通环境的能力,以及注意、想象、记忆,连贯表达的逻辑思维能力。

小学生认识过程的发展是为了能够在交通环境中找准方向,及时确定危险的位置。确定临近的交通,能够区分出它的长度以及到达临近交通的距离,能够目视记住交通灯的图像,区别道路标志符号。孩子们还应当理解和认识到,交通灯的信号和路标有什么样的意义。应该给他们解释,司机驾驶车辆行驶的时候,看见道路上有行人(孩子)的时候不能瞬间让车停下来。学生们还应知道,交通是危险的,在道路上可能会出现导致孩子伤亡的事故。在教授孩子们交通安全基础知识的时候,重要的是不仅要让孩子关注在道路上不应该做什么,而且还要向他们解释,在这样或那样的情况下如何行事。如果教育者说,不能在机动车道上玩耍,那么就需要给孩子们演示和讲解,在哪里可以玩耍,玩耍的地方在院子里,在操场上,在公园里。教育过程旨在加强孩子能力和技能的培养,以及教导安全行为良好习惯的培养。

以上阐述的理论都是经过这些社会研究机构多次试验总结而得,这些研究机构还定期组织小学生到研究机构参加试验,组织学生进行道路交通规则的实践体验式学习,让孩子们真正能够掌握交通安全规则,树立交通安全意识。

第三节　中小学生安全教育实践

基础教育机构的安全教育实践活动主要包括两个方面,一方面是学校开设"生命安全基础知识"课程,另一方面是学校开展的安全教育实践活动。这两方面都是贯彻国家安全教育理念,培养中小学生安全文化素养。

一、生命安全知识课程

按照教育部的规定,俄罗斯中小学在1—11年级开设生命安全基础知识课程。目前,依据基础教育标准的联邦成分和基础教育标准地区成分及学校成分,各中小学具体实施安全教育。从下面几个学校的教学计划中可以看出生命安全基础知识课程的实施情况。

1. 莫斯科州拉缅斯科耶市第二高级中学

拉缅斯科耶第二高级中学是莫斯科州拉缅斯科耶市高级中学。根据联邦教育标准和本地区及学校教育标准,第二高级中学在5—8年级开设生命安全基础知识课程。在该校的教育计划中规定,生命安全基础知识课程每周1学时,分别占各年级总学时数量的3.5%、3.4%、3.3%、3.2%。[1]

2. 圣彼得堡国立基础教育机构227学校

圣彼得堡国立基础教育机构227学校在2009—2010年的教学计划中规定,在1—4年级开设"周围世界"课程。在教学中,学生学习一些针对"学生安全"的生命安全基础知识方面的内容。"周围世界"课程每周2学时,占总课程量20~25学时的10%~8% 。[2]

在5—9年级的教学中,必修课程"生命安全基础知识"每周1学时。课程主要是让学生掌握生命安全和生活的健康方式以及在日常生活中的个人安全技能,学会进行第一时间的医疗救治,非常情况下的安全行为知识,适应大都市的生活,形成一种生态文化。5—6年级地区课程中,生命安全基础知识课程是每周1学时,占课程总学时数31~32学时的3.2%~3.1%。在7—9年级的教学中,"生命安全基础知识"课程是每周1学时,占总课程量34~35学时的2.94%~2.86%,其中八年级的"生命安全基础知识"课程是联邦标准规定,而七和九年级的是地区标准规定。10—11年级联邦成分的课程每周1学时,占课程总学时36学时的2.78%。[3]

3. 莫斯科市1487学校

莫斯科1487学校的小学部主要课程有英语、俄语、数学、周围世界和生命安全基础知识等,"周围世界"课程中包含安全教育。该校的2011—2012学年教学计划中,1—4年级每个班级开设"周围世界"课程2学时,"生命安全基础知识"课程与体育课合在一起,每周3学时。学校在小学教学任务中明确,培养学生的个性、创造力和阅读学习的兴趣之外,还要培养孩子正确地对待周围世界,培养学生健康的生活方式等,这就将学生生命安全基础知识课程中的内容作为小学期间需完成的主要任务。在学校5—9年级的课程中,学校为减轻学生学习负担,将"生命安全基础知识"课程与其他课程整合一起进行教学。五年级,"生命

[1] Раменская гимназия 2[EB/OL].[2010-07-06]. http://gimnasia2rama.ucoz.ru/.
[2][3] Гимназия 227 г. Санкт-Петербурга [EB/OL].[2010-06-01]. http://school227.ru/.

安全基础知识”与“自然”课程整合在一起，六年级与“生物”“地理”课程整合在一起，七年级与“生物”“地理”和“物理”整合在一起，九年级与“生物”“化学”课程结合教学。这也是学校课程设置的特色，体现了知识和课程的整合。

二、安全教育实践活动

俄罗斯的基础教育机构在开设“生命安全基础知识”课程的同时，在学校开展各种安全教育实践活动。每个基础教育机构开展的实践活动各有特色，下文以莫斯科 1487 学校为例，介绍该校的安全教育实践活动。该校具有良好的安全教育传统。学校采取很多措施，也开展很多安全教育的实践活动，落实学校的安全工作，培养学生安全文化素养。

1. 注重日常安全行为的养成

学校非常关注学生日常安全行为的培养。在学校物理、化学和信息学实验室中，都张贴着安全操作的标语和使用仪器和操作台的示范操作说明，提醒学生注意实验安全，学会正确使用实验设备，确保自身安全。在每个学期开学前，教师都进行相应的安全教育培训，教会孩子们遵守交通规则和保护自我，将学生受伤害的机率降到最低点，并在每节课上课之前做这方面的指导。医务室的工作人员在会议上做出预防儿童伤害的指导及提供相关安全信息。在学校学生大规模开展旅游、远足、参观博物馆、观看演出等活动时，班主任也要进行交通规则和乘坐公交车方面的提示。在学校文件中记载了学生名单，并指定专门教师对这些学生的生活和安全负责。

2. 培养学生学会自我保护

从生命安全基础知识和道路交通安全规则中，学生们掌握了课外时间在街道上和公共场所的基本行为规则。生命安全基础知识课程特别注意培养高年级学生抵制不良有害的日常生活习惯。除此之外，学校还在公开网页上指导学生学会自我保护。具体提出很多条建议，包括：经常和朋友一起玩耍；没有大人的允许，任何时候都不能接受陌生人的礼物；不经家长同意，任何时候，孩子不要跟陌生人走；不要乘坐陌生人的车。如果有陌生人要求带走或载走你，要大声尖叫，并立即告诉父母；任何时候不允许陌生人偷偷接近你，如果出现这样的状况，就要立刻告诉长辈。因为父母最爱孩子,任何时候都要对父母说真话;如果有人在学校周围或操场上晕倒,不管是什么样的人,都要将此事告之父母或教师;不管自己觉得多么糟糕,不要和陌生人和不熟悉的人讲自己的事情;如果有人企图闯入寓所,马上报警,然后打开窗户,向窗外呼救。

这些建议都是从生活中最细微的小事入手,帮助孩子们认识危险,防止他们受到伤害。在发生危险的时候,教会学生保护自己学会求救。这些看似细微的小事对于未成年的孩子来说,至关重要。这些建议和指导,就像一把把保护伞,保护学生健康安全地生活和学习。

3. 建议家长做好学生安全工作

除了学生自我保护之外,家长也应该关注孩子的安全。具体应该做到:要确定自己的孩子知道报警电话,还要训练孩子与接警员对话,确保在需要报警的时候,孩子能够正确清晰报警,不糊涂;永远都要清楚,孩子在哪里,也让他们知道家长在哪里;任何时候都不要在孩子的衣服上写上家长的名字或电话;教会孩子如果走失,要待在原地等待家长,不要听别人的任何借口和别人走开;要记下孩子所有朋友的电话和住址,甚至其父母的电话;如果孩子之间出现敌意,一定要帮助孩子分析其原因,努力消除孩子之间的矛盾,让孩子远离任何可能发生不睦的机会;任何时候都不要忽视危险,要让孩子相信,如果发生什么意外,家长会及时出手相救;要与孩子约定一个暗语,孩子不要把这个暗语告诉别人,而是让一个家长信任的人知道。

该校进行安全教育的时候,没有忽视另一个重要的因素,就是家长。家长在孩子的安全教育中起到很重要的作用。家长是孩子的监护人,也是孩子最密切的亲人,孩子每天与之相处的时间较多。如果家长能够在安全教育中担任起应尽的责任,那么孩子的安全也就事半功倍。孩子们都是未成年人,需要家长和学校的共同帮助,才有信心和能力战胜危险和困难。因此,学校在此方面也关注到家长的作用,为家长提供了很多切实有效的安全教育建议,保障学校和家长在孩子安全意识培养上齐心协力。

4. 定期组织实践公开课

莫斯科1487学校定期组织生命安全教育的实践公开课。在此过程中,高年级学生获得火灾安全行为的新知识,并进行实践训练,应对各种紧急情况的发生。学校教师库兹涅佐夫、安全防火机构的工作人员、管理委员会主任等人为学生教授这门实践课,并把消防员的战斗装备样品展示给孩子们,让他们学会正确使用面罩以及听到报警后如何正确行动。[1] 中小学生通过学习获得预防自然和人为危险、预防各种有害因素的相关知识,掌握危险情况下,自救与互救的具体措施。这种系统的安全知识传授为学生打下坚实的理论基础,是安全教育中不可缺少的重要部分。

5. 组织开展安全教育专项活动

学校还积极开展一些专项安全教育活动。为倡导学生选择健康的生活方式,在未成年人中杜绝使用毒品、烟草和兴奋剂,1487 学校在 2013 年 4—5 月期间开展反毒品安全教育专项活动,宣传毒品、兴奋剂的危害,加强学生生命安全教育。该项活动具有鲜明的主题,且形式多样,包括绘画、访谈、社会调查等,这些活动的开展,让学生更能深切体会到毒品的危害性,对健康的和不良的生活方式有更加深刻的认识。该校专项安全教育活动的开展将生命安全基础知识理论与实践活动紧密地结合起来,对于学生健康生活方式的选择与建立有着十分重要的促进作用。具体的活动内容如表 10-1 所示。

表 10-1 反毒品安全教育专项活动一览表[2]

号码	活动	年级	负责人	合作者
小学				
1	画展“我的家庭是运动的家庭”、“有害的物质”	1—4	班主任	艺术教师
中学				
2	观看录像讨论“烟草的危害”	5—7	班主任	
3	观看录像“烟草真相”	8—9	班主任	
4	绘画竞赛“有害物质”	5—7	班主任	艺术教师

〔1〕 О роли огранов управления образованием в обеспечении безопасности школьников[EB/OL]. [2010-08-06]. http://4bx.ru/nd/s03s3sec.htm.

〔2〕 [2010-06-01]. http://www.ec1487.ru/.

续表

5	社会调查“酒精成瘾问题”	8—10	社会工作协会教师	高年级委员会
		高中		
6	观看录像“生日”，进行讨论	10—11	班主任	
		全校活动		
7	举办反毒品主题的书展	1—11	社会工作协会教师	图书馆工作人员
8	组织学生与健康卫生机构工作人员座谈	7—10	社会工作协会教师	健康卫生机构观察员
9	座谈电话信任问题	1—11	社会工作协会教师	班主任

从1487学校安全教育实践活动中可以看出，该校的安全实践教育是长期的、持续的工作。培养学生的安全素养不仅仅只是通过几次安全教育实践活动开展，而且学校也特别重视日常学生安全行为的养成。这主要表现在学校官方网络对学生和家长的安全指导，也包括学校每个学期的开学前的安全行为教育、平时上课和活动的安全规范教育，等等。该校在对学生和家长进行日常安全指导方面做了很多细致周到的工作，全方位消除学生受伤害的任何隐患。在具体实践活动中也体现了学生多动手、多实践的宗旨，真正将安全教育理论知识贯彻在实践活动和日常行为培养中。

第四节 中小学生安全教育的特点

俄罗斯中小学生安全教育具有较为丰富的经验，从开始设置生命安全基础知识课程开始至今，俄罗斯在基础教育机构进行安全正规教育已经有20多年的历史。纵观俄罗斯中小学生安全教育政策、目的、内容、途径等方面，作者认为以下几个特点值得借鉴。

一、政府重视,相关法律健全

俄罗斯对中小学生的安全教育非常重视。自 1991 年俄罗斯联邦社会主义共和国开始在学校开设“生命安全基础知识”课程,实施正规的学校安全教育之后,俄罗斯政府颁布一系列相关规定,部署实施安全教育。例如:俄罗斯联邦社会主义共和国教育部令《国立普通学校开设新课程〈生命安全基础知识〉》(1991 年)、俄罗斯联邦教育部令《有关组织普通教育机构学生学习〈生命安全基础知识〉课程》(1993 年)、联邦普通与职业教育部颁布的《国立普通教育机构中〈生命安全基础知识〉课程大纲》(1994 年)、联邦普通教育与职业教育监察委员会颁布的《〈生命安全基础知识课程〉最低内容限度》(1997 年)等。2003 年《普通教育国家教育标准联邦成分》颁布后,安全教育内容在国家教育标准中做详细地规定,并作为必修课程,成为重要的考核内容。可以看出,有关安全教育的政策并非政府一时心血来潮,也没有朝令夕改,一系列安全教育方面的相关文件已经形成法规系统,这些文件为中小学生的安全教育的实施提供有利的法律保障。

二、安全教育目标服务教育总体目标

教育的目标就是培养全面发展的人,教育的目的就是为人的生活做准备。俄罗斯中小学生安全文化教育目标体系设计的出发点主要依据教育广义目标。中小学生安全教育的原始目标主要有两个:培养安全文化(过程目标)和为生活做准备(结果目标)。

小学生安全教育目标的制定紧紧结合教育总体目标,把形成和提高学生的安全素养,作为安全教育的终极目标。其目的就是培养安全的人,即不能伤害任何人、不能伤害自然,甚至自己本人都不能伤害。最终使学生能够自我救助、自我完善。该目标的制定与执行完全适应教育自身的总体目标——为生活做准备。

三、教育内容丰富,循序渐进,理论与实践结合

俄罗斯进行安全教育的内容十分丰富。生命安全基础知识课程在中小学 1—11 年级开设,按照循序渐进的原则,每个年级的教育内容都结合孩子的成长特点,不断增大学习内容。例如:普通教育教学示范大纲中规定,一年级的生命安全基础

教育课程主要进行第一部分的内容，包括：安全、街道意外、水中安全、室内安全、实践课等五个方面的知识。四年级的课程中除第一部分内容外，还增加第二部分医疗基础知识，一共包括十个方面的安全知识。从1—11年级共讲解三个方面的安全知识达到60多种。[1]

每个年级在讲授安全知识的同时，都安排实践课程，1—9年级的实践课程占生命安全基础知识课程总课时数的12.5%(1—4年级)、21.5%（五年级)、30%(六年级)、21%(7—8年级)、31.6%(九年级)、11.1%(十年级)。[2]

四、安全教育途径多样，各方有效合作

除在中小学校开设生命安全基础知识课程外，学校还组织专门的课外安全教育实践活动。在俄罗斯境内还有许多像北奥赛梯共和国防火中心一样的机构，为学生提供安全知识的实践活动，并进行安全培训。如：巴什基尔市防火安全与社会关系中心，该中心已经有40年的历史，中心内设置俄罗斯最大规模的防火安全展览馆。该中心以宣传防火知识，推广防火经验为主要目的。在联邦境内的其他城市，如：车里雅宾斯克市、乌法市、阿纳巴市等都设有防火宣传中心。同时，社会通过书籍、电视广播专栏节目、网络等多种途径宣传安全知识。俄罗斯政府开设很多有关安全教育的网站，如：俄罗斯学校安全网站(http://kuhta.clan.su/)、安全基础知识教育门户(http://www.obzh.ru/)生命安全基础知识(http://theobg.by.ru/index.htm)，其内容丰富、实用性强，对培养孩子们的安全意识和文化修养起到积极作用。

中小学生在接受安全教育的过程中，联邦政府、地方政府、社会团体、学校、家庭、公民、家长、教师、学生各方积极参与其中，并形成合力，共同协力开展安全教育。

俄罗斯中小学生安全教育是公民安全教育的子系统，也是中小学生社会化的重要部分。目前，俄罗斯中小学生的安全教育对学生安全意识的培养、应对危险能

[1][2] Б. и. Мишин. Основы безопасности жизнедеятельности 1 - 11 классы [М]. Москва : Издательский дом《Дрофа》,1998:37,49,56,59.

力的增强都起到一定的促进作用,同时对学生社会化起到重要的功效。据阿尔泰区的统计,实施生命安全基础知识课程之后,安全教育促进阿尔泰区学校学生的应对危险的能力,1990—2001年中小学生在街道上死亡人数和遭遇车祸人数缩减了二分之一。在阿尔泰州由于孩子玩火而引发的火灾数减少了四分之一。[1]

俄罗斯非常重视中小学生的安全教育,并在21世纪初,将该课程确定为基础教育阶段的必修课程,成为国家结业和毕业考核的主要内容。为此,俄罗斯政府颁布多项相关法律、法令,为中小学安全教育提供了有力的法律和制度保障。俄罗斯的中小学生安全教育已经形成体系,以学校正规课程传授为主,采取多渠道方式实施安全教育。俄罗斯各级权力机关和各种社会团体及其各界人士,共同参与安全教育,合力打造良好氛围。在课程的设置上具有连续性和持久性,不拘于表面形式,坚持循序渐进和理论实践相结合原则。

安全教育是一个公民终身受益的教育。俄罗斯政府从中小学生开始关注未来公民安全意识、安全能力的培养,不仅在于增强中小学生自我保护和自救的能力,同时也为未来救助他人打下基础。安全教育为中小学生未来的生活做好准备,对未来公民成为一个安全的人,一个健康的人、一个具有自救能力和救助他人能力的人都具有重要的意义,对提高俄罗斯整体国民素质也有积极的作用。

---

〔1〕 Мошкин В. Н. Воспитание культуры безопасности школьников: Монография [M]. Барнаул: Издательство БГПУ, 2002: 318.

第十一章

俄罗斯中小学教育的发展趋势

第一节 促进教育的创新发展

受俄罗斯社会政治、经济变化的影响，俄罗斯教育经历20世纪90年代初期艰难图存，90年代中期的改革探索阶段，从20世纪90年代末开始，随着俄罗斯社会经济发展，俄罗斯教育开始了现代化发展的历程。进入21世纪以来，特别是在《俄罗斯联邦2020年前社会——经济长期发展纲要》颁布以后，促进经济的创新发展成为俄罗斯社会经济发展的战略目标。与传统的经济模式不同，生产的组织形式和社会领域最大的灵活性和非线性；将知识的获取和更新纳入到整个生产和社会过程；依靠人才，依靠人的创造性和主动性，并将其视为经济和社会发展的重要资源的创新经济特征，决定了对教育创新和人才培养创新的需求。

教育的创新发展被提升到俄罗斯国家优先发展领域的高度，本着民主、法制、公开的原则，俄罗斯制定了新的《俄罗斯联邦联教育法》，新版的《俄罗斯联邦教育法》，以及近十年来俄罗斯制定的一系列教育政策显示，提升教育质量，促进教育创新是21世纪俄罗斯中小学教育发展的主导方向。

2005年，由俄罗斯总统普京倡议制定并实施了包括教育在内的《国家优先发展规划》(*Приоритетный национальный проект*)，在《国家教育优先发展规划》框架内，主要通过各种竞赛的形式鼓励学校和教师开展教育教学创新，共有3 000多创新型中小学校，10 000名中小学优秀教师以及5 350位各类国际竞赛及全俄罗斯竞赛的优胜者获得奖励。

引进现代的教育教学技术设备是教育创新的内容之一。在《国家教育优先发展规划》框架内，共向学校提供5 113套教育仪器，有18 000所学校接入互联网，向农村学校提供了1 769辆校车。到2011年10月13日，共有97%的中小学校实现了互联网接入,目前100%的中小学校实现了互联网接入。[1]

第二节 让每个儿童充分展示自己的才能

2009年3月,俄罗斯教育科学部讨论并通过《我们的新学校》方案,该方案确定了俄罗斯中小学教育改革的主要方向,包括更新国家教育标准;建立天才儿童支持体系;促进教师发展;建设现代化的学校基础设施;保证学生健康等。按照方案要求,自2010年开始,各级教育部门开始为新标准的制定和实施做准备工作。此后的一年里,针对《我们的新学校》方案,社会各界进行了广泛讨论,上万名教师、家长、学生及社会代表参与其中。《我们的新学校》确定了新时期俄罗斯中小学教育现代化的新的方向,它同时也是2001年通过的《2010年俄罗斯教育现代化构想》提出的教育现代化发展战略的延续,保证了俄罗斯教育现代化政策的连续性。

作为俄罗斯中小学教育现代化发展的重要指导性文献,《我们的新学校》将俄罗斯中小学教育从重知识培养转变为重能力培养,更新教育计划和教学方法,并从教学法和教学技术的角度保证学生拥有更多的个性化教育路径的选择可能,建立展现每个学生才能的机制,培养能够适应在技术竞争激烈的世界中生活的品行端正的爱国者,最终帮助学生实现自己的理想。

图11-1为普京和小学生在一起。

[1] Глава Минкомсвязи хочет подключить школы к скоростному интернету,[EB/OL].[2014-12-23]. http://izvestia.ru/news/543156.

图 11-1 普京和小学生在一起[1]

第三节 建设包容而开放的 21 世纪学校

《我们的新学校》勾勒了 21 世纪中小学校的图景，确定了 21 世纪中小学校的特点：

第一，在学校中，孩子们能够学会理解、掌握新知识；公开表达个人思想、做出决定；相互协作、提出要求、感受和把握机会。

第二，新学校——是大众的学校。在任何一个学校里，都将保障身体有障碍的儿童、残疾儿童、没有父母照顾的儿童、难民和被迫流离失所的儿童，生活在低收入家庭的儿童和各类生活困难的儿童顺利地社会化。同时要考虑孩子们的成

[1] http://green-margo.livejournal.com/data/rss.

长特点,分别组织初等、基础和高年级的教学。

第三,新学校拥有新教师,他们能够接受所有新事物,理解儿童的心理及发展特征,通晓自己所教授的科目。在新学校里,校长的角色发生改变,他的责任和自主性都有很大程度提高。

第四,新学校是与家长和地方社会相互作用的中心,也是和文化、健康、体育、休闲及其他社会组织相互作用的中心。

第五,新学校具有现代化的基础设施。学校拥有现代化的大楼——理想中的学校拥有能做出美味、有益健康食物的食堂,医疗室和图书馆。工艺高超的教学设备,宽渠道的互联网,大量的教科书和在线教材,进行体育运动和创作的设施。

第六,新学校具有现代化的教育质量评价体系,它可以保障为教育管理部门提供可靠的教学和教育信息。

第四节 全方位提升教育质量

俄罗斯政府在《我们的新学校》国家教育倡议,以及《2013—2020俄罗斯教育发展纲要》等文件中,确定了俄罗斯普通教育的发展方向,并具体制定了更新普通学校的教育手段与机制,倡议主要包括以下六个方面的内容。

一、向新教育标准过渡

2022年以前,包括健康受限儿童在内的俄罗斯各层次、各类别的中小学校都将实施新的教育标准。新教育标准包括必修部分和学校部分。年级越高,选择性越大。对学生的课外活动、学习小组、运动队以及各类创作活动做出规定。新的教育标准对学生学习成绩提出具体要求,并规定了为达到此要求学校所需创造的条件。

为使标准的制定工作有效，发展教育质量评价系统。需要对学生掌握的知识进行独立地检查，其中包括从四年级到五年级，九年级到十年级的升级检查。独立评价机制的创建依靠职业-教师联合会和协会的力量。俄罗斯将继续参与国际教育质量评价，并在各直辖市和地区中创建比较教育质量的方法。国家统一考试被视为最基本的教育质量检查方法，但不是唯一的方法。除此之外，对学生的学业成绩、各种能力进行综合评价。

教科书、教学辅助用书的出版发行和审定都将依据新的教育标准。教师职业技能培训的组织工作也要依据新的教育标准。

二、发展天才儿童支持体系

最近几年，俄罗斯将构建广泛的天才儿童发现、支持和跟踪系统。为发现普通教育机构中的天才儿童，首先，为高年级学生提供进入函授、全日制—函授和远程学校中学习的机会。这些学校能够让他们无论身处何地，都能够掌握职业培训大纲。其次，要加强中小学校和补充教育机构的密切联系。发展学生竞赛和奥林匹克竞赛体系，举行补充教育实践活动。如：创办寄宿式教育机构；与一些俄罗斯大学一起推广物理—数学学校的活动经验；为在各活动领域中表现出天分的儿童组织聚会、夏季和冬季学校，召开国际会议、讨论会，采取多种支持天才儿童的措施。

三、提高教师队伍素质

实施新的教育标准，向活动教学组织形式过度对中小学教师的专业水平提出了更高要求，在保留俄罗斯教师教育优良传统的同时，要根据《教师活动专业标准》提升中小学教师质量。同时，为了吸引年轻有才华的人从事教师职业，促进教师的职业声望的提升，要建立教师精神支持及物质奖励体系。精神支持体系即在国家教育优先发展框架下，规模化、有效地支持优秀教师机制，各个联邦主体都要建立优秀教师的支持机制。物质支持体系不仅是进一步增加工资，而且要创建工资奖励机制，保证优秀教师不论其工作等级，都能够得到激励。教师工资的额度取决于教育活动的质量和成果,教育活动的质量和成果主要由学生委员会参与评价。

管理干部和教师的定期鉴定工作也是提高教育工作者素质的重要环节,通过实施这一制度将对教师技能定期进行检验,以适应目前学校所面临的各项任务。学校的校长和教师至少五年参加一次提高技能的培训。

为了吸引优秀师资,要吸引未接受过基础师范教育的人才来学校工作。非师范类院校毕业生经过心理—师范培训,掌握新的教育技术后能够向孩子,首先是给高年级的学生、选择侧重教学的孩子们,展示自己丰富的专业经验。为此,《俄罗斯教师教育现代化构想》提出非师范类大学将开设学术型学士培养计划,学生在学习 2～3 年后,如果有当中小学教师的意愿,可以加入到教师教育中来。[1]

四、更新学校的基础设施

学校的面貌应得到明显改善。在每个教育机构中都应创造学校无障碍环境,能够保障残疾儿童完全融合于普通孩子中间。2010 年将通过五年国家纲要"无障碍环境",专门来解决此问题。

目前需更新学校楼房的建筑设计标准,建筑标准、卫生条例和饮食标准,更新对学生的医疗服务,保障学校安全。保暖系统和楼房的空调都应保障一年四季所需的温度。学校应保障饮用水和淋浴。在农村学校,必须制定运送学生的有效机制,其中包括对校车的要求。学校的基础设施服务可以在竞争的基础上由中小型企业来承担。从建筑工人和服务组织,需严格确保学校校舍的安全,不允许在危险、破旧、临时性的场所上课。贯彻现代化的设计方案,保障现代化的学校舒适环境。学校空间的设计应能够积极组织项目活动。

五、保持和加强学生身体健康

孩子们在学校度过一天中的大部分时间,保持和加强他们的身体和心理健

〔1〕 "На модернизацию педобразования выделено 240 миллионов рублей". "Российская газета"[EB/OL]. [2015-04-22]. http://www.edu.ru/index.php? page_id=5&topic_id=21&sid=32083.

康不仅是家庭的任务,同时也是教师的责任。为学生提供热乎、平衡的膳食,能够进行现代体检的医疗服务。设置体育课,包括课外活动。除此之外,还应从千篇一律的必修课程转向发展学生健康的个性化课程。2010 年引入体育课的新标准,新体育课一周不少于 3 学时,并考虑孩子们的个性发展。体育课个性化教学实践需考虑学生的成长特性,学生按照自己的选择学习一些科目,采用经典培训的形式,整体降低课堂负担,积极改善中小学生的健康状况。重要的是唤醒孩子们身上关心自身健康的意愿,在此基础上使学生对学习感兴趣,选择充分体现个人兴趣和倾向的课程,丰富有趣的学校生活是保持、巩固孩子健康的最重要条件。

六、扩大学校自治

学校应是比较独立的,无论是制定个性化的教学大纲方面,还是财政经费的支出方面应具有独立性。从 2010 年开始,国民教育优先发展竞赛中获胜的学校及改为自治机构的学校开始拥有一定独立性。未来将从立法上保障国立和私立普通教育机构的平等,为家庭选择学校提供非常宽泛的机会。将合理发展特许权机制,以吸引私人投资者参与学校管理。

第五节　莫斯科创建“未来学校”的探索

“未来学校”项目是 2006 年由时任莫斯科市长卢日科夫倡导开展的旨在实现中小学教育现代化的项目,该项目由莫斯科普通教育创新战略研究所设计开展。项目实施的目的是改变中小学校机制,而非具体某一所和某一部分学校。项目的主要特点是立足现实的学校环境和现有的师资条件,通过改变教育环境,更新教育内容、教学组织形式及管理形式,保证每个学生具有个性化的学习路径。使中学毕业生具备思考和理解的能力,确定行为目标的能力,社会行动的能力,开展交往和沟通的能力,以及能够理解别人并阐述个人思想的能力。未来学校以关键能力和通用能力作为评价学生学业成就的主要指标,以此促进创新人才的培养。通过"未来学校"项目,探寻莫斯科,乃至俄罗斯未来学校的模式及其主要特点。

一、"未来学校"项目的发展历程

"未来学校"试验开始于2006年,项目主要分三个阶段开展:

第一阶段:通过开展"未来学校竞赛",选取项目学校。

第二阶段:指导实施项目校工作,探讨研究未来学校模式。

第三阶段:为莫斯科所有学校按照"未来学校"模式展开活动创造条件,可能的话,推广至整个俄罗斯。

选取未来学校项目的竞赛于2006年10月26—27日在莫斯科展开。赛前,对参赛学校提出基本要求,不仅展示学校已有的成绩,而且要提出决定学校发展前景的构想和方案。要求家长、学生、家长委员共同参加未来学校创建。当时共有161所学校参赛,经过两轮选拔,有30多所学校成为未来学校项目的项目学校。

发展至今,莫斯科已有近200所学校以不同的形式参与到"未来学校"项目中,以该项目为基础,建立了全俄罗斯跨地区的社会性组织"思维活动教育—未来学校联盟"(以下简称为"联盟"),"联盟"建立的目的是为了更好地参与制定和落实促进俄罗斯教育发展的国家和地区计划;研究能够使青少年适应国家创新发展的培养方向和方式;为学生发现自己的才能创造条件;培养青年具有在高科技和竞争环境中生活的能力;进一步发展思维活动教育学思想;参与落实"未来学校"这一创新项目。迄今为止,在俄罗斯已有15个地区的教育管理机构和学校成为该"联盟"成员。"联盟"主要任务包括:为落实"未来学校"项目框架内的活动提供组织法律支持和物质经费支持;总结归纳"未来学校"项目的实践经验,提出修改现行教育计划及制定新教育计划的建议;组织教师、教研员等参加全国、地区和莫斯科的活动;等等。在全俄罗斯跨地区的社会性组织的基础上,筹备建立国际性的"未来学校"联盟。

围绕"未来学校"项目已开展的主要工作包括：

• 研制新的教学内容(课程内容)

• 吸收学生参与设计和落实社会活动项目和研究工作

• 保证教育领域与工业、科学、金融机构的互动——构建教育城市

• 构建良好的儿童发展环境，组织莫斯科与世界其他城市中小学生的能力发展比较评价

• 重构教师教学法支持中心，保证教师不断更新专业技能，构建新的教师教育体系

• 以教育质量指标为基础，构建教育质量评价机制和学校管理的新原则……

倡导开展"未来学校"项目的莫斯科普通教育创新战略研究所获得了俄罗斯新联邦国家教育标准实验基地的地位，被赋予在更广泛的范围，开展未来学校项目试验。"未来学校"项目倡导的"超学科"的教育组织形式是主要的推广内容，"超学科"的理念成为俄罗斯新的教育标准的主导原则。

二、"未来学校"的特点

未来学校构建主要秉承两个基本原则：其一是要求重视科学、文化、工业、金融、权力机构及对国家发展有影响的其他社会主体的作用。因为，这些机构决定国家的未来，也正是这些机构会创造未来学校的能否积极活动的外在环境。其二，是改变学校内部的生活空间，并在加强儿童与成人—教师、学生及学生家长一致性基础上，重建学校教学环境，构建良好的教育氛围。

1. "思维活动教育学"是对苏联发展性教学理论的继承和发展

未来学校模式吸收和渗透了苏联教育教学理论的重要成就——发展性教学思想，其目的是培养学生思维能力、主体性和行动力，这些任务相互联系，贯穿于学习、教学和管理活动中。其教学组织和管理的理论基础为"思维活动教育学"，以苏联发展性教学思想为基础，是"活动教学"理论的进一步发展。

早在 1990 年，莫斯科普通教育创新战略研究所所长，"思维活动教育学"创

始人葛罗米科开始在在莫斯科 1314 中学开始“思维活动教育学”实验，该校的特点是，除了高质量教授普通课程外，还以教学活动的形式组织开展不同课程的补充学习，如哲学、文学、历史、化学、数学、地理等，学生在补充学习的过程中进行讨论、开展研究，其研究能力、组织能力、创造力和创业能力也得到发展。莫斯科 1314 中学的成绩为“思维活动教育学”思想的推广提供了有力事实根据。

“思维活动”原则以“超学科”的教育组织形式得以实现。“超学科”教育组织是一种不仅仅局限为某一学科，而是超越具体学科，在各学科教学中均可应用的组织形式。超学科课程思想理解的课程表是开放式的课程表。“未来学校”项目团队根据思维认识的概念(组成)——符号、信号、问题、任务、认知设计了超学科的活动发展性课程。正在使用和调试的课程有“符号”“问题”“任务”“认知”课程，目前正在研究“情境”课程。“超学科”教育组织思想渗透于项目校教学管理和教学活动中。部分项目校班级定期设置“超学科”思维训练专项课，专项课依托学科课程教学进行，根据学生年龄特点，有针对性地培养学生的思维能力。如在 1—4 年级阶段主要培养想象力、理解力、区分力和反省(反思)能力。

2. “未来学校”是开放性的学校

未来学校被视为积极的社会单元，它向相互影响又同时利用教育成果的领域——工业领域和科学领域开放。在继承苏联教育优秀传统的基础上，未来学校项目力图构建开放的、与(世界及国家)未来的缔造者进行积极交流和互动的学校。由此衍生出一个重要任务，即首先要创建特殊的、所有利益相关者积极交流互动的环境。在这样的环境中，与社会各界共同探讨世界发展的趋势，以及对未来学校的要求。中小学生作为未来生活的缔造者自然是这个讨论过程的必然参与者。在充分交流和碰撞基础上，勾勒出未来学校的蓝图。

在“未来学校”项目内落实非标准化教育教学组织过程，要求学校真正开放，与社会活动连通。活动理论是组织学校教学的基础，学生不仅仅可以参与到研究型活动中，而且，可以参与规划、设计、勘察等其他类型的活动。学生在规划自己的工作组织形式、计划实现自身构想的同时，也在学习。

为了使教学内容转化为活动的基础，根据“未来学校”项目的使命，建立儿童一成人共同体是未来学校的首要任务，以便使儿童在中小学校时就(可以)为未来做准备,"儿童—成人"共同活动要了解、确定、研究不同科学、实践领域的现实问题,具有跨越性。儿童和成人在这一共同体中能够传递价值观,进行科学思维、开展意识思维活动。

在未来学校项目框架内,学校根据现实需求,开展应用型研究设计活动。莫斯科 1554 中学学生开展题为"纯净的水"的研究项目,设计了大城市中如何净化水源的研究方案。另有一所学校师生自己动手设计了温室,用于在自然条件不利地区的植物培植。该项科研成果已被实际采纳,给学校带来一定的经济收益。项目组成员来自不同的班级,分别负责不同领域的工作,有人负责设计,有人负责市场推广。

为了使学生和教师接触到"鲜活的知识"。在"未来学校"项目项目框架内,开辟了"认识场"网站。

3. "未来学校"是多样化学校

参加"未来学校"项目的项目校的发展具有一致性。它们秉承相同的理念,共同特点是实施设计教学,通过设计活动性课程和设计活动课程氛围发展学生的思维能力。但项目校也具有差别性,而且,项目校以不同的形式参与项目,其中莫斯科 2030 中学按照新模式设计和建立的学校,该校创建于 2007 年,落实未来学校项目的所有设计模式。

其教学组织特点主要表现为:

• 直观性,教学过程广泛使用各种技术手段

• 积极性,充分发挥学生的独立性和能动性,开展研究,实验、设计性活动、寻找、搜集、分析和创建信息

• 信息化,学校广泛使用现代化信息技术手段和沟通手段

• 选择性和适应性,充分考虑每个孩子接受特点和健康特征

2030 学校是未来学校的代表模式之一,未来几年内,莫斯科要计划建立 30 所左右的这样的学校,每个学校各有专业侧重。

除了少量的新建学校以外,考虑到各个学校的现实基础和需要,以"思维活动教育学"为基础,未来学校项目主要设计了以下几个项目模块:教学内容;能力与技能、突破性项目、认识场、儿童—成人共同体、德育与世界观、教师专业性和

管理。每个模块各有侧重面,也相互连通。各项目校根据学校自身的资源基础和学校特色,选择一种或几种模块以不同形式在项目验校落实开始试验。

未来学校项目由几个模块组成,主要模块包括:

- 未来学校的道德教育和世界观培养,未来学校的俄语学习
- 新的教学内容,以及不断更新教学内容的机制

未来学校学业成绩预测:

- 关键能力和通用能力
- 信息技术利用的新形式
- 未来学校信息技术—信息化学校
- 未来学校和教育环境的一致性
- 儿童—成人合作

在未来学校项目框架内,目前形成以下几种学校类型:

- 舒适型学校
- 社会文化统一型学校
- 侧重专业型学校
- 学术业绩型学校
- 社会业绩型学校
- 健康学校
- 设计型学校

4. "未来学校"凸显教师的专业性

未来学校项目对教师提出较高要求,需要教师认识到教学内容有不同表现形式,可以表现为学科课程,也可以表现为(一般)活动或思维活动,以便为不同数量的学生创造活动教学环境。

未来学校教师要具备以下能力:

- 掌握新的工作方式,包括游戏、面对面交流,以及借助通讯进行交流的方式和方法
- 与其他专业人员—教学法专家,人类学工作者在团队中工作
- 与整个团队一起,为儿童构建完成所有教学模块的个性化的道路

• 为学生构建思维交往空间，为学生与专家公开交流做准备

• 未来学校的教师应当具有开展专业活动所要求的教学论、教学法和人类学素养

• 教学论素养用于保证课程组织能够促进学生认知的发展，保证教师从某种专业化的思维活动角度认识教学内容，同时使教师不断调整自己活动

• 人类学素养保证学生的学习活动和意识活动，使教师认识在文化传递过程中的主体性机制

• 教学论素养使教师能够在一定情境中组织活动的教学内容，情景化地创设教与学的氛围

• 未来学校教师要具备情境设计能力，以任务和问题形式组织教学活动

对教师开展思维活动教学的专业性要求，需要(具有)与传统教学法服务全然不同的教学法服务模式、与教师及教学管理人员开展工作的原则和方法，制定对新的、胜任思维活动教学的专业化教师的要求。为此，在“未来学校”项目框架内，设立了“经济与管理、新的专业化教师”模块，建立“教学设计中心”，制定了教学法中心发展规划。教学法专家、教研员、心理学工作者、管理者，包括作为实践者的教师共同来检验教学设计构想。

5. 未来学校致力于培养“德”“能”兼备的学生

未来学校希望自己的毕业生具备思维能力、理解能力、反省能力、社会行动能力，以保证毕业生可以和不同文化和传统的代表进行沟通、交往，能够从俄罗斯的角度出发，提出问题，讨论问题，并能够拿出合作方案，并实施合作方案。为此，在“未来学校”项目框架内，设计了“能力和技能”以及“德育和世界观模块”。

在活动教学中，对教学任务的理解占据中心地位。好的教学任务的设定会使学生在其思维意识中认识到“掌握解决具体任务的概括的理论方式”必要性，从而可以调动起主体性。学生在了解科学问题和实践性问题产生的现实情境时，就会产生要从所学学科知识中寻找解决问题的工具的意识。在试图解决问题的过程中，学生会认识自己已经接触了一些学科领域，以及未知的知识领域。从而会要求自己更加深入地认识问题，确立任务，这已经不仅仅是教学任务，可能是科研任务，或者是设计任务。

未来学校被视为一个积极的社会单元，是引导教师、学生、管理者面向未来的学校，既是我们希望的符合未来社会特点的学校，也是当前学生和教师开展现实教育、教学工作的学校。是公平、善良、聪明、理解的学校。

(1) 善良的学校

儿童和成年人具有一致性，在这样的环境中，爱、创造、知识和自我完善的力量将儿童、家长、教师团结在一起。

(2) 公平的学校

学校起点平等，机会均等，(教育参与者)相互团结，富有同情心。学校将来自不同社会阶层、不同民族和不同信仰的学生团结在一起，不论其身体是否康健。因为，所有的孩子将共同生活在未来的俄罗斯。

(3) 聪明的学校

未来学校要帮助学生学会思考，以思考为基础，学生在未来世界中积极行动。学校帮助学生掌握思维、行动、交往、开展不同劳动活动，包括管理、研究、设计活动，以及情感关怀活动的能力。

(4) 理解的学校

学校能够用教育服务需求者，即儿童、家长、权力机关、商业机构、工业和科学领域(使用的)语言与其展开关于(教育)目的和任务的对话。

进入新世纪以来，俄罗斯政府及社会深刻认识到教育对国家发展的基础性性作用，教育投入逐年增长。2014 年，由于受经济结构性问题增长的制约，以及乌克兰危机的影响，俄罗斯经济发展面临极大的挑战。即使在这样的经济环境下，俄罗斯教育科学部部长称："关于各地区为教育投入更多资金这一点，政府已达成充分共识"，教科部还将启动中小学基础设施大规模更新计划，为每一个学生提供现代的学习环境。因为"教育不是消费，而是为未来投资"。[1]

俄罗斯 21 世纪教育发展战略既是对《2010 年前俄罗斯教育现代化构想》的

---

〔1〕 Дмитрий Ливанов: расходы на образование в 2015 году составят 3,3 трлн руб. [EB/OL]. [2015-04-22]. http://www.eurekanet.ru/ewww/promo/23545.html.

继承,也为俄罗斯教育的创新发展确定了新的方向。这个新的方向,就是以新一代国家教育标准为基础,通过为学生提供最优良的教育环境,更新教学内容,提升教师的专业水平,吸引年轻人投身教师队伍,赋予学校更高的自治权,以多样化、个性化的教育计划满足学生多样化的教育需求,充分调动学校自身的积极性,在传授知识的同时,帮助学生开发个人潜力,为其在竞争激烈的环境中生存做好准备。俄罗斯未来的教育,将会以一个全新的面貌展现在世人面前。

附录

俄罗斯学制图(附图 1)

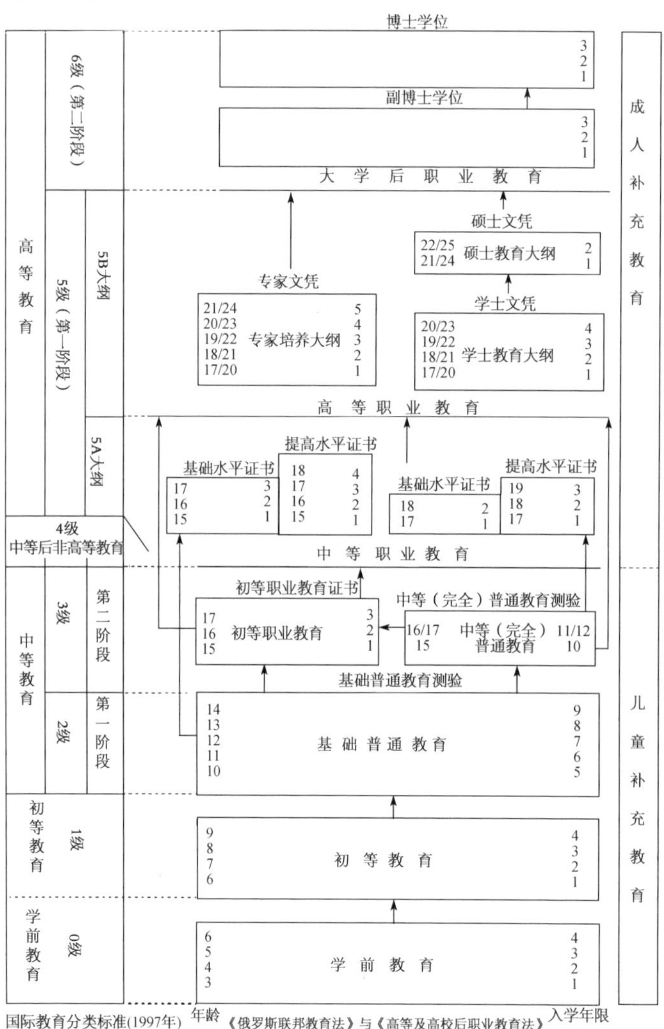

附图 1 俄罗斯学制图〔1〕

〔1〕 Индикаторы образования: 2010: стат. сб. —М.: Государственный Университет-Высшая Школа Экономики, 2010. —176с.

后 记

本书由中国教育科学研究院姜晓燕和赵伟合作完成。其中前言、第一章、第三章、第四章、第五章、第六章、第七章、第十一章及附录由姜晓燕撰写;第二章、第八章、第十章由赵伟撰写;第九章由赵伟、姜晓燕合作完成;第五章、第八章的实践案例由赵伟提供。全书由姜晓燕统稿。

本书在写作过程得到了莫斯科师范大学在读博士研究生刘楠的大力支持,她提供了天才儿童教育和教师工资等方面的重要内容。本书附录基于由北京师范大学肖甦教授主持完成的“当代中外发展性教学理论比较研究”(教育部博士点基金项目)的研究成果书就。在此对所有直接或间接参与本书写作的老师和同仁表示衷心感谢!

姜晓燕

2015 年 7 月